Howard Zinn, geb. am 24. 8. 1922, gestorben am 27. 1. 2010, stand über vierzig Jahre lang in der ersten Reihe des sozialen Wandels in Amerika: vom Hörsaal des ausschließlich von schwarzen Frauen besuchten Spelman College in den 1950er Jahren, an dem u. a. Alice Walker studierte, über die Bewegungen gegen den Vietnam-Krieg in den 1960ern bis zu seiner scharfen Kritik am »Krieg gegen den Terror«. Eine der wichtigsten Persönlichkeiten der US-amerikanischen Linken berichtet von einem langen Lebensweg der Zivilcourage und Unbeugsamkeit. Mit dieser Autobiografie ist ein bewegendes Porträt seiner Epoche entstanden.

Howard Zinn war Lehrer, Historiker und politischer Aktivist sowie Autor zahlreicher Publikationen. Seine bekannteste ist das Standardwerk *Eine Geschichte des amerikanischen Volkes* (1980, dt. 2007).

Howard Zinn

SCHWEIGEN HEISST LÜGEN

Autobiografie

Aus dem Englischen übersetzt von Jürgen Schneider

Edition Nautilus

Die Originalausgabe des vorliegenden Buches erschien 1994 unter dem Titel *You Can't Be Neutral on a Moving Train. A Personal History of Our Times* bei Beacon Press Boston. Das überarbeitete Vorwort wurde der 5. Auflage der amerikanischen Ausgabe von 2002 entnommen. Das Nachwort wurde für die deutsche Ausgabe 2009 verfasst und von Maren Hackmann übersetzt.

Edition Nautilus Verlag Lutz Schulenburg
Schützenstraße 49 a · D-22761 Hamburg
www.edition-nautilus.de
Deutsche Erstausgabe

Umschlaggestaltung: Maja Bechert, Hamburg
www.majabechert.de
Titelmotiv: Howard Zinn auf einer Demonstration gegen den Vietnamkrieg
Autorenfoto Seite 2: Roslyn Zinn
Druck und Bindung: Fuldaer Verlagsanstalt
1. Auflage
ISBN 978-3-89401-604-3

Für Roslyn,
für alles

Vorwort

Diese Erinnerungen wurden vor acht Jahren zum ersten Mal veröffentlicht. Während ich dies hier schreibe, befinden sich die USA in einem Zustand erhöhter Spannung. Am 11. September 2001 steuerten Entführer zwei Passagierflugzeuge, die mit Kerosin betankt waren, in die Zwillingstürme des World Trade Centers in Manhattan. 3000 Menschen kamen ums Leben, als die Türme in Flammen aufgingen und einstürzten.

Wie so viele andere, die diese Ereignisse am Bildschirm verfolgten, packte mich das Entsetzen. Als Präsident Bush umgehend der Nation verkündete, wir befänden uns nun im Krieg, packte mich erneut das Entsetzen, lassen sich Probleme doch nie mit Bomben lösen. Mir war klar, dass dies die falsche Antwort auf den gerade verübten terroristischen Akt war. Und als die USA kurz danach begannen, Afghanistan zu bombardieren, kam ich, indem ich Terrorismus als die Absicht definierte, unschuldige Menschen für eine vermeintlich gute Sache zu töten, zu dem Schluss, dass es sich hier um eine andere Form des Terrorismus handelte – eine, deren Folgen ich viele Jahre zuvor in Hiroshima und Nagasaki gesehen hatte, wo ich Überlebende traf, die wegen einer angeblich »guten Sache« unendlich leiden mussten.

In diesem Buch berichte ich von meinen Erlebnissen als Bombenschütze im Zweiten Weltkrieg. Ich beschreibe, wie ich nach dem Abwurf von Bomben auf europäische Städte und dem Sieg über den Faschismus zu dem Schluss kam, dass

Krieg, selbst ein »guter Krieg«, mag ihm auch kurzfristig Ventilfunktion zukommen, fundamentale Probleme nicht lösen kann. Der Glanz jenes »guten Krieges« wurde benutzt, um alle schlechten Kriege der folgenden 50 Jahre in einem günstigen Licht erscheinen zu lassen, Kriege, bei denen unsere Regierung uns belog und in denen Millionen unschuldiger Menschen starben.

Nur fünf Jahre nach dem Ende des Zweiten Weltkrieges befanden wir uns im Krieg mit Korea, bombardierten Dörfer, setzten Napalm ein und zerstörten große Teile des Landes. Dieser Krieg war kaum zu Ende, als die USA in Vietnam intervenierten, eine halbe Million Soldaten hinschickten und mit dem tödlichsten Bombardement der Weltgeschichte begannen. Ich schreibe hier über meine Beteiligung an der Bewegung gegen diesen Krieg. Seitdem hat unsere Regierung Gründe gefunden, Panama, den Irak und Jugoslawien zu bombardieren. Der Krieg ist zu einer Sucht geworden.

Auf den Kinoleinwänden sehen wir heute Bilder von Kriegshelden, und meine Generation wird als die »größte Generation« gepriesen. In Filmen wie *Wir waren wie Brüder, Windtalkers, Der Soldat James Ryan, Memphis Belle* und anderen wurde uns der Zweite Weltkrieg zurückgebracht, damit wir Krieg befürworten.

Meine Weigerung, Krieg zu rechtfertigen, folgt einer simplen Logik. Krieg bedeutet heutzutage unvermeidlich das wahllose Töten einer großen Zahl unschuldiger Menschen, wenn auch von sich selbst überzeugte Regierungsbeamte über »intelligente Bomben« schwadronieren oder behaupten: »Wir bombardieren nur militärische Ziele.« Die Mittel zur Kriegsführung sind daher ebenso übel wie gewiss. Der Ausgang des Krieges ist stets ungewiss, auch wenn die Kriegsziele als noch so ehrenwert bezeichnet werden. Dabei lasse ich die historische Gewissheit außer Acht, dass diese Ziele eben nicht »Demokratie« und »Freiheit« sind, sondern der Krieg den politischen Ambitionen, den Unternehmensprofiten oder der Sicherung von Ölquellen dient.

Zwei Monate nachdem die USA begonnen hatten, Afghanistan zu bombardieren, las ich, was ein Reporter des *Boston Globe* aus einem Krankenhaus in Jalalabad berichtete: »In einem Bett lag Noor Mohammed, 10, ein Bündel aus Verbänden. Er hatte bei der Bombardierung seines Hauses nach dem sonntäglichen Abendessen Augen und Hände verloren. ... In die Leichenhalle des Krankenhauses wurden am vergangenen Wochenende 17 Leichen eingeliefert, und laut offiziellen Schätzungen kamen in anderen Dörfern mindestens 89 Zivilisten ums Leben.«

Moralisch war die Sache klar. Ein Junge hatte nun keine Hände und keine Augen mehr. Zwischen ihm und den Ereignissen vom 11. September in New York bestand keinerlei Zusammenhang. Die Verkrüppelung seines Gesichts und seines Körpers oder irgendeine der monatelang auf Afghanistan abgeworfenen Bomben würden nicht zur Eindämmung oder Beseitigung des Terrorismus beitragen. Es war in der Tat wahrscheinlicher, dass die beiderseitigen Gewaltakte sich gegenseitig hochschaukeln und zu einer endlosen Spirale des Todes und des Leidens führen würden.

Die Krankenhausszene musste sich erst tausendfach wiederholen – so starben doch mindestens 1000, vielleicht aber auch 5000 Menschen in unserem Bombenhagel, und viele weitere wurden verstümmelt oder verwundet –, bevor ein moralisches Urteil darüber möglich wurde, ob der Krieg in Afghanistan von irgendjemandem gerechtfertigt werden konnte, der behauptete, die Menschenrechte zu achten.

Ich schreibe in diesem Buch davon, dass ich »klassenbewusst aufwuchs«. Wenn ich mich im Jahre 2002 in der Welt umschaue, bin ich mir nur noch mehr bewusst, dass sich hinter den irreführenden Begriffen, mit denen Menschen dazu bewogen werden sollen, Gewalt zu unterstützen – Begriffe wie *Demokratie, Freiheit, Selbstverteidigung, nationale Sicherheit* –, eine Realität enormen Reichtums in den Händen weniger verbirgt, während Milliarden von Menschen auf der Welt hungrig, krank, obdachlos sind. Präsident Eisenhower, selbst recht soldatisch, nannte in einem seiner besseren Momente die für die Kriegsvorbereitung ausgegebenen Milliarden »einen Diebstahl« von jenen, die nichts zu essen, die keine Unterkunft haben.

Es herrscht eine gewisse Verzweiflung und Hilflosigkeit im Land. Es wirkt, als sei es von einer fremden Macht besetzt, fremd nicht in dem Sinne, dass sie aus dem Ausland kommt, sondern fremd gegenüber den Prinzipien, für die unser Land eigentlich stehen sollte. Der »Krieg gegen den Terror« wird benutzt, um eine Atmosphäre der Hysterie zu schaffen, in der die Behauptung von der »nationalen Sicherheit« dazu dient, die Garantien der Bill of Rights außer Acht zu lassen und das FBI mit neuen Vollmachten auszustatten. Es wird nicht gefragt, ob nicht der Krieg selbst große Gefahren für die Sicherheit des amerikanischen Volkes sowie für die Sicherheit unschuldiger Menschen in der Welt hervorbringt, die im Spiel, die amerikanische Macht weltweit auszudehnen, geopfert werden.

Ich schreibe in diesem Buch über Recht und Gerechtigkeit, über Gefängnisse und Gerichte – wir haben mehr Gefängnisse denn je, und die Gerichte behaupten immer noch, es gäbe »ein gleiches Recht für alle«. Es sind die Armen, die Nichtweißen, die Unangepassten, die Machtlosen, die ins Gefängnis müssen, während die Diebe in den Chefetagen von Unternehmen und die Regierungsplaner des Krieges unbehelligt bleiben.

Wenn ich all dies in Erwägung ziehe, müsste ich unheilbar depressiv sein, hätte ich nicht auch Mut machende, inspirierende Erfahrungen gesammelt, über die ich in diesem Buch ebenfalls schreibe. Die ersten Kapitel handeln von meinen sieben Jahren im Süden, als ich mit meiner Frau und meinen Kindern in der schwarzen Community des Spelman College in Atlanta lebte und wir uns an der dortigen Bewegung für Rassengleichheit beteiligten.

Was habe ich gelernt? Dass kleine Akte des Widerstandes gegen Autorität, sofern man beharrlich bleibt, zu einer großen gesellschaftlichen Bewegung führen können. Dass einfache Leute außerordentlich mutige Taten vollbringen können. Dass diejenigen, die an der Macht sind und im Hinblick auf die Möglichkeiten zur Veränderung im Brustton der Überzeugung »niemals« sagen, zu Lebzeiten durchaus blamiert werden können. Dass die Welt der sozialen Kämpfe voller Überraschungen ist, reift das moralische Bewusstsein der Menschen doch unsichtbar, bricht sich Bahn und führt an bestimmten Punkten in der Geschichte zu Siegen, die klein sein mögen, jedoch ein größeres Versprechen in sich tragen.

Am wichtigsten war vielleicht das, was ich über Demokratie gelernt habe, dass sie nicht unsere Regierung, nicht unsere Verfassung, nicht unser Rechtssystem ist, da diese sich allzu oft als Feinde der Demokratie erwiesen haben. Mit Sicherheit haben die Afro-Amerikaner zwei Jahrhunderte lang diese Erfahrung machen müssen. Da die Regierung den 14. und 15. Zusatzartikel der Verfassung* nicht in Kraft

* Artikel 14, Abschnitt 1, lautet: »Alle diejenigen, die in den Vereinigten Staaten geboren oder eingebürgert und ihrer Regierungsgewalt unterworfen sind, sind Bürger der Vereinigten Staaten und des Staates, in dem sie ihren Wohnsitz haben. Kein Staat soll Gesetze erlassen oder ausführen, welche die Vorrechte und Freiheiten von Bürgern der Vereinigten Staaten beschränken, und kein Staat soll irgendjemandem das Leben, die Freiheit oder das Eigentum nehmen, es sei denn durch ein ordentliches Gerichtsverfahren, nach Recht

setzte, beschlossen schwarze Männer, Frauen und Kinder selbst dafür zu sorgen. Sie organisierten sich, demonstrierten, protestierten, forderten das Gesetz heraus, wurden verprügelt, einige kamen ins Gefängnis, andere wurden getötet. Darüber konnten sie an das Gewissen der Nation und der Welt appellieren. Und Dinge änderten sich. So wird Demokratie lebendig.

Dieses Buch beginnt mit der Einleitung unter der Überschrift »Fragestunde in Kalamazoo«. Seit jenem Tag in Kalamazoo habe ich im ganzen Land hunderte von Vorträgen gehalten, vor mehreren hundert bis zu mehreren tausend Zuhörern, an Universitäten, Highschools, vor Bürgerinitiativen. Egal, wo ich hinkam – ob nach Columbia (Missouri) oder Texas City (Texas), ob nach Oshkosh (Wisconsin) oder Boulder (Colorado), ob nach Athens (Georgia), Manhattan, Kansas, Portland, Oregon oder nach Arcata in Kalifornien –, überall traf ich Menschen, die entschlossen waren, in einer gerechten und friedlichen Welt zu leben, die sich Krieg und Hass widersetzten, die Demokratie lebendig werden ließen.

Ich hoffe, dass dieses Buch mit seinen Geschichten von Menschen, die ich gekannt und geliebt habe, den Leserinnen und Lesern ebenso viel Mut macht wie mir.

Welche Bedeutung der Demokratie zukommt, war vielleicht das Wichtigste, das ich gelernt habe.

Howard Zinn, 2002

und Gesetz, noch irgendjemandem innerhalb seines Gebietes den gleichen Schutz der Gesetze versagen.« Laut Artikel 15 soll »das Wahlrecht der Bürger der Vereinigten Staaten von den Vereinigten Staaten oder einem der Staaten nicht auf Grund von Rasse, Farbe oder vormaliger Unfreiheit versagt oder eingeschränkt werden«.

Einleitung: Fragestunde in Kalamazoo

Ich hatte eine Einladung zu einem Vortrag in Kalamazoo, Michigan, erhalten. Es war der Abend der abschließenden Präsidentschaftsdebatte des Wahlkampfes von 1992, und zu meiner Überraschung – ich fragte mich, ob sie nur da waren, um sich vom Wahltrubel abzulenken – kamen mehrere hundert Zuhörer. In jenem Jahr wurde der 500. Jahrestag der Landung von Kolumbus in der westlichen Hemisphäre begangen, und ich sprach über »Das Erbe von Kolumbus, 1492–1992«.

Zehn Jahre zuvor hatte ich auf den ersten Seiten meines Buches *Eine Geschichte des amerikanischen Volkes* über Kolumbus in einer Weise geschrieben, die die Leser überraschte. Wie ich hatten sie in der Grundschule gelernt, dass Kolumbus einer der großen Helden der Weltgeschichte sei. Die Darstellung, dass Kolumbus wegen seiner kühnen Vorstellungen und wegen seines Mutes bewundert werden müsse, wurde auch in den weiterführenden Schulen nie bestritten. Ich beschrieb ihn zwar als einen hervorragenden Seefahrer, wies aber – gestützt auf seine eigenen Aufzeichnungen und die Berichte vieler Augenzeugen – auch auf seine brutale Behandlung der sanften Arawak-Indianer hin, die ihn bei seiner Ankunft begrüßt hatten. Er versklavte sie, folterte sie und brachte sie um – alles im Streben nach Reichtum. Ich behauptete, dass er für die übelsten Werte der westlichen Zivilisation stehe: Gier, Gewalt, Ausbeutung, Rassismus, Eroberung und Heuchelei, denn er behauptete trotz seines Verhaltens, ein frommer Christ zu sein.

Der Erfolg meines Buches *Eine Geschichte des amerikanischen Volkes* überraschte sowohl mich wie auch meinen Verlag. Das Buch erlebte in den ersten zehn Jahren 24 Auflagen, wurde mehr als 300 000 Mal verkauft, für einen amerikanischen Buchpreis nominiert und auch in anderen Ländern veröffentlicht. Im Laufe der Zeit erhielt ich aus dem ganzen Land Briefe, häufig begeisterte Reaktionen auf mein Anfangskapitel über Kolumbus.

In den meisten Briefen wurde mir dafür gedankt, dass ich eine bis dahin unerzählt gebliebene Geschichte bekannt gemacht hatte. Einige Briefe drückten jedoch auch Skepsis oder Empörung aus. Ein Gymnasiast aus Oregon, dessen Lehrer ihm mein Buch zur Lektüre empfohlen hatte, schrieb: »Sie sagen, Sie hätten eine Menge an Informationen Kolumbus' Tagebuch entnommen. Ich frage mich, ob es dieses Tagebuch überhaupt gibt, und wenn ja, warum es dann nicht Teil unserer Geschichte ist? Warum findet sich nichts von dem, was Sie schreiben, in meinem Geschichtsbuch?« Eine Mutter aus Kalifornien, die in das Exemplar von *Eine Geschichte des amerikanischen Volkes* schaute, das ihre Tochter aus der Schule mitbrachte, wurde wütend und forderte, die Schulbehörde solle eine Untersuchung gegen den Lehrer einleiten, der das Buch im Unterricht verwendete.

Es wurde deutlich, dass das Problem nicht nur in meiner Respektlosigkeit gegenüber Kolumbus bestand, sondern dass ich selbst Teil des Problems war. Meine ganze Herangehensweise an die amerikanische Geschichte wurde als äußerst fragwürdig betrachtet. In *Eine Geschichte des amerikanischen Volkes* beharrte ich, wie ein Rezensent schrieb, auf »einer Umkehrung der Perspektive, auf einer Vertauschung von Helden und Schurken«. Die Gründungsväter waren eben nicht nur geschickte Organisatoren einer neuen

Nation, etwas, dass ich nie angezweifelt habe, sie waren auch weiße Sklavenhalter, Kaufleute, die sich Leibeigene hielten und eine Rebellion der Unterklassen fürchteten, oder, wie James Madison formuliert, eine »gerechte Verteilung des Eigentums«. Unsere militärischen Helden – Andrew Jackson, Theodore Roosevelt – waren Rassisten, Indianer-Mörder, in den Krieg verliebte Imperialisten. Unseren liberalsten Präsidenten – Jefferson, Lincoln, Wilson, Roosevelt, Kennedy – ging es mehr um politische Macht und nationale Größe als um die Rechte Nicht-Weißer.

Meine Helden waren die Kleinbauern der Rebellion von Daniel Shays, die schwarzen Abolitionisten, die sich zur Befreiung ihrer Brüder und Schwestern um keine Gesetze scherten, die Menschen, die gegen den Ersten Weltkrieg opponierten und dafür ins Gefängnis gingen, die Arbeiter, die – der Polizei und der Miliz trotzend – gegen mächtige Unternehmen streikten, die Vietnam-Veteranen, die sich gegen den Krieg aussprachen, die Frauen, die Gleichheit in allen Lebensbereichen forderten.

Es gab Historiker und Lehrer, die mein Buch begrüßten. Einige Leute waren jedoch aufgebracht, für sie stand ich außerhalb der Ordnung. Gäbe es entsprechende Gesetze, hätte man mich »des Angriffs mit einer tödlichen Waffe – einem Buch«, des »ungebührlichen Benehmens – sich nicht ziemender Töne in einem exklusiven Klub« oder »widerrechtlichen Betretens – einer heiligen Domäne historiografischer Tradition« anklagen können.

Für einige Leute stand nicht nur mein Buch, sondern mein ganzes Leben außerhalb der Ordnung – meine Kritik an vielem, was in dieser Gesellschaft vor sich ging, hatte etwas Unpatriotisches, Subversives, Gefährliches. Während des Golfkrieges von 1991 hielt ich einen Vortrag an einer Highschool in Massachusetts, einer Privatschule, deren Studenten aus begüterten Familien stammten und den Ruf genossen, »zu 95 Prozent Kriegsbefürworter zu sein«. Ich sagte offen meine Meinung und erhielt zu meiner Überraschung großen Applaus. Als jedoch danach in einem Unterrichtsraum eine kleine Gruppe von Studenten zusammenkam, ergriff eine Studentin, die mich während der Diskussion feindselig angestarrt hatte, mit wütender Stimme das Wort: »Warum *leben* Sie in diesem Land?«

Das traf mich. Es war eine Frage, die – wie ich wusste – viele Leute beschäftigte, wenn auch unausgesprochen. Es ging um das Problem des *Patriotismus*, der Loyalität dem eigenen Land gegenüber, das sich hin und wieder stellt, ob jemand nun die Außenpolitik kritisiert, den Militärdienst verweigert oder kein Treuegelöbnis auf die Fahne ablegt.

Ich versuchte zu erklären, dass meine Liebe dem *Land* gilt, den Menschen, nicht aber der Regierung, die gerade an der Macht ist. An Demokratie glauben hieße, an die Prinzipien der Unabhängigkeitserklärung glauben – daran, dass die Regierung ein künstliches Gebilde ist, eingesetzt vom Volk, um die gleichen Rechte aller auf Leben, Freiheit und Glück zu verteidigen. Die Rechte »aller« hieß für mich, die der Männer, Frauen und Kinder in der ganzen Welt, die ein Recht darauf haben, dass ihnen das Leben nicht durch ihre eigene Regierung oder durch uns genommen wird. Gibt eine Regierung diese Prinzipien preis, ist *sie* unpatriotisch. Die Demokratie lieben hieße dann, sich in Opposition zur Regierung zu stellen, mache es notwendig, sich »außerhalb der Ordnung« zu positionieren.

Nach der Veröffentlichung von *Eine Geschichte des amerikanischen Volkes* erhielt ich aus dem ganzen Land Einladungen zu Vorträgen. Und so befand ich mich also an jenem Abend des Jahres 1992 in Kalamazoo und sprach darüber, warum es für uns heute wichtig ist, die Wahrheit über Kolumbus zu sagen. Ich interessierte mich wirklich nicht für Kolumbus, sondern für die Fragen, die sein Umgang mit den

Ureinwohnern Amerikas aufwarf: Ist es Menschen möglich, ihre Geschichte zu überwinden und heute in Gleichheit und Würde zusammenzuleben?

Am Ende meines Vortrags stellte mir jemand eine Frage, die mir seither in unterschiedlicher Weise häufig gestellt wurde. »Trotz der deprimierenden Nachrichten, was in der Welt geschieht, scheinen Sie überraschend optimistisch zu sein. Was verleiht Ihnen Hoffnung?«

Ich versuchte, eine Antwort zu geben. Ich sagte, ich könne es gut verstehen, wenn jemand wegen des Zustands dieser Welt depressiv sei, der Fragesteller habe jedoch meinen Gemütszustand genau erfasst. Er und andere waren überrascht, wie gelassen ich mich mit Gewalt und Ungerechtigkeit auf dieser Welt auseinandersetzte. Für mich ist aber das, was häufig als romantischer Idealismus, als Wunschdenken herabgewürdigt wird, dann gerechtfertigt, wenn es zur *Aktion* führt, um diese Wünsche zu erfüllen oder jene Ideale Wirklichkeit werden zu lassen.

Der Wille, solche Aktionen zu unternehmen, kann sich nicht auf Sicherheiten, wohl aber auf jene aufscheinenden Möglichkeiten beim Lesen einer Geschichte stützen, die sich von der üblichen quälenden Nacherzählung menschlicher Grausamkeiten unterscheidet. Bei einer solchen Lektüre finden wir nicht nur Krieg, sondern auch den sich dagegen richtenden Widerstand, nicht nur Ungerechtigkeit, sondern auch die sich dagegen richtende Rebellion, nicht nur Selbstsucht, sondern auch Selbstopferung, nicht nur Schweigen angesichts der Tyrannei, sondern Ungehorsam, nicht nur Gefühllosigkeit, sondern auch Mitgefühl.

Menschen verfügen über ein breites Spektrum an Eigenschaften, es sind jedoch die schlechtesten, die gewöhnlich hervorgehoben werden, was allzu häufig dazu führt, dass wir entmutigt werden, unser Widerspruchsgeist herabgesetzt wird. Es lässt sich jedoch historisch aufzeigen, dass sich dieser Geist nicht bändigen lässt. Die Geschichte ist voller Beispiele dafür, dass Menschen trotz enormer Widrigkeiten zusammengekommen sind, um für Freiheit und Gerechtigkeit zu kämpfen und *gewonnen* haben – nicht oft genug natürlich, doch häufig genug, um zu demonstrieren, wie viel mehr möglich ist.

Wesentlich bei diesen Kämpfen für Gerechtigkeit sind Menschen, die, wenn auch nur für einen Augenblick, wenn auch durchaus ängstlich, aus der Reihe tanzen und *etwas* tun, wie wenig auch immer. Noch die kleinste, unheroischste Tat fügt dem Kienholz etwas hinzu, das sich durch irgendeinen überraschenden Umstand entzünden und zu einem stürmischen Wandel führen kann. Es kommt auf die Individuen an, von denen ich in meinem Leben viele kennengelernt habe, gewöhnliche und außergewöhnliche, deren bloße Existenz mir Hoffnung verliehen hat. Und diese Zuhörer in Kalamazoo, die sich eindeutig für etwas anderes als den Wahlkampf interessierten, waren der lebende Beweis für die Veränderungsmöglichkeiten in dieser schwierigen Welt.

Obwohl ich es dem letzten Fragesteller nicht sagte, bin ich solchen Leuten an jenem Abend dort begegnet. Zum Abendessen vor dem Vortrag traf ich den Hochschulpfarrer, ein Mann mit der Figur eines Linebackers des American Football, der er in der Tat einmal war. Ich stellte ihm die Frage, die ich oft Leuten stelle, die ich mag: »Wie sind Sie zu ihren heutigen eigenwilligen Vorstellungen gekommen?«

Seine Antwort bestand wie bei so vielen aus nur einem Wort: »Vietnam.« Auf Fragen, warum sich eine Lebenshaltung geändert hat, besteht die Antwort oft nur aus einem Wort: Auschwitz … Ungarn … Attica. Vietnam. Der Pfarrer war dort Kaplan gewesen. Sein kommandierender Offizier war Oberst George Patton III. Ganz der Sohn seines Vaters, nannte Patton seine Soldaten mit Vorliebe »verdammt gute

Killer«, wobei er zögerte, das Wort »verdammt«, aber nicht das Wort »Killer« zu benutzen. Patton befahl dem Kaplan, in der Kampfzone eine Pistole bei sich zu tragen. Der Kaplan verweigerte den Befehl, auch dann noch, als ihm gedroht wurde. Er kehrte aus Vietnam zurück und war nicht nur gegen diesen, sondern gegen alle Kriege. Nun reiste er immer wieder nach El Salvador, um den Menschen dort im Kampf gegen die Todesschwadrone und die Armut zu helfen.

Am Abendessen nahm auch ein junger Soziologiedozent von der Michigan State University teil. Er war als Arbeiterkind in Ohio aufgewachsen und hatte sich ebenfalls zum Vietnamkriegsgegner entwickelt. Nun unterrichtete er Kriminologie, widmete sich aber nicht der Forschung über Räuber und Straßendiebe, sondern der Kriminalität von Regierungsbeamten und Führungskräften von Unternehmen, deren Opfer nicht ein einzelnes Individuum, sondern die ganze Gesellschaft ist.

Es ist bemerkenswert, wie viel Geschichte in einer beliebigen kleinen Gruppe aufzuspüren ist. An unserem Tisch saß auch eine junge Frau, die gerade ihr Studium beendet hatte und eine Schule für Krankenpflege besuchen wollte, um Dorfbewohnern in Zentralamerika helfen zu können. Ich beneidete sie. Als einer der vielen, die schreiben, reden, unterrichten, juristisch tätig sind, predigen, deren gesellschaftlicher Beitrag so indirekt ist, dachte ich an diejenigen, die unmittelbar Hilfe leisten – Zimmermänner, Krankenschwestern, Bauern, Schulbusfahrer oder auch Mütter. Ich erinnerte mich an den chilenischen Dichter Pablo Neruda, der ein Gedicht über seinen lebenslangen Wunsch geschrieben hat, etwas Nützliches mit seinen Händen zu tun, einen Besen herzustellen, einfach nur einen Besen.

Nichts von all dem habe ich dem letzten Fragesteller in Kalamazoo gesagt. Um ihm wirklich zu antworten, hätte ich viel mehr darüber erzählen müssen, warum ich trotz der Zustände in der Welt, wie wir sie kennen, so merkwürdig hoffnungsvoll war. Ich hätte mein ganzes Leben erzählen müssen.

Ich hätte ihm erzählen müssen, dass ich im Alter von achtzehn Jahren auf einer Schiffswerft anfing und drei Jahre auf den Docks arbeitete, in den ersten Jahren des Zweiten Weltkrieges bei Kälte und Hitze, bei ohrenbetäubendem Lärm und giftigen Dämpfen Kriegsschiffe und Landungsboote baute.

Ich hätte schildern müssen, wie ich mich im Alter von einundzwanzig Jahren bei der Air Force verpflichtete, als Bombenschütze ausgebildet wurde, Kampfeinsätze in Europa flog und mir später unangenehme Fragen stellte, was ich im Krieg getan hatte.

Ich hätte erzählen müssen, wie ich heiratete, Vater wurde, unter der G. I. Bill* das College besuchte und nebenher in einem Lagerhaus LKWs belud, während meine Frau arbeitete und unsere beiden Kinder in den Kindergarten einer Wohlfahrtseinrichtung gingen, und wir alle in einer Wohnsiedlung für Einkommensschwache auf der Lower East Side von Manhattan wohnten.

* Die G. I. Bill of Rights, eigentlich Servicemen's Readjustment Act, wurde im Jahre 1944 erlassen, um den im Zweiten Weltkrieg dienenden US-amerikanischen Soldaten die Wiedereingliederung in das Berufsleben zu vereinfachen. Das Gesetz sah folgende Leistungen vor: eine Art Arbeitslosengeld für die Dauer von einem Jahr nach der Entlassung aus dem Militärdienst; günstige Kredite für den Start in die Selbstständigkeit; den Zugang zur Universität für die einstigen Soldaten. Besonders der letzte Punkt sorgte für heftige Debatten, da durch das Gesetz ein Universitätsstudium nicht länger nur Eliten möglich war. Mit der G. I. Bill of Rights begann in den USA die Entwicklung zur Massenuniversität heutiger Prägung. An einigen Universitäten verdreifachten sich zwischen 1945 und 1948 die Studentenzahlen. (Anm. d. Ü.)

Ich hätte von meinem Ph.D. an der Columbia University und von meiner ersten wirklichen Lehrtätigkeit im tiefen Süden erzählen müssen. Dort lebte und unterrichtete ich sieben Jahre lang in einem schwarzen Umfeld. Und von meinen Studenten am Spelman College, die eines Tages beschlossen, über eine symbolische Mauer zu klettern, die in Wirklichkeit aus Stein war und den Campus umgab, und mit dieser Aktion in den frühen Jahren der Bürgerrechtsbewegung Geschichte schrieben.

Und von meinen Erfahrungen in dieser Bewegung, in Atlanta, in Albany (Georgia), Selma (Alabama), in Hattiesburg, Jackson und Greenwood (Mississippi).

Ich hätte erzählen müssen, dass ich in den Norden zog, um in Boston zu unterrichten, mich den Protesten gegen den Vietnamkrieg anschloss und ein halbes Dutzend Mal festgenommen wurde. Und dass es immer wieder interessant gewesen ist, zu lesen, wie die Anschuldigungen für diese Festnahmen lauteten: »Herumlungern und Gammeln«, »ungebührliches Benehmen«, »Nichtbefolgung eines Platzverweises«.

Ich reiste nach Japan und Nordvietnam und sprach auf hunderten von Zusammenkünften und Demonstrationen. Ich half einem katholischen Priester, im Untergrund Recht und Gesetz zu trotzen.

Ich hätte die Szenen in einem Dutzend von Gerichtssälen schildern müssen, in denen ich in den 1970er und 1980er Jahren auftrat. Ich hätte von den Gefangenen berichten müssen, die ich gekannt habe – Gefangene, die nur kurze Strafen verbüßten, oder auch lebenslängliche –, und welche Auswirkungen diese Begegnungen auf meine Haltung zum Strafsystem hatten.

Als ich am College unterrichtete, konnte ich natürlich meine eigenen Erfahrungen nicht aus den Seminaren heraushalten. Ich habe mich oft gefragt, wie so viele Professoren ein Jahr lang mit einer Gruppe von Studenten verbringen können, ohne offen zu legen, wer sie sind, was für ein Leben sie führen, woher ihre Ideale stammen, woran sie glauben oder was sie sich für sich, für ihre Studenten und für die Welt wünschen.

Lehrt nicht dieses Verschweigen etwas Schreckliches – dass man das Studium der Literatur, Geschichte, Philosophie, Politik, der Künste vom eigenen Leben, von den tiefsten Überzeugungen über falsch und richtig trennen kann?

Am College habe ich aus meinen politischen Ansichten nie einen Hehl gemacht: aus meiner Verabscheuung des Krieges und des Militarismus, aus meiner Wut über die Rassentrennung, aus meinem Glauben an einen demokratischen Sozialismus, an eine vernünftige und gerechte Verteilung des Reichtums dieser Welt. Ich brachte meine Verachtung jeder Art von *Unterdrückung* zum Ausdruck, ob durch starke gegenüber schwachen Nationen, durch Regierungen gegenüber ihren Bürgern, durch Unternehmer gegenüber ihren Beschäftigten oder durch sonst wen, ob links oder rechts, der glaubt, ein Monopol auf die Wahrheit zu besitzen.

Diese Verbindung von Aktivismus und Lehre, dieses Insistieren darauf, dass Unterricht bei entscheidenden Fragen unserer Zeit nicht neutral sein kann, dieses Pendeln zwischen Seminarraum und den Kämpfen draußen, von Professoren, die hoffen, dass ihre Studenten ihrem Beispiel folgen werden, hat die Hüter des traditionellen Ausbildungswesens schon immer in Schrecken versetzt. Sie beharren darauf, die neue Generation darauf vorzubereiten, sich in der alten Ordnung zu behaupten und nicht, diese Ordnung zu hinterfragen.

Ich habe zu Beginn eines Seminars meinen Studenten stets deutlich gemacht, dass ich ihnen *meine* Sichtweise vermitteln werde, dabei aber bemüht sein würde, fair gegenüber anderen Auffassungen zu sein. Ich habe meine Studenten ermutigt, mir zu widersprechen.

Ich habe nicht behauptet, objektiv zu sein, denn das ist weder möglich noch wünschenswert. »Auf einem fahrenden Zug kann man nicht neutral sein«, sagte ich ihnen. Einige erstaunte die Metapher, besonders, wenn sie diese wörtlich nahmen und versuchten, ihre Bedeutung zu analysieren. Andere erkannten sofort, was ich meinte: dass der Zug der Ereignisse bereits in bestimmte tödliche Richtungen fährt, und dass neutral sein bedeutet, dies hinzunehmen.

Ich bin nie davon ausgegangen, dass ich meine Anschauungen unbedarften, unschuldigen Wesen vermittele. Meine Studenten waren bereits eine lange Zeit der politischen Indoktrination ausgesetzt, bevor sie in mein Seminar kamen – in der Familie, in der Highschool, durch die Massenmedien. Ich wollte meinen Karren auf einen lange von Orthodoxie dominierten Marktplatz schieben, meine Güter neben den anderen anpreisen und es den Studenten überlassen, wofür sie sich entscheiden.

Die vielen jungen Leute, die ich in all den Jahren unterrichtet habe, gaben mir Hoffnung für die Zukunft. In den siebziger und achtziger Jahren stöhnten Leute, die nicht an der Universität waren, immer darüber, wie »ignorant« und »passiv« die gegenwärtige Studentengeneration sei. Ich hörte den Studenten jedoch zu, las ihre Zeitungen und Diskussionspapiere sowie die Berichte über die zum Studium gehörenden gemeinschaftlichen Aktivitäten und war beeindruckt von ihrer Sensibilität gegenüber Ungerechtigkeit, von ihrem Bemühen, sich einer guten Sache zu widmen, von dem ihnen eigenen Potenzial, die Welt zu verändern.

Der studentische Aktivismus der achtziger Jahre war nicht sonderlich ausgeprägt, aber zu jener Zeit gab es auch keine große landesweite Bewegung, der sich die Studenten hätten anschließen können, und es herrschte ein immenser ökonomischer Druck von allen Seiten, »gut voranzukommen«, »erfolgreich zu sein«, in die Welt der gut verdienenden Akademiker einzutreten. Dennoch sehnten sich viele junge Leute nach mehr, so dass ich nicht aufgab. Ich erinnerte mich daran, wie in den fünfziger Jahren hochmütige Beobachter von der »schweigenden Generation« als unumstößlicher Tatsache sprachen. Die sechziger Jahre straften diese Ansicht Lügen.

Schwieriger ist es, über etwas zu sprechen, das für meine Gemütslage wichtig ist – mein Privatleben. Ich bin glücklich, mein Leben mit einer bemerkenswerten Frau zu teilen, deren Schönheit, Körper und Seele ich in unseren Kindern und Enkelkindern wiederfinde. Roz teilte und half, sie war Sozialarbeiterin und Lehrerin und entwickelte später ihr Talent als Malerin und Musikerin. Sie liebt Literatur und war bei allem, was ich schrieb, meine erste Lektorin. Das Zusammenleben mit ihr hat mich besser erkennen lassen, was in dieser Welt möglich ist.

Dennoch verschließe ich mich nicht den schlechten Nachrichten, mit denen wir ständig konfrontiert sind. Sie umgeben, überfluten mich, machen mich depressiv und wütend. Ich denke an die Armen von heute, von denen so viele in den Ghettos der Nicht-Weißen leben, oft nur ein paar Straßenzüge vom sagenhaften Reichtum entfernt. Ich denke an die Heuchelei der politischen Führer, an die Informationskontrolle durch Manipulation und Verschweigen. Und daran, wie Regierungen in der ganzen Welt nationalen und ethnischen Hass schüren. Ich bin mir der Gewalt im Alltagsleben der meisten Menschen bewusst. Sie wird repräsentiert durch die Bilder von Kindern. Hungrigen Kindern. Kindern mit fehlenden Gliedmaßen. Die Bombardierung von Kindern wird offiziell als »Kollateralschaden« bezeichnet.

Während ich dies im Sommer 1993 schreibe, herrscht eine Atmosphäre der Verzweiflung. Das Ende des Kalten Krieges zwischen den Vereinigten Staaten und der Sowjetunion hat nicht zum Weltfrieden geführt. In den Ländern des sowjetischen Blocks machen sich Hoffnungslosigkeit und Verwirrung breit. Im früheren Jugoslawien wird ein brutaler Krieg geführt, in Afrika setzt sich die Gewalt fort. Die wohlhabenden Eliten der Welt profitieren davon, den Hungertod und die Krankheiten in den von Armut geplagten Ländern zu ignorieren. Die Vereinigten Staaten und andere Mächte verkaufen weiterhin Waffen dorthin, wo sie sich Profite versprechen, egal wie viel menschliches Leid und wie viele Tote es kostet.

In den USA hat sich die Euphorie verflüchtigt, die 1992 mit der Wahl eines jungen und vermeintlich progressiven Präsidenten einherging. Der alten scheint es wie der neuen politischen Führung des Landes an der Vision, der Kühnheit, dem *Willen* zu mangeln, einen Bruch mit der Vergangenheit herbeizuführen. Ihre Militärausgaben sind riesig und beeinträchtigen die Wirtschaft derart, dass nicht mehr als klägliche Versuche möglich sind, die Kluft zwischen Arm und Reich zu schließen. Bleibt die Kluft, werden in den Städten weiterhin Gewalt und Verzweiflung herrschen.

Und es ist keine landesweite Bewegung in Sicht, die eine Änderung herbeiführen könnte.

Nur das Korrektiv der historischen Analyse kann Licht in unser Dunkel bringen. Erinnern wir uns nur daran, wie oft wir in diesem Jahrhundert *überrascht* wurden. Durch das unerwartete Entstehen einer Volksbewegung, den plötzlichen Sturz einer Tyrannei, das Auflodern einer Flamme, die wir längst erloschen glaubten. Wir sind überrascht, weil wir das leise Anschwellen der Empörung, die ersten schwachen Töne des Protests, die vereinzelten Zeichen des Widerstandes nicht wahrgenommen haben, die mitten in unserer Verzweiflung auf die ersehnte Veränderung hindeuten. Die isolierten Akte bleiben nicht isoliert, die individuellen Vorstöße werden zu organisierten Aktionen, und eines Tages, oft dann, wenn die

Situation hoffnungslos wie nie zu sein scheint, entsteht eine Bewegung.

Wir sind überrascht, weil wir nicht sehen, dass sich unter der Oberfläche der Gegenwart stets das Potenzial für Veränderung verbirgt: die unterdrückte Empörung, der gesunde Menschenverstand, die Notwendigkeit der Gemeinschaft, die Kinderliebe, die Geduld, den richtigen Moment abzuwarten, um mit anderen gemeinsam zu handeln. Dies sind die Elemente, die an die Oberfläche drängen, wenn eine Bewegung geschichtlich in Erscheinung tritt.

Menschen sind praktisch eingestellt. Sie wollen Veränderung, fühlen sich jedoch machtlos, allein, wollen nicht der Grashalm sein, der aus den anderen herausragt und abgeschnitten wird. Sie warten auf ein Zeichen, dass ein anderer den ersten oder zweiten Schritt unternimmt. Und in bestimmten historischen Momenten gibt es Unerschrockene, die in der Hoffnung, dass andere ihrem Beispiel schnell genug folgen und ihr Scheitern verhindern werden, das Risiko des ersten Schrittes auf sich nehmen. Wenn wir das verstehen, können *wir* diejenigen sein, die diesen ersten Schritt tun.

Das ist keine Fantasterei. Auf diese Weise wurden in der Vergangenheit wieder und wieder Veränderungen herbeigeführt, auch in jüngster Zeit. Wir werden von der Gegenwart erdrückt, die Flut an Bildern und Informationen, die auf uns einströmt, übertönt diese Geschichte derart, dass es kein Wunder ist, wenn wir die Hoffnung verlieren.

Mir ist klar geworden, dass es für mich einfacher ist, voller Hoffnung zu sein, weil ich in vielerlei Hinsicht einfach Glück hatte.

Das Glück zunächst einmal, den Umständen meiner Kindheit entronnen zu sein. Mein Vater und meine Mutter, Immigranten, die sich als Fabrikarbeiter kennenlernten, haben ihr Leben lang hart gearbeitet und sind nie aus der Armut herausgekommen. Auch deshalb werde ich immer wütend, wenn ich wohlhabende und arrogante Menschen sagen höre: »Wir haben ein wunderbares System; wer hart arbeitet, wird es zu etwas bringen.« Meine Eltern haben hart gearbeitet. Und sie haben tapfer vier Söhne in den Kaltwasser-Wohnungen von Brooklyn am Leben erhalten.

Ich hatte Glück, eine Arbeit zu finden, die ich liebte, nachdem ich von einem Job zum nächsten gestolpert war. Glück, überall bemerkenswerten Menschen zu begegnen, so viele gute Freunde zu haben.

Und ich habe Glück, dass ich noch am Leben bin, denn zwei meiner engsten Freunde bei der Air Force – Joe Perry, 19, und Ed Plotkin, 26 – starben in den letzten Wochen des Krieges. Wir absolvierten zusammen die Grundausbildung in der Jefferson-Kaserne in Missouri. Wir marschierten zusammen durch die Sommerhitze. Wir machten zusammen Wochenendausflüge. In Vermont lernten wir, Piper-Propellermaschinen zu fliegen, und in Santa Ana, Kalifornien, spielten wir Basketball, während wir auf unsere Einsätze warteten. Dann ging Joe als Bombenschütze nach Italien, Ed als Navigator in den Pazifikraum und ich als Bombenschütze nach England. Joe und ich konnten einander schreiben, und ich nahm ihn auf den Arm, weil diejenigen, die B-17-Bomber flogen, diejenigen, die B-24-Bomber flogen, eben auf den Arm nahmen – wir nannten sie B-Bindestrich-Zwei-Absturz-Vierer.

Am Abend des Kriegsendes in Europa fuhr meine Crew nach Norwich im englischen East Anglia, wo sich alle Einwohner überglücklich auf der Straße versammelten. Die Stadt zeigte sich hell erleuchtet, nachdem sechs Jahre lang keine einzige Straßenlaterne mehr gebrannt hatte. Das Bier floss in Strömen, enorme Mengen an Fisch und Fritten wurden in Zeitungspapier gewickelt und verteilt, die Menschen tanzten, freuten und umarmten sich.

Wenige Tage danach kam mein letzter an Joe Perry gerichteter Brief an mich zurück, auf dem Umschlag eine Notiz in Schreibschrift: »Verstorben«. So schnell, allzu schnell wurde das Leben eines Freundes »abgehakt«.

Mit unserem von den Kämpfen gezeichneten B-17-Bomber flog ich mit meiner Crew über den Atlantik, um die Bombardierungen im Pazifik fortzusetzen. Dann erreichte uns die Nachricht vom Atombombenabwurf auf Hiroshima, und wir waren dankbar – der Krieg hatte ein Ende. Ich wusste nicht, dass ich eines Tages Hiroshima besuchen, blinde, entstellte Menschen treffen und über diese Bombardierung und all die anderen Abwürfe nachdenken würde.

Nach Kriegsende war ich in New York, wo ich Ed Plotkins Frau besuchte – er hatte sich am Abend vor seiner Abreise nach Übersee aus Fort Dix gestohlen, um die Nacht mit ihr zu verbringen. Sie erzählte mir, dass Ed im Pazifik abgestürzt und kurz vor Kriegsende ums Leben gekommen sei. In der Nacht, in der er sich unerlaubt von der Truppe entfernt habe, hätten sie ein Kind gezeugt. Als ich Jahre später in Boston lehrte, kam nach einer Unterrichtsstunde jemand mit einer Notiz zu mir: »Ed Plotkins Tochter möchte Sie sehen.« Wir trafen uns, und ich erzählte ihr alles über ihren Vater, woran ich mich erinnerte, über den Vater, den sie nie kennengelernt hatte.

Ich habe also das Gefühl, ein Geschenk bekommen zu haben – unverdient, es war einfach nur Glück – fast fünfzig Jahre eines Lebens. Dessen bin ich mir stets bewusst. Noch Jahre nach dem Krieg hatte ich einen ständig wiederkehrenden Traum. Zwei Männer gingen vor mir die Straße entlang. Sie drehten sich um – es waren Joe und Ed.

Innerlich glaube ich, dass ich ihnen etwas schuldig bin, weil ich Glück hatte und sie nicht. Natürlich möchte ich mein Leben ein wenig genießen; ich habe kein Verlangen danach, zum Märtyrer zu werden, obwohl ich einige Märtyrer kenne und bewundere. Dennoch bin ich es Joe und Ed schuldig, dieses Geschenk nicht zu vergeuden und mich in diesen Jahren, so gut es geht, nicht nur für mich, sondern für alle, für die neue Welt einzusetzen, die, wie wir alle annahmen, durch eben den Krieg versprochen worden war, der sie das Leben kostete.

Ich habe also *kein* Recht zu verzweifeln. Ich bestehe auf Hoffnung.

Es ist ein Gefühl, ja. Doch es ist nicht irrational. Menschen respektieren Gefühle, sie wollen jedoch auch Gründe erfahren. Gründe, um weiterzumachen, um nicht aufzugeben, um sich nicht in den privaten Luxus oder in die private Verzweiflung zurückzuziehen. Menschen wollen Beweise für jene Möglichkeiten im menschlichen Verhalten, von denen ich gesprochen habe. Ich habe angedeutet, dass Gründe *existieren*. Ich glaube, es *gibt* Beweise. Doch es gibt zu viele, als dass ich sie dem Fragesteller an jenem Abend in Kalamazoo hätte nennen können. Dazu wäre ein ganzes Buch nötig.

Also beschloss ich, eines zu schreiben.

Teil I: Der Süden und die Bewegung

1. Im Süden: Spelman College

Ich lebte und unterrichtete sieben Jahre in der schwarzen Community des Spelman College in Atlanta, Georgia, und erkannte dadurch die Bedeutung kleiner Aktionen als Wegbereiter für größere Aktionen.

Ich habe mir im Jahre 1956 nicht ein »Neger-College« ausgesucht, weil ich den Drang verspürt hätte, Gutes tun zu müssen. Ich habe lediglich eine Arbeit gesucht.

Ich hatte drei Jahre lang von 16 Uhr bis Mitternacht in einem Lagerhaus LKWs beladen und nebenher die New York University und die Columbia University besucht. Ich habe nie einen Cent Studiengebühr gezahlt, dank der G.I. Bill of Rights, die immer noch ein gutes Beispiel dafür ist, wie Regierungen mit einem minimalen bürokratischen Aufwand einen enormen menschlichen Nutzen bewirken können. Eines Tages zog ich mir einen Rückenschaden zu, weil ich eine 40-Kilo-Kiste zu viel gehoben hatte. Deshalb begann ich nun, in »Teilzeit« zu unterrichten, wobei ich sogleich die Erfahrung machen musste, dass Teilzeitlehrer oft länger arbeiten und weniger verdienen als Vollzeitlehrer. Ich gab vier Tageskurse am Upsala College, einer schwedisch-lutheranischen, absurd verstaubten Institution in New Jersey, sowie zwei Abendkurse am absurd chaotischen Brooklyn College. Von dem »Projekt« in Lower Manhattan, in dem wir wohnten, fuhr ich also an einigen Tagen eine Stunde gen Westen nach New Jersey, an anderen eine Stunde gen Osten nach Brooklyn und erhielt für sechs Kurse insgesamt 3000 Dollar pro Jahr.

Roz arbeitete als Sekretärin, um ebenfalls für unseren Lebensunterhalt zu sorgen. An der Highschool, an der sie ein literarisches Magazin herausgab und mit einer Englisch-Medaille ausgezeichnet wurde, hatte sie auch Tippen und Stenografie gelernt. Etwas, das selbst von den intelligentesten Mädchen erwartet wurde. Erst als unsere Kinder erwachsen waren, konnte sie am College für sogenannte Sonderfälle, das heißt, für Studenten, die bei den Kursen nicht gut mitkamen, Englischunterricht geben. Später wurde sie Sozialarbeiterin und widmete sich zunächst schwarzen Highschool-Abbrechern, dann älteren, armen Leuten in den italienisch-irischen Stadtteilen Bostons. Sie wollte, wie sie es formulierte, das zurückgeben, was das Leben ihr geschenkt hatte.

Unsere Kinder gingen in eine Tagesstätte für einkommensschwache Familien, die von gutherzigen, vermögenden Frauen finanziell unterstützt und hin und wieder auch besucht wurde – sie waren alle sehr groß und sahen aus wie Eleanor Roosevelt. Zweimal machten wir die traumatische Erfahrung, einen Zweijährigen am ersten Tag untröstlich im Kindergarten zurücklassen zu müssen, da wir unseren unterschiedlichen Verpflichtungen nachkommen mussten. Als ich eines Tages unseren Sohn Jeff abholen wollte, erspähte er mich, kam schnellstens zum Schultor gerannt und klemmte sich den Kopf zwischen zwei Eisenstangen ein; es bedurfte der Hilfe eines Feuerwehrmannes sowie einer Brechstange und dauerte zehn Minuten, ihn zu befreien.

Kurz bevor ich meine Arbeit zur Erlangung eines Ph.D. an der Columbia University abschloss, informierte mich die universitäre Stellenvermittlung von einem Vorstellungsgespräch mit dem Präsidenten des Spelman College, der sich in New York aufhielt. Ich hatte keine Ahnung, dass es überhaupt ein »Neger-College« gab. Das Spelman College war zu jener Zeit außerhalb der schwarzen Community so gut wie unbekannt. Er bot mir die Leitung des Geschichts- und Sozialwissenschaftlichen Seminars sowie ein Jahresgehalt von 4000 Dollar an. Ich nahm meinen ganzen Mut zusammen: »Ich habe eine Frau und zwei Kinder. Könnten Sie nicht auf 4500 Dollar erhöhen?«

Es war in der Tat ein nicht sehr großes Seminar, und Spötter hätten anmerken können, dessen Dekan zu sein, entspräche der Position eines Chefkellners in einem Restaurant mit zwei Kellnern. Doch in meiner Situation kam mir diese Stelle sehr gelegen. Ich wäre zwar immer noch arm, dafür aber renommiert.

Ich hatte mich nicht um eine Professorenstelle in einem schwarzen Umfeld bemüht, doch aufgrund meiner Begegnungen mit Schwarzen konnte ich mir eine solche Arbeit durchaus vorstellen. Meine Jugendlektüre (Upton Sinclairs *Der Dschungel*, John Steinbecks *Früchte des Zorns*, Richard Wrights *Native Son*) hatte mich gelehrt, dass Rassen- und Klassenunterdrückung ineinandergreifen. Durch die Arbeit auf der Schiffswerft wusste ich, dass Schwarze aus den Facharbeitergewerkschaften ausgeschlossen blieben und auf dem Schiff die härtesten Arbeiten als Schleifer und Nieter verrichten und mit gefährlichen Druckluftwerkzeugen hantieren mussten. Bei der Air Force war mir die Segregation schwarzer Soldaten in einem Krieg, der sich angeblich gegen Hitlers Rassismus richtete, schmerzlich bewusst geworden. In unserem Wohnblock für Einkommensschwache waren unsere Nachbarn und Freunde Iren, Italiener, Afro-Amerikaner und Puertoricaner, die zusammen im Mieterrat arbeiteten und sich zu gemeinsamen Abendessen, zu denen jeder etwas mitbrachte, sowie zum Tanz im Kellergeschoss trafen.

Im August 1956 packten Roz und ich die Kinder und unsere Habseligkeiten in unseren zehn Jahre alten Chevy und brachen gen Süden auf. Wir kamen an einem heißen und verregneten Abend in Atlanta an, und Roz und die Kinder – Myla war neun, Jeff fast sieben Jahre alt – wachten auf, um das Schimmern der feuchten Lichter auf der Ponce de Leon Avenue zu sehen. Wir befanden uns in einer anderen Welt, tausend Meilen von zu Hause, in einem von den Bürgersteigen New Yorks weit entfernten Universum. Atlanta war eine grüne Stadt, in der es nach Magnolien und Geißblatt duftete. Die Luft war sehr süß und sehr schwer und die Menschen waren sehr schwarz und sehr weiß. Durch die Regentropfen an den Fenstern wirkten sie wie Geister, die durch die Dunkelheit glitten.

Der Campus des Spelman College lag nicht weit vom Stadtzentrum entfernt, ein ovaler Garten mit Hartriegel- und Magnolienbäumen, umgeben von roten Backsteingebäuden. Uns wurde vorübergehend eine Unterkunft in einem dieser Gebäude zugewiesen, bis wir eine geeignete Wohnung in der Stadt finden würden. Das war nicht leicht. Die Vermieter wollten wissen, wo ich arbeitete. Sobald ich sagte, dass ich am Spelman College unterrichte, änderte sich die Stimmung; Apartments waren nicht mehr verfügbar. Dies war unsere erste Begegnung mit jener Feindseligkeit, von der die gesamten Vereinigten Staaten so lange infiziert waren, die damals allerdings in den Südstaaten deutlicher spürbar war.

Was für uns eine Unannehmlichkeit darstellte, gehörte für Schwarze zur täglichen und nicht endenden Erniedrigung, hinter der die Androhung von Gewalt bis hin zum Mord stand. Nur zehn Jahre zuvor hatte ein Sheriff in Baker County, Georgia, einen Schwarzen ins Gefängnis gebracht und ihn wiederholt vor Zeugen mit einem Totschläger malträtiert. Der Mann starb. Der Sheriff, Claude Screws, wurde von den örtlichen Geschworenen freigesprochen, von bundesstaatlichen Geschworenen aber unter Zugrundelegung eines alten Bürgerrechts-Gesetzes für schuldig befunden und zu sechs Monaten Haft verurteilt. Dieses Urteil wurde vom Obersten Gerichtshof mit der Begründung aufgehoben, es gäbe keinen Beweis dafür, dass der Sheriff *beabsichtigt* hätte, dem Gefangenen seine verfassungsmäßigen Rechte zu nehmen. Eines Tages sah ich mir die Mitgliederliste der Legislative von Georgia an und stieß auf den Namen Claude Screws.

In der Stadt Atlanta herrschte zu jener Zeit eine Rassentrennung, die der des südafrikanischen Johannesburg gleichkam. Die Peachtree Street in der Innenstadt war weiß. Die nur fünf Minuten Fahrzeit von der Innenstadt entfernte Auburn Avenue, die von den Schwarzen »Süßes Auburn« genannt wurde, war schwarz. Befanden sich Schwarze in der Innenstadt, dann deswegen, weil sie für Weiße arbeiteten oder in Rich's Department Store einkauften, was Schwarzen und Weißen möglich war, während die Cafeteria Weißen vorbehalten blieb. Gingen eine schwarze und eine weiße Person gemeinsam die Straße entlang, ohne einen deutlichen Hinweis darauf, dass die schwarze Person zum Dienstpersonal gehörte, schlug die Stimmung auf der Straße plötzlich um, wurde angespannt und bedrohlich.

Ich begann mit dem Unterricht. Am Spelman College gab es keine weißen Studentinnen. Meine Studentinnen, eine reiche Vielfalt an Hautfarben, trugen wunderbare Namen, wie Geneva, Herschelle, Marnesba oder Aramintha. Sie kamen aus dem ganzen Land, die meisten jedoch aus dem Süden; sie hatten noch nie einen weißen Lehrer gehabt. Sie waren neugierig und schüchtern, doch die Schüchternheit verschwand, als wir uns besser kennenlernten. Einige waren die Töchter der schwarzen Mittelschicht – von Lehrern, Pfarrern, Sozialarbeitern, kleinen Geschäftsleuten, Facharbeitern, andere die von Hausbediensteten, Arbeitern, Landpächtern.

Ein Studium am College war für diese jungen Frauen eine Sache auf Leben und Tod. Eine meiner Studentinnen erklärte mir eines Tages, als sie in meinem Büro saß: »Meine Mutter sagt, ich muss gut sein, weil ich bereits zwei Hindernissen ausgesetzt bin. Ich bin schwarz und eine Frau. Noch ein Hindernis und ich bin draußen.«

Und so akzeptierten sie die Atmosphäre strikter Kontrolle am Spelman College oder sie taten so. Es wurde von ihnen erwartet, dass sie sich in einer bestimmten Weise kleideten, eine bestimmte Art zu gehen pflegten und den Tee auf bestimmte Art eingossen. Der Kirchenbesuch hatte sechsmal die Woche stattzufinden. Die Studentinnen mussten sich eintragen, wenn sie das Wohnheim betraten oder verließen und um 22 Uhr zurück sein. Ihre Kontakte zu Männern wurden genauestens beobachtet. Die College-Leitung wollte verhindern, dass sich die Vorurteile der Bevölkerung und ihre Vorstellungen von der sexuell freien schwarzen Frau oder, noch schlimmer, von dem schwangeren, unverheirateten schwarzen Mädchen, bestätigten. Erstsemester durften nicht die Straße überqueren und zur Bibliothek der Atlanta University gehen, weil sie dort jungen Männern des Morehouse College hätten begegnen können. Ausflüge in die Stadt wurden überwacht.

Es war, als existierte eine ungeschriebene, unausgesprochene Übereinkunft zwischen der weißen Machtstruktur von Atlanta und der Verwaltung des schwarzen College: Wir Weiße werden euch Farbigen euer hübsches, kleines College lassen. Ihr könnt eure farbigen Mädchen dazu ausbilden, der Neger-Gemeinschaft zu dienen, Lehrerinnen oder Sozialarbeiterinnen, vielleicht sogar Ärztinnen oder Rechtsanwältinnen zu werden. Wir werden euch dabei nicht stören. Ihr könnt sogar ein wenig von der weißen Fakultät haben. An Weihnachten könnten einige weiße Bürger auf den Spelman-Campus kommen, um den berühmten Spelman-Chor zu hören. Im Gegenzug werdet ihr euch nicht in unseren *way of life* einmischen.

Dieser Pakt wurde durch eine drei Meter sechzig hohe Steinmauer symbolisiert, die den Campus umgab und an einigen Stellen durch einen Stacheldrahtzaun ersetzt war. Nachdem unsere Familie in eine Wohnung auf dem Campus gezogen war, die in der Nähe des Zauns lag, wies unser acht Jahre alter Sohn Jeff – ein Experte in derartigen Dingen, da er zu jener Zeit seine freien Stunden mit den für die Gebäude und das Campusgelände zuständigen Arbeitern verbrachte – uns darauf hin, dass der Stacheldrahtzaun oben abgeschrägt sei, aber in der »falschen« Richtung, nicht um Eindringlinge fernzuhalten, sondern um die Spelman-Studentinnen einzusperren.

Eines Tages würden die Studentinnen über diese Mauer springen, über den Stacheldrahtzaun klettern, doch im Herbst 1956 wies nichts auf einen derartig offenen Ungehorsam hin. Ein Jahr zuvor war der Bus-Boykott in Montgomery, Alabama, erfolgreich verlaufen. Und im Jahr davor hatte der Oberste Gerichtshof sich endlich zu der Auffassung durchringen können, dass laut dem 14. Zusatzartikel zur Verfassung die Rassentrennung in staatlichen Schulen verboten war. Es wurde jedoch wenig getan, diese Entscheidung umzusetzen. Laut Urteil des Obersten Gerichtshofes sollte dies mit der »notwendigen Geschwindigkeit« geschehen.

Ich begriff bald, dass sich hinter der Höflichkeit und dem Anstand meiner Studentinnen eine lebenslange Empörung verbarg. Sobald ich sie bat, ihre erste Erfahrung mit Rassenvorurteilen aufzuschreiben, kamen ihre Gefühle ans Tageslicht.

Eine Studentin berichtete, dass sie sich einmal in einem Bus vorne neben eine weiße Frau gesetzt hatte. »Diese Frau stürmte sofort von ihrem Sitz, stolperte über meine Beine, fluchte leise vor sich hin. Weitere Fahrgäste fingen an zu fluchen. Nie zuvor hatte ich Leute erlebt, die mich anstarrten, als hassten sie mich. Noch nie hatte ich eine solche direkte Ablehnung erfahren, als sei ich irgendeine giftige, bösartige Kreatur.«

Eine Studentin aus Forsyth, Georgia, schrieb: »Ich vermute, wenn man wie ich aus einer kleinen Stadt in Georgia kommt, kann man sagen, dass der erste Tag der Begegnung mit diesem Vorurteil der Tag ist, an dem man geboren wurde ... Meine Eltern haben ihre zu früh geborenen Zwillinge nie lebend gesehen, da sich der einzige Brutkasten im Krankenhaus auf der ›weißen‹ Seite befand.«

Ohne Ausnahme hatten alle ähnliche Erfahrungen gemacht. Jahre bevor ich nach Atlanta kam, hatte ich Countee Cullens Gedicht ›Zwischenfall‹ gelesen:

Einst fuhr ich durch Old Baltimore
Herzensfroh und gar nicht bang,
Als ich einen Stadtbewohner sah,
Dessen Blick mich ganz durchdrang.

Nun war ich erst acht und noch sehr klein,
Und er auch nicht mehr als ein Micker,
Ich lächelte, er aber streckte mir
Die Zunge raus und sagte: »Nigger.«

Ganz Baltimore sah ich
Von Mai bis in die Dezemberzeit,
Doch von allem, was dort geschah,
Blieb in Erinnerung mir nur diese Einzelheit.

Dieses Gedicht, das ich las, als ich vielleicht neunzehn war, hat mich tief berührt. Was ich über Rassenvorurteile im Kopf hatte, ging mir zu Herzen. Einen Moment lang war ich dieser achtjährige Junge. Vielleicht reagieren wir so schnell auf

Ungerechtigkeit gegenüber Kindern, weil wir uns an die hilflose Unschuld unserer eigenen Kindheit erinnern, in der wir alle für Demütigungen besonders anfällig sind. Die Geschichten meiner Studentinnen über ihre frühen Erfahrungen berührten mich ebenso sehr.

Die Ereignisse meines Lebens – arm aufwachsen, auf einer Werft arbeiten, in einen Krieg ziehen – hatten eine Entrüstung gegen die Ungerechtigkeit auf dieser Welt genährt, gegen jene Menschen, die ihren Reichtum, ihre militärische Macht oder ihren gesellschaftlichen Status dazu nutzten, andere zu unterdrücken. Und nun befand ich mich in einer Situation, in der Menschen des Zufalls ihrer Geburt wegen, ihrer Hautfarbe wegen als niedere Wesen behandelt wurden. Ich wusste, dass es für mich, einen weißen Professor, falsch wäre, ihnen einen Weg vorzugeben. Ich war jedoch offen für alles, was meine Studentinnen unternehmen wollten, weigerte mich, die Vorstellung zu übernehmen, wonach ein Professor seine Lehrtätigkeit auf den Hörsaal beschränken muss, wenn außerhalb so viel auf dem Spiel steht.

Ich war sechs Monate am Spelman College, als im Januar 1957 meine Studentinnen und ich ein wenig mit der gesetzgebenden Gewalt des Staates Georgia aneinandergerieten. Wir hatten beschlossen, eine ihrer Sitzungen zu besuchen. Wir wollten lediglich beobachten, wie die Legislative arbeitet. Als wir jedoch eintrafen, sahen wir, was eigentlich zu erwarten gewesen war. Auf der Zuschauergalerie gab es seitlich einen kleinen Bereich mit dem Schild: »Farbig«. Die Studentinnen berieten sich und beschlossen rasch, das Schild zu ignorieren und sich in den Hauptbereich zu setzen, der ziemlich leer war. Nachdem wir den eintönigen Reden der Gesetzgeber ein paar Minuten gefolgt waren – es ging um Angelrechte in den Flüssen Georgias –, konnten wir verstehen, warum.

Als unsere etwa dreißigköpfige Gruppe die Plätze eingenommen hatte, brach ein Tumult aus. Das Angelgesetz war vergessen. Der Sprecher des Hauses war einem Schlaganfall nah. Er eilte zum Mikrofon und schrie: »Ihr Negerinnen, schert euch dorthin, wo ihr hingehört! Im Staate Georgia herrscht Rassentrennung.« Die Mitglieder der gesetzgebenden Versammlung hatten sich erhoben, brüllten uns an und erzeugten in dem großen, gewölbten Sitzungssaal ein seltsames Echo. Die Tagesordnung existierte nicht mehr. Nach kurzer Zeit tauchte die Polizei auf und bewegte sich in drohender Weise auf unsere Gruppe zu.

Wir berieten uns erneut, während die Nervosität in der Kammer zunahm. Die Studenten waren in den Jahren vor der massenhaften Erhebung im Süden auf eine Festnahme nicht vorbereitet. Also gingen wir schließlich auf den Flur und dann in den »farbigen« Bereich, meine Person eingeschlossen.

Was dann folgte, gehört zu den merkwürdigen Szenen, die durch die Paradoxien des rassistischen, aber sich höflich gebenden Georgia produziert wurden. Ein Aufsichtsbeamter kam zu mir herauf und starrte mich aus der Nähe an, offenbar nicht in der Lage zu bestimmen, ob ich »weiß« oder »farbig« war, und fragte mich dann, woher diese Besuchergruppe komme. Ich sagte es ihm. Kurz danach ging der Sprecher des Hauses zum Mikrofon, unterbrach erneut einen Gesetzgeber und sagte: »Die Mitglieder der Legislative des Staates Georgia heißen die Besucherdelegation aus dem Spelman College herzlich willkommen.«

Ein paar Studenten vom Morehouse College waren mit uns gekommen. Einer von ihnen war Julian Bond, Sohn des angesehenen Erziehungswissenschaftlers und früheren Präsidenten der Lincoln University, Horace Mann Bond. Julian besuchte uns ab und an in unserem Haus auf dem Spelman-Campus, stellte uns die Schallplatten von Ray Charles vor und brachte Gedichte mit, die er geschrieben hatte. Ein Jahrzehnt später sollte Julian, mittlerweile ein bekannter Bürgerrechtler, in die Legislative Georgias gewählt, aber wegen seiner entschiedenen Opposition gegen den Vietnamkrieg von seinen gesetzgebenden Kollegen ausgeschlossen werden. Der Oberste Gerichtshof bekräftigte sein Recht auf freie Meinungsäußerung, und er konnte dann seinen Sitz wieder einnehmen.

Anfang 1959 unterbreitete ich dem Spelman Social Science Club, dessen Fachbereichsberater ich war, den Vorschlag, ein richtiges Projekt in Angriff zu nehmen, eines, das auf gesellschaftliche Veränderung gerichtet wäre. Die Diskussion über meinen Vorschlag geriet sehr lebhaft. Irgendjemand sagte: »Warum versuchen wir nicht, etwas gegen die Segregation in den öffentlichen Bibliotheken zu unternehmen?« Und so beschlossen ein paar junge Frauen des Spelman College zwei Jahre, bevor der Süden ein Sit-in nach dem anderen erlebte und »die Bewegung« die Nation in Aufruhr versetzte, einen Angriff auf die Rassenpolitik der Hauptbibliothek von Atlanta.

Es war eine gewaltfreie Aktion. Schwarze Studentinnen betraten, angestarrt von allen Anwesenden, die Carnegie Library und fragten nach John Lockes *Versuch über den menschlichen Verstand*, John Mills' *Über die Freiheit* oder Tom Paines *Gesunder Menschenverstand*. Sie wurden mit ausweichenden Antworten wie zum Beispiel: »Wir werden ein Exemplar an eure Neger-Abteilung schicken«, weggeschickt, kamen aber immer wieder und fragten nach der Unabhängigkeitserklärung, nach der Verfassung der Vereinigten Staaten und anderen Texten, um die Bibliothekare zu verunsichern. Wir verstärkten dann den Druck auf die Bibliotheken und ließen verlauten, dass der nächste Schritt die Einreichung einer Klage sein würde. Einer der Kläger würde eine Französisch-Professorin vom Spelman College sein, Dr. Irene Dobbs Jackson.

Dr. Irene Dobbs Jackson stammte aus einer bekannten Familie Atlantas. Ihre Schwester war Mattiwilda Dobbs, die berühmte Opernsängerin, ihr Vater John Wesley Dobbs, ein großartiger Redner in der alten Tradition des Südens. Einmal erlebte ich in der Baptistenkirche in der Wheat Street, wie John Wesley Dobbs ein tausendköpfiges Publikum in Aufruhr versetzte. »Meine Mattiwilda wurde gebeten, hier in Atlanta zu singen«, donnerte er. »Doch sie sagte: ›Nein, mein Herr, nicht wenn mein Papa auf dem Balkon Platz nehmen muss!‹« Jahre später wurde Irene Jacksons Sohn, Maynard Jackson, zum Bürgermeister von Atlanta gewählt. Das war in jenen Tagen, als wir so etwas absurd Einfaches forderten wie das Recht Schwarzer eine Bibliothek aufzusuchen, nicht vorstellbar.

Während unserer Kampagne saß ich im Büro von Whitney Young, dem Dekan des Fachbereichs Sozialarbeit an der University of Alabama, der mit uns zusammenarbeitete. Wir sprachen über unsere nächsten Schritte, als das Telefon klingelte. Es war ein Mitglied des Bibliotheksausschusses. Whitney hörte ihm zu und sagte: »Ich danke Ihnen.« Er legte auf und lächelte. Der Ausschuss hatte beschlossen, die Politik der Rassentrennung im Bibliothekssystem von Atlanta zu beenden.

Ein paar Tage später fuhren wir zu viert in die in der Innenstadt gelegene Carnegie Library: Dr. Irene Jackson; Earl Sanders, ein junger schwarzer Musikprofessor am Spelman College; Pat West, die weiße, in Atlanta geborene Frau von Henry West, der an meinem Seminar am Spelman College unterrichtete; und ich. Als der noch recht junge Bibliothekar Irene Jackson ihren neuen Bibliotheksausweis übergab, sprach sie ganz ruhig, doch ihre Hand zitterte leicht. Sie wusste, dass hier ein Stück Geschichte gemacht wurde.

Pat und Henry West, weiße Südstaatler, die ihre Familien schockiert hatten, weil sie in eine schwarze Community gezogen waren, hatten einen dreijährigen Sohn, das erste und einzige weiße Kind im Kindergarten des Spelman College. In der Weihnachtszeit wurden die Schulkinder traditionell zu Rich's Department Store in der Innenstadt gebracht, um dort den Weihnachtsmann zu treffen, abwechselnd auf dessen Schoß zu sitzen und ihm zuzuflüstern, was sie sich zu Weihnachten wünschten. Der Weihnachtsmann war ein Weißer, der dringend einen Job benötigte und keine Bedenken hatte, kleine schwarze Kinder auf dem Schoß zu halten. Als der kleine Henry West auf seinen Schoß kletterte, starrte der Weihnachtsmann erst ihn, dann die anderen Kinder, dann wieder Henry an und flüsterte ihm ins Ohr: »Na, Kleiner, weiß oder farbig?« Die Kindergärtnerin stand daneben und lauschte. Henry antwortete: »Ich möchte ein Fahrrad.«

Ich habe von der bescheidenen Kampagne, die Rassentrennung in Atlantas Bibliotheken aufzuheben, berichtet, weil die Geschichte der sozialen Bewegungen sich oft auf die großen Ereignisse, die Schlüsselmomente beschränkt. Es ist bezeichnend, dass in den geschichtlichen Darstellungen der Bürgerrechtsbewegung die Entscheidung des Obersten Gerichtshofes im Fall Brown genannt wird, der Busstreik von Montgomery, die Sit-ins, die Freiheitsfahrten (*Freedom Rides*), die Demonstrationen in Birmingham, der Marsch auf Washington, das Bürgerrechtsgesetz von 1964, der Marsch von Selma nach Montgomery sowie das Wahlrechtsgesetz von 1965 behandelt werden. In einer solchen Geschichtsschreibung fehlen die zahllosen kleinen Aktionen unbekannter Menschen, die zu jenen großen Momenten führen. Die kleinsten von uns unternommenen Protestaktionen können zu den unsichtbaren Wurzeln der gesellschaftlichen Veränderung werden.

Als wir eines Abends in unserem Wohnzimmer auf dem Spelman-Campus saßen, erzählte Dr. Otis Smith, ein Arzt, warum er kurz zuvor Fort Valley in Georgia verlassen hatte. In dem von Landwirtschaft geprägten Städtchen mit 12000 Einwohnern war er der einzige schwarze Arzt gewesen. »Ich bin aus der Stadt geflohen.« Er lächelte. »Es hört sich an wie aus einem alten Wildwestfilm.«

Dr. Smith war ein Star unter den Athleten des Morehouse College, dann Student an der Meharrz Medical School in Nashville; er hatte ein Angebot des Universitätssenats von Georgia angenommen, ihn während seines letzten Studienjahres finanziell zu unterstützen, wenn er sich verpflichtete, dafür fünfzehn Monate in einer ländlichen Gegend Georgias zu arbeiten. Fort Valley in Peach County schien ein geeigneter Ort zu sein. Der letzte schwarze Arzt des Städtchens war ein paar Jahre zuvor gestorben, so dass die Schwarzen, die etwa 60 Prozent der Bevölkerung ausmachten, jenen Erniedrigungen ausgeliefert waren, die im tiefen Süden oft mit dem Verhältnis weißer Arzt / schwarzer Patient einhergingen: Eingang durch die Seitentür, ein gesondertes Wartezimmer für Farbige und häufig die Frage »Haben Sie überhaupt das Geld?«, bevor überhaupt mit einer Untersuchung begonnen wurde.

Otis Smith leistete eine Anzahlung auf ein Haus und eröffnete seine Praxis, die bald überlaufen war. Als er jedoch zu seiner ersten Schicht auf der Entbindungsstation des Fort-Valley-Krankenhauses eintraf, starrten ihn die zwei weißen Krankenschwestern an und verließen den Raum, während eine schwarze Frau auf dem Tisch in den Wehen lag. Ein schwarzer Pfleger stand ihm bei der Geburtshilfe zur Seite.

Als er eines Abends am Telefon mit einem Patienten sprach, der Hilfe benötigte, wurde er auf dem Gemeinschaftsanschluss von einer Frau unterbrochen, die ihn aufforderte, das Gespräch zu beenden, damit sie telefonieren könne. Er erklärte ihr, dass er Arzt sei und mit einem Patienten spreche. Sie antwortete: »Aus der Leitung, Nigger!« Ein schwarzer Arzt alter Prägung hätte vielleicht anders reagiert, der junge Dr. Smith sagte jedoch: »Verschwinden Sie doch aus der Leitung, Sie Miststück.«

Er wurde am folgenden Tag festgenommen, ins Gericht gebracht, bevor sein Anwalt überhaupt wusste, dass der Prozess stattfinden sollte, und wegen obszöner Sprache gegenüber einer weißen Frau zu acht Monaten Haft und Arbeit in Ketten verurteilt. Im Gefängnis, wo ihm die Arbeit in Ketten mit anderen Gefangenen bevorstand, wurde ihm die Freilassung für den Fall angeboten, dass er die Stadt unverzüglich verließe. Am nächsten Tag standen die Schwarzen von Fort Valley ohne ihren Arzt da.

In Georgia wie im gesamten Süden gab es in den »ruhigen« Jahren vor den vielen Sit-ins einzelne unauffällige, in den Annalen unberücksichtigte, manchmal scheinbar sinnlose Aktionen, die den Geist des Ungehorsams lebendig hielten. Es waren oft bittere Erfahrungen, doch sie nährten die Wut, die sich eines Tages Bahn brechen und den Süden für immer verändern würde.

2. Junge Damen, die protestieren können

Oberflächlich betrachtet, herrschte im Süden der 1950er Jahre Ruhe. Doch in den fünf Jahren zwischen dem Montgomery-Boykott und den historischen Sit-ins von 1960 gab es bereits in 16 Städten Sit-ins. Wie so viele Widerstandsaktionen, die in diesem großen Land ständig stattfinden, erlangten sie jedoch keine landesweite Aufmerksamkeit; Medien und Politiker nehmen eine Rebellion nicht wahr, bevor sie sich so stark ausgeweitet hat, dass sie nicht mehr ignoriert werden kann.

Am Spelman College, am Morehouse College und an den anderen vier Colleges des Universitätssystems für Schwarze herrschte in jenen Jahren scheinbar Ruhe, und oberflächlich betrachtet sah es so aus, als würde dies immer so bleiben. Eine meiner wichtigsten Erkenntnisse am Spelman College ist jedoch die, dass man leicht den Fehler begehen kann, Ruhe mit Akzeptanz zu verwechseln.

Anfang Februar 1960 wurde im Radio, im Fernsehen sowie in den Zeitungen berichtet, dass vier schwarze College-Studenten in Greensboro, North Carolina, in einem Woolworth-Schnellimbiss Platz genommen und sich geweigert hatten zu gehen. Ähnliche »Sit-ins« breiteten sich rasch auf andere Städte in North Carolina, Virginia, Tennessee, dann nach Florida, South Carolina, Alabama und Texas aus.

In Atlanta traten Julian Bond und ein weiterer Morehouse-Student, der Football-Star Lonnie King, in Aktion. Sie nahmen Kontakt mit Studenten anderer schwarzer, zur University of Atlanta gehörenden Colleges auf – Spelman, Clark, Morris Brown, das Theologische Zentrum – und fingen an, Pläne zu schmieden.

Die College-Präsidenten, die davon hörten, überlegten, wie sie die Militanz der Studenten eindämmen könnten. Sie wollten keine Sit-ins, keine Demonstrationen oder Mahnwachen und schlugen den Studenten vor, in der Zeitung *Atlanta Constitution* durch eine ganzseitige Anzeige auf ihre Anliegen aufmerksam zu machen. Zur Ermutigung versprachen sie, das Geld für die Anzeige zu sammeln.

Die Studenten gingen auf das Angebot ein, beschlossen aber heimlich, die Anzeige als Sprungbrett für direkte Aktionen zu nutzen. Die Studentensprecherin des Spelman College, Roslyn Pope, eine Studentin von mir, die zur Freundin unserer Familie geworden war, kam eines Tages zu uns ins Haus und bat, unsere Schreibmaschine benutzen zu dürfen.

Ein Jahr davor, kurz nach ihrer Rückkehr von einem Stipendiatsjahr in Paris, waren sie und ich zusammen festgenommen worden, als ich sie eines Abends vom Campus zum Haus ihrer Eltern in Atlanta fuhr. Zwei Polizisten richteten ihre Scheinwerfer auf mein Auto und verfrachteten uns in ihren Streifenwagen.

»Warum nehmen Sie uns fest?«, fragte ich. Roslyn schwieg. Ich vermute, dass sie über die moralische Kluft zwischen Atlanta und Paris nachdachte.

»Wegen ordnungswidrigen Verhaltens.«

»Worin besteht unser ordnungswidriges Verhalten?«

Einer von ihnen trommelte mit der Taschenlampe auf seiner Handfläche und sagte: »Sie sitzen mit einem Niggermädchen in einem Auto und fragen mich, was ordnungswidriges Verhalten ist?«

Wir verbrachten fast die ganze Nacht im Gefängnis, in Zellen, die selbstverständlich nach Geschlecht und Hautfarbe getrennt waren und in denen jeweils eine Gruppe vom Pech Verfolgter aller Altersstufen und unterschiedlicher Herkunft eingesperrt war. Als ich fragte, ob ich ein Telefongespräch führen dürfe – laut der Mythologie des amerikanischen Justizwesens ein heiliges Recht –, deutete der Wärter auf ein ramponiertes Münztelefon in der Ecke. Ich hatte kein Kleingeld, ein Mitgefangener gab mir jedoch ein 10-Cent-Stück. Die Münze fiel. Das Telefon war tot. Ich schaute nach unten – die Leitung war durchtrennt worden. Ich hielt die beiden Enden mit einer Hand zusammen, wählte mit der anderen und schaffte es, Don Hollowell zu erreichen, einen jungen, schwarzen Anwalt, dessen mutiges Auftreten im Gerichtssaal ich bewunderte. Er kam in den frühen Morgenstunden und erreichte unsere Freilassung. Die Vorwürfe wurden später fallen gelassen.

Als uns nun Roslyn Pope ein Jahr später besuchte, arbeitete sie an dem ersten Entwurf der von den Studentenführern geplanten Erklärung. Sie studierte im Hauptfach Englisch und konnte sehr gut formulieren. Wir sahen sofort, dass es ein außergewöhnliches Dokument werden würde.

Die Erklärung wurde am 9. März 1960 veröffentlicht und füllte eine ganze Seite der *Constitution* unter der großen Überschrift: »EIN MENSCHENRECHTSAPPELL«. Und sie sorgte für Wirbel:

»Wir ... haben unsere Herzen, unser Denken und unsere Körper vereint, um jene Rechte zu erringen, die uns als Zugehörigen zur menschlichen Rasse und als Bürgern der Vereinigten Staaten grundsätzlich zustehen ...

Wir beabsichtigen nicht, ruhig darauf zu warten, dass uns die Rechte nach und nach gewährt werden, die rechtlich und moralisch bereits unsere sind. ... Wir erklären klar und unmissverständlich, dass wir in einer Nation, die sich zur Demokratie und deren Volk sich zum Christentum bekennt, die diskriminierenden Bedingungen, unter denen Schwarze heute in Atlanta, Georgia, leben, nicht tolerieren können.«

In dem Appell wurde sehr genau jedes gegen die Schwarzen begangene Unrecht aufgelistet, sei es bei der Rassentrennung in der Bildung, bei Jobs, der Wohnungsvergabe, bei den Wahlen, in Krankenhäusern, bei Konzerten, Filmen, in Restaurants sowie beim Gesetzesvollzug. Er schloss mit den Worten, die für die Studenten eine ihren Aktionsplan aufzeigende Chiffre waren: »Wir müssen in aller Offenheit erklären, dass wir planen, uns aller uns zur Verfügung stehenden gesetzlichen und gewaltfreien Mittel zu bedienen, um uns, Mitglieder unserer großen Demokratie, sämtliche Bürgerrechte zu sichern.«

Der Gouverneur von Georgia, Ernest Vandiver, schäumte vor Wut. Der Appell sei »ein antiamerikanisches Dokument ..., das offenbar nicht von Studenten verfasst worden ist«. Darüber hinaus sagte der Gouverneur: »Es klingt nicht so, als sei es in unserem Land geschrieben worden.«

Fünf Tage später befand ich mich mit meiner Frau auf einer Studentenparty, als ich zur Seite genommen und mir der Plan verraten wurde: Am folgenden Tag um elf Uhr würden sich hunderte von Studenten in zehn Schnellrestaurants der Innenstadt setzen. Ich wurde gebeten, erst kurz vor elf Uhr die Presse zu informieren, damit die Polizei von der Aktion vorher nichts erfuhr.

Am nächsten Morgen kamen gegen zehn Uhr sechs Spelman-Studentinnen zu unserem Haus auf dem Campus, um sich unser Auto zu leihen. Sie benötigten es, erklärten sie lächelnd, um »in die Innenstadt zu fahren«. Ich wartete, bis es Punkt elf Uhr war, um telefonisch die Presse zu informieren. Ich hörte, wie der Redakteur am anderen Ende der Leitung Reportern Anweisungen erteilte, während ich ihm die Namen der Schnellrestaurants nannte.

Es war eine wunderbar vorbereitete Aktion. Einige hundert Studentinnen und Studenten hatten sich in kleinen Gruppen in die Innenstadt begeben, sich um Punkt elf Uhr in den Schnellrestaurants niedergelassen und sich geweigert, die Plätze zu verlassen. 77 von ihnen wurden festgenommen, darunter 14 Studentinnen des Spelman College. Von diesen 14 waren 13 aus dem tiefen Süden, aus Orten wie Bennettsville (South Carolina), Bainbridge (Georgia) und Ocala (Florida), den Faulknerschen Kleinstädten traditioneller schwarzer Unterwürfigkeit.

Zu den festgenommenen »Spelman-Mädchen« gehörte eine meiner Studentinnen, Marian Wright. Ein Foto, das im ganzen Land veröffentlicht wurde, zeigt, wie sie ruhig hinter Gittern sitzt und C. S. Lewis' Buch *Dienstanweisung für einen Unterteufel* liest.

Die Studenten wurden gegen Kaution auf freien Fuß gesetzt. Die gegen sie erhobenen Vorwürfe lauteten: Verschwörung, Ruhestörung, Bedrohung von Restaurant-Inhabern und Weigerung, deren Räume zu verlassen. Die mögliche Gesamtstrafe für die Beteiligten belief sich auf jeweils 90 Jahre.

Da sich die Ereignisse in Atlanta und im Süden jedoch bald überschlugen und das System ausgehebelt wurde, kam es zu keinen Strafprozessen.

Es war der Beginn des Angriffs auf die Rassentrennung in Atlanta – und auch auf die lange Tradition der Ruhe und vornehmen Zurückhaltung bei gesellschaftlichen Kämpfen, die für das Spelman College in seiner 75-jährigen Existenz kennzeichnend waren. Die »Spelman-Mädchen« machten eine Veränderung durch. Demonstrationen, Boykottaktionen und Blockaden wurden Teil des Lebens dieser jungen Frauen und ließen die konservativen Verwalter und Kuratoren des College zittern.

Einige Fakultätsmitglieder waren ebenfalls unglücklich. Ein schwarzer Politologieprofessor schrieb einen Brief an die *Atlanta Constitution* und beklagte die Aktionen der Studentinnen, die ihren Unterricht versäumten und ihre Ausbildung vernachlässigten. In meinen Augen förderten sie ihre Ausbildung auf eine Weise, wie es durch ein Dutzend Seminare in politischer Wissenschaft nicht hätte gelingen können.

Eines Tages kam Marian Wright zu uns nachhause auf dem Campus und zeigte uns einen Zettel, den sie in ihrem Wohnheim aufhängen wollte. Darauf waren Vergangenheit und Gegenwart der »Spelman-Mädchen« perfekt kombiniert: »Junge Damen, die protestieren können, bitte unten eintragen.« Marian, mit der wir auch in späteren Jahren immer befreundet blieben, ging später an die Yale Law School. Sie wurde die erste schwarze Anwältin in Mississippi, heiratete den Bürgerrechtsanwalt Peter Edelman, gründete den Children's Defence Fund in Washington, D. C., wurde landesweit zu einer einflussreichen, eloquenten Stimme und setzte sich für die Rechte von Kindern und Müttern ein, statt der Kriegswirtschaft das Wort zu reden.

Unser Familienleben in Atlanta war nicht »normal«. In unserer Wohnung fanden ständig irgendwelche Treffen statt, während die Kinder versuchten, in ihren Zimmern Hausaufgaben zu machen. Da das Schulsystem in Atlanta immer noch segregiert war, gingen Myla und Jeff auf eine nicht weit vom Spelman College entfernte, Weißen vorbehaltene Schule.

Roz und ich wussten, dass die durch die Rassenfrage hervorgerufenen Schwierigkeiten und das Aufbegehren dagegen eine schwere Belastung für Kinder darstellten, und waren stolz, wie tapfer unsere die Situation meisterten. Jeff brachte seinen weißen Schulkameraden mit auf den Campus, um mit den schwarzen Kindern aus der Nachbarschaft zu spielen, und Myla schloss Freundschaft mit dem ersten schwarzen Mädchen, das an ihrer Highschool zugelassen wurde.

Wir taten unser Bestes, ihnen nicht das Gefühl zu vermitteln, politische Helden sein zu müssen. Angesichts des jeden Tag offenbar werdenden moralischen Dilemmas ließ es sich in jenen angespannten Zeiten im Süden jedoch nicht vermeiden, dass sie den Druck, »richtig zu handeln«, *spürten*. Wir achteten darauf, nichts zu sagen, wenn sie zu den Dingen, die um sie herum vorgingen, Distanz wahrten, vielleicht als Trotzreaktion auf die intensive Beteiligung ihrer Eltern. Es war jedoch gut, dass die Kinder uns hin und wieder überraschten. Während der Kubakrise 1962, als die nukleare Bedrohung in der Luft lag, demonstrierten wir in der Innenstadt von Atlanta für eine friedliche Lösung. Myla war fünfzehn. Wie ihre Mutter hatte sie zu jener Zeit mit dem örtlichen Theater zu tun und sollte die Hauptrolle in *Das Tagebuch der Anne Frank* spielen. Sie war in den Zeitungsberichten über die kommende Produktion erwähnt worden, und wir gingen davon aus, dass sie ihre Situation nicht durch eine Beteiligung an politischen Kontroversen verkomplizieren wollte. Aber an jenem Tag tauchte sie plötzlich bei unserer Mahnwache auf. Die Reporter vor Ort umringten sie und wollten eine Stellungnahme, doch sie sagte einfach nur, dass ihre Anwesenheit für sich spräche.

Roz hatte sofort ein gutes Verhältnis zu den Studenten und Lehrern der schwarzen Colleges. Die Atlanta-Morehouse-Spelman Players, ein äußerst talentiertes Ensemble, baten sie, in dem Musical *Der König und ich* die Rolle der weißen britischen Lehrerin der Königskinder zu übernehmen.

Die Rolle des Königs von Siam wurde von einem großen, kräftig gebauten, sehr schwarzen jungen Mann gespielt, ein Morehouse-Footballer namens Johnny Popwell. Mit seinem geschorenen Kopf sah er richtig grimmig aus. Bei der Premiere ging während der berühmten Tanzunterrichtszene – der König sagt: »Nein, so tanzen Europäer nicht« – ein hörbares Raunen durch das Publikum, als Johnny Popwell seinen Arm fest um die Taille von Roz legte. Im Jahr 1959 war dies auch auf einer Bühne eine mutige Tat.

Während der sieben Jahre, die ich in Atlanta lebte, lernte ich, nicht das Vorurteil des Nordens zu übernehmen, wonach die Weißen des Südens unverbesserliche Rassisten sind. Durch die Yankee-Selbstgerechtigkeit wurde der tief verwurzelte Rassenhass in Städten wie Boston oder New York nicht wahrgenommen. Jeder ist in der Lage, sich mit wandelnden Umständen ebenfalls zu ändern. Was vielleicht zunächst nur aus Eigeninteresse geschieht, kann ein Anfang sein, der zu weiterreichenden Veränderungen im Denken und Verhalten führt.

Das Eigeninteresse, das eine Verhaltensänderung motiviert, basiert oft auf dem einfachen, doch unaufhaltsamen Sog finanziellen Vorteils. So verabschiedete etwa 1959 Georgias Generalversammlung mit überwältigender Mehrheit eine Resolution, in der die Amtsenthebung von sechs Richtern des Obersten Gerichtshofs der USA wegen zu liberaler Entscheidungen gefordert wurde. Kurz danach verweigerte sie aber die Verabschiedung einer Resolution zum Verbot gemischtrassischer Sportveranstaltungen in Georgia. Die Amtsenthebung der sechs Richter würde keine weitreichenden Folgen haben, durch das Verbot gemischtrassischer Sportveranstaltungen dagegen hätte die Baseballmannschaft von Georgia nicht länger in der Südatlantikliga bleiben können. Und dies wiederum hätte bedeutet, dass der Staat weniger Einnahmen gehabt hätte. Ähnliches geschah bei den Feuerwehrleuten von Atlanta, die zunächst erklärten, sie würden nicht arbeiten, wenn die Feuerwehr gemischtrassisch würde, doch als Schwarze eingestellt wurden, arbeiteten die weißen Feuerwehrleute weiter.

Eine andere Triebkraft für die Änderung der Rassenbeziehungen war das Streben nach politischer Macht. Rassistische Politiker, die schwarze Wähler gewinnen wollten, änderten ihren Ton. Gouverneur George Wallace von Alabama, ein eiserner Befürworter der Rassentrennung, vollzog eine überraschende Kehrtwende, nachdem das Wahlrechtsgesetz in Kraft getreten war. In Atlanta änderte Bürgermeister William Hartsfield, ebenfalls ein eingefleischter Befürworter der Rassentrennung, seine Meinung, als immer mehr Schwarze zur Wahl gingen.

Die Veränderungen wurden deutlich, als im Frühjahr 1960 das Musical-Ensemble von *My Fair Lady* in der städtischen Konzerthalle von Atlanta auftrat, in dem es auf dem Balkon einen gesonderten Bereich für Schwarze gab. Ein halbes Dutzend Mitglieder der Atlanta-Morehouse-Spelman-Theatertruppe beschlossen, die Aufführung zu besuchen mit der Absicht, sich in den Hauptbereich zu setzen. Henry West kaufte Karten für die ersten Reihen, die besten Plätze des Hauses.

Die Schauspieler, darunter der wie Othello aussehende

Direktor J. Preston Cochrane, waren alle elegant gekleidet, präsentierten ihre Eintrittskarten, eilten am Kartenabreißer vorbei und nahmen Platz, bevor dieser sich von seiner Überraschung erholt hatte. Der Intendant forderte sie auf, die Plätze zu räumen; sie zeigten ihm ihre Kartenabrisse. Er sagte, die Aufführung würde nicht eher beginnen, bis sie sich umgesetzt hätten. Sie antworteten, sie könnten warten, und wiesen darauf hin, dass die anderen Theaterbesucher keinen Aufstand machten. Die Weißen, die auf den Plätzen neben ihnen saßen, waren schließlich gekommen, um ein Musical zu sehen, und nicht, um in den Bürgerkrieg zu ziehen. Der äußerst aufgebrachte Intendant ging in sein Büro und rief Bürgermeister Hartsfield an, um ihm zu berichten, was sich zutrug. Hartsfield dachte einen Moment nach, zögerte und sagte dann: »Ich kann Ihnen nur vorschlagen, das Licht zu dämpfen.« Die Aufführung nahm ihren Lauf. Dies war der Anfang vom Ende der Rassentrennung in der städtischen Konzerthalle von Atlanta.

Ändert sich eine Atmosphäre, passen sich die Menschen an, legen ihnen lieb gewordene Gewohnheiten ab. Eine Spelman-Studentin berichtete von einer Busfahrt in Atlanta am Morgen nach dem Spruch des Bundesgerichts, wonach die Rassentrennung im öffentlichen Busverkehr zu beenden sei. Sie beobachtete, wie ein Schwarzer in den Bus einstieg und auf einem der vorderen Sitze Platz nahm. Eine indignierte Weiße forderte den Busfahrer auf, den Mann zu verscheuchen. Der Fahrer drehte sich zu ihr um: »Ma'am, lesen Sie denn nicht die Zeitung?« Sie bestand darauf, dass der Bus anhielt, und rief einen Polizisten herbei. Der Polizist kam in den Bus, hörte sich an, was sie zu sagen hatte, und sagte: »Ma'am, lesen Sie denn nicht die Zeitung?«

Es gab im Süden immer Weiße, die der Bewegung zur Beendigung der Rassendiskriminierung unter großen Risiken den Weg bereiteten. Ich hatte das Glück, einige von ihnen zu kennen: Myles Horton, Gründer der Highlander Folk School in Tennessee; Carl und Anne Braden, Herausgeber des *Southern Courier* in Louisville, Kentucky; Pat Watters und Margaret Long, Journalisten der *Atlanta Constitution*; die Reporter Fred Powledge und Jack Nelson. Als die Bewegung der Schwarzen für die ersten Erschütterungen des Systems sorgte, wurden auch andere, die ihre Wut lange unterdrückt hatten, ermutigt, eine klare Haltung einzunehmen.

Die in den letzten Jahrzehnten durch die Kämpfe und Opferbereitschaft der in der Bürgerrechtsbewegung Engagierten bei Schwarzen wie Weißen bewirkten Bewusstseinsveränderungen können lediglich als ein Anfang angesehen werden. Tag für Tag gibt es Berichte über das Fortwirken des Rassismus in diesem Land. Die Errungenschaften der Bewegung nicht anzuerkennen oder herunterzuspielen, hieße allerdings, die neue Generation zu entmutigen, an dem langen, langsamen Kampf, nicht *für* Gleichheit – denn diese Wendung würde eine Vollendung suggerieren –, sondern *zur* Gleichheit teilzunehmen.

In Atlanta gab es eine Kombination aus frontalem Vorgehen – Sit-ins, Demonstrationen, Festnahmen – und einer mit unbeugsamer Ausdauer betriebenen Aushöhlung der verkrusteten Regeln der Rassentrennung. Damals war oft von »Revolution« die Rede. Einige Leute verstanden darunter bewaffnete Rebellion. Ich lernte aufgrund meiner Erfahrungen im Süden, darin eine Kombination aus mutigen Vorstößen und einer geduldigen Ausübung von Druck, Druck und nochmals Druck zu sehen, »den langen Marsch durch die Institutionen«, wie es jemand einmal bezeichnet hat – kein abgeschlossenes Ereignis, sondern ein permanenter Prozess. Mir wurde klar, dass keine noch so kleine Mahnwache, keine schwach besuchte Versammlung, keine Diskussion der eigenen Vorstellungen, ob in großem Rahmen oder mit einem Einzelnen, als unbedeutend abgetan werden sollte.

Wie sehr eine kühne Idee, die öffentlich gegen die herrschende Meinung geäußert wird, ihre Kraft entfaltet, lässt sich nur schwer messen. Menschen mit der besonderen Gabe, mit ihren Argumenten nicht nur die Selbstsicherheit ihrer Gegner zu erschüttern, sondern auch die Selbstzufriedenheit ihrer Freunde, sind wertvolle Katalysatoren der Veränderung.

Ich erinnere mich daran, wie ich einmal zum Flughafen von Atlanta fuhr – denn in Wirklichkeit bestand ein Großteil meiner wahrhaft revolutionären Geschichte darin, hin und her zu fahren –, um E. Franklin Frazier abzuholen, einen Schwarzen und weltbekannten Soziologen, Autor des Klassikers *The Negro Family in America*. Er war gerade aus Frankreich zurückgekehrt und sollte im Atlanta University Center reden.

Er war stämmig, mittelgroß und trug ein auffälliges Barett. Als sie sich in der Cafeteria des Flughafens weigerten, uns Kaffee zu servieren, lächelte er die Serviererin an und sagte: »Das ist interessant. Letzte Woche habe ich mit dem französischen Präsidenten Kaffee getrunken, und in dieser Woche verweigert man ihn mir in Atlanta.«

Fraziers Reise nach Atlanta sorgte für große Aufregung. Er war als junger Mann aus der Stadt gejagt worden, nachdem er einen wütenden Artikel geschrieben hatte: »Der weiße Südstaatler«. Seine Freunde in Atlanta hatten ihn als aufbrausenden, furchtlosen Mann in Erinnerung, der sich nicht um die weißen Vorstellungen scherte, wie Schwarze sich zu verhalten hätten. Er rauchte Zigarren, trank Whiskey und äußerte sich in einer direkten, beißenden Sprache, als sei er auf den kalkulierten Affront der Schwarzen aus gewesen, die in ihrem Bemühen, sich zu assimilieren, die Manieren der Schickeria und das Vokabular von Pedanten annahmen.

Mit seinem letzten Buch jener Zeit, *Black Bourgeoisie*, warf er einen kritischen, manchmal vernichtenden Blick auf die wohlhabenden Schwarzen in den Vereinigten Staaten und löste damit eine erbitterte Kontroverse in der schwarzen Community aus. Frazier sagte, die schwarze Mittelschicht hätte ihren bourgeoisen Stil und ihre traditionelle Religion der weißen Mittelschicht entlehnt, die selbst intellektuell und kulturell wertlos sei. Die Schwarzen sollten sich auf ihr eigenes Erbe besinnen, ihre eigene Kultur hervorbringen. Ich musste an Frazier denken, als ich Jahre später Malcolm X zuhörte.

Der Hörsaal auf dem Spelman-Campus war gerammelt voll, die Leute saßen sogar in den Gängen, auf den Fensterbänken, auf dem kleinsten Platz, der frei war. Frazier griff schonungslos den amerikanischen Rassismus an, doch auch die Unterwürfigkeit und den Konservativismus unter den Schwarzen. Er prangerte die schwarzen Zeitungen und Zeitschriften an, die eine »Scheinwelt« vorgaukelten, in der erfolgreiche Geschäftsleute die Helden waren.

Es sei die vorrangige Erziehungsaufgabe, diese Scheinwelt zu zerstören und den Schwarzen ein realistisches Bild von sich und der Welt zu vermitteln. »Die meisten unserer Schulen dienen dem letzten Schliff für die schwarze Mittelschicht«, trug er an jenem Abend vor. »Ich ging am College vier Jahre lang zum Pflichtgottesdienst und hörte in diesen vier Jahren nichts anderes als sentimentales Gewäsch!« Er versicherte, dass er die Schwarzen nicht angreifen wolle. »Wir haben nie irgendwelche Verbrechen oder Sünden erfunden, die von den Weißen nicht bereits perfektioniert worden sind.«

In der anschließenden Diskussion fragte jemand: »Warum haben Sie in *Black Bourgeoisie* so hart ausgeteilt?« Seine Antwort führte zu Gelächter und Applaus der Zuhörer: »Mein Freund, Weiße haben uns beschwindelt. Prediger haben uns beschwindelt. Lehrer haben uns beschwindelt und uns diesem Schwindel überlassen. Wir brauchen jemanden, der uns von dem Schwindel befreit!«

Ich war erstaunt über Fraziers offenkundige Absicht, wie ein furchtloser David dem Goliath des amerikanischen Rassismus eine Kampfansage nach der anderen zu erteilen, ohne sich zu vergewissern, ob sich ihm jemand anschließen würde. Er war sich sicher, dass er, wenn er die Wahrheit aussprach, wie unpopulär sie zunächst auch sein mochte, Mitstreiter finden würde, und dass Vorstellungen, die zunächst abgelehnt, später mehr und mehr akzeptiert werden würden. In den folgenden Jahren wurde ich durch sein Beispiel sehr ermutigt.

Im Juni jenes Jahres plante die Studentenbewegung ein kleines Sit-in an der Imbissbar von Rich's Department Store. An der Bar selbst standen keine Hocker, doch es gab Stühle und Tische, an die sich die Leute setzen konnten, wenn sie ihr Essen gekauft hatten. Roz und ich übernahmen die Aufgabe, zur Bar zu gehen und jeweils zwei Tassen Kaffee sowie zwei Sandwichs zu kaufen. Wir setzten uns an einen Tisch. Zwei schwarze Studenten, John Gibson und Carolyn Long, die sich in der Nähe Schallplatten angeschaut hatten, nahmen an unserem Tisch Platz, und wir fingen alle an zu essen. An einem Tisch am anderen Ende des Imbissbereichs taten vier andere das Gleiche.

Wir wurden gebeten, den Imbiss zu verlassen, weigerten uns aber zu gehen. Die Geschäftsführer riefen nicht die Polizei, weil sie öffentliche Aufmerksamkeit für eine Politik, die immer beschämender wurde, vermeiden wollten; der Imbiss wurde lediglich geschlossen, das Licht ausgemacht und um uns herum die Stühle auf die Tische gestellt. Weiße Käufer versammelten sich um uns und murrten wütend, wir würden verhindern, dass sie zu Mittag essen konnten. Weitere schwarze Studenten, darunter Lonnie King, kamen an unseren Tisch. Wir saßen dort im Halbdunkel und plauderten, bis der Laden geschlossen werden sollte. Wir gingen, hatten wir doch erreicht, was wir erreichen wollten.

Es bedurfte noch weiterer Sit-ins, weiterer Festnahmen und eines Boykotts von Rich's durch die beträchtliche schwarze Kundschaft, doch im Herbst 1961 gaben Rich's und eine Reihe anderer Restaurants in Atlanta nach und beendeten ihre Politik der Rassentrennung. Was unveränderlich erschien, konnte verändert werden, was unbeweglich schien, konnte bewegt werden.

3. Ein Präsident ist wie ein Gärtner

»Diese Verwalter halten uns für Wilde und glauben, es sei ihre Aufgabe uns zu zivilisieren.« So lautete der Kommentar einer meiner Studentinnen am Spelman College mit Englisch als Hauptfach über den Mangel an Freiheit am College, die antiquierten Restriktionen, die Mädchenpensionats-Atmosphäre, den Paternalismus und die Kontrolle. Als »die Spelman-Mädchen« aus dem Gefängnis auf den Campus zurückkehrten, wollten sie nicht mehr akzeptieren, was sie zuvor akzeptiert hatten.

Ihre Rebellion spitzte sich schließlich im Frühjahr 1963 zu. Kurz nachdem ich am College anfing, schrieb eine hervorragende Studentin namens Herschelle Sullivan, die später an der Columbia University ihren Doktor machte und für die UN in Afrika arbeitete, ein Editorial für die Studentenzeitung, eine Allegorie, mit der sie die strikten Kontrollen der Studentinnen durch das College anprangerte. Eine der Figuren in ihrer Allegorie war ein Löwe, ein Torwächter, der es jungen Leuten nicht erlaubte, die Welt außerhalb der Tore zu erkunden. Herschelle benutzte die Worte »wohlwollender Despotismus«. Sie wurde zum Präsidenten, Dr. Albert Manley, zitiert und wegen ihres Editorials ermahnt. Auch die Herausgeberin der Zeitung wurde von ihm kritisiert, weil sie sich nicht geweigert hatte, das Editorial abzudrucken.

Manley, ein vornehmer, gut aussehender Mann, war der erste schwarze Präsident des Spelman College. Vor ihm hatten weiße New-England-Missionarinnen dem College vorgestanden. Manley war vorsichtig, konservativ und offenbar durch die neuen militanten Strömungen an den schwarzen Colleges verunsichert. Er musste zudem dem Kuratorium Rechenschaft ablegen, dem mehrere Rockefellers und eine Reihe weißer Geschäftsleute aus dem Norden angehörten.

Nach dem Vorfall mit Herschelle Sullivan spürte ich, dass sie Unterstützung brauchte und ich nicht schweigen konnte, wenn eine meiner Studentinnen, die vielleicht durch meinen Unterricht beeinflusst worden war, sich frei darüber äußerte, was sie auf dem Campus störte. Ich schrieb einen langen Brief an Dr. Manley und führte aus, dass ich in meinen Seminaren über amerikanische Geschichte und über die westliche Zivilisation die Notwendigkeit unabhängigen Denkens und des Mutes angesichts der Repression betont hatte. Jedes Bemühen der Verwaltung, die Meinungsfreiheit einzuschränken, sei ein Schlag gegen alle Werte einer liberalen geisteswissenschaftlichen Ausbildung. Ich erhielt keine Antwort.

Fünf weitere Fakultätsmitglieder schrieben ebenfalls an Präsident Manley, brachten ihre Besorgnis zum Ausdruck, der intellektuelle und gesellschaftliche Reifeprozess der Studentinnen am Spelman College werde durch unnötige Restriktionen behindert, und schlugen vor, die Studentinnen sollten zur Entwicklung von Selbstdisziplin angehalten, nicht aber Disziplin unterworfen werden. Ihr Brief blieb ebenfalls unbeantwortet. Es deutete sich an, dass sich der Konflikt zuspitzte.

Als sich im Frühjahr die Sit-in-Bewegung in Atlanta ausweitete, schrieb ich für *The Nation* einen Artikel über die Beteiligung von Spelman-Studentinnen und merkte an, dass dadurch das traditionelle Bestreben, die Absolventinnen sollten sich zu »jungen Damen« entwickeln, in Frage gestellt würde. Die Studentin neuen Typs sei auf einer Demonstration oder im Gefängnis anzutreffen. Wie ich erfuhr, nahm mir Präsident Manley den Artikel übel, weil ich das College in seiner bestehenden Form kritisiert hatte.

Im Frühjahr 1962 wurden die Studentinnen durch den Besuch der Spelman-Absolventin Marian Wright beflügelt, die zu jener Zeit an der Yale Law School lehrte. Sie sprach über junge Leute, die zu einer Kraft der gesellschaftlichen Veränderung werden. Kurz nach ihrer Abreise richtete eine Gruppe von Studentinnen eine Petition an die Spelman-Verwaltung. Sie zollten Spelmans »produktiver Vergangenheit« ihren Respekt, schrieben jedoch, das College »bereite die Frau von heute nicht darauf vor, Aufgaben in der sich rasch ändernden Welt zu übernehmen ... Die Wissensaneignung wird durch das offenkundige Fehlen einer Atmosphäre beeinträchtigt, die der intellektuellen Neugier und dem Streben nach Kompetenz dienlich wäre«. Sie forderten »erste Schritte«, eine solche Atmosphäre zu schaffen, eine Liberalisierung der Vorschriften, eine Modernisierung des Curriculums und bessere Möglichkeiten der Bibliotheksnutzung.

Es wurde eine Versammlung – geleitet von einer ausgezeichnete Studentin namens Lana Taylor – zur Bekanntmachung der Petition anberaumt, die auf großes Interesse stieß. Mehr als 300 junge Frauen, mehr als die Hälfte der Studentinnen, unterzeichneten die Petition. Präsident Manley reagierte wütend. Er ließ die Studentenführerinnen, darunter auch Lana Taylor, zu sich kommen und tadelte sie für die

Verbreitung der Petition, mit dem Hinweis, sie hätten die »regulären Kanäle« nutzen sollen. Er sagte, wenn es ihnen am Spelman College nicht passe, könnten sie es ja verlassen und er forderte, dass die Petition nicht wie geplant in der Studentenzeitung veröffentlicht werde. Die Herausgeberin sagte später: »Es war wie ein Erlass … Ich hatte das Gefühl, nichts anderes tun zu können, als zu gehorchen.«

Im Sommer 1962 erhielt Lana Taylor, die gerade erst im Mai zur Präsidentin der Senior Class gewählt worden war, vom College einen Brief, in dem ihr mitgeteilt wurde, dass ihr Antrag auf ein Stipendium wegen »mangelnder staatsbürgerlicher Pflichterfüllung« abgelehnt worden sei.

Im Frühjahr 1963 spitzten sich die Ereignisse zu. Der Social Science Club beschloss, eine Versammlung einzuberufen, um einige Probleme des Campuslebens zu erörtern. Ich war Berater des Clubs, doch ich hatte dieses Treffen nicht angeregt. Das Thema des Abends, zu dem die Fakultätsmitglieder, die Verwalter und die Studentinnen eingeladen waren, lautete: »Über die Freiheit am Spelman.« Etwa ein Dutzend Dozenten kamen. Einige Verwalter waren anwesend, Dr. Manley hatte sich wegen einer anderen Verpflichtung entschuldigen lassen. Der Raum, in dem sich normalerweise 30 bis 40 Studentinnen aufhielten, war mit über 200 Personen gefüllt. Die Versammlung wurde von Dorcas Boit geleitet, einer Studentin aus Kenia.

Die Studentinnen kritisierten die Verwaltung wegen der ihnen zugefügten Demütigungen – Überwachung, Paternalismus, Autoritarismus – und brachten ihre Ängste zum Ausdruck. »Wir haben Angst, dass wir unseren Abschluss nicht machen können, wenn wir etwas unterschreiben. Wir haben Angst, überhaupt etwas zu sagen, Angst, in jemandes Büro zitiert zu werden.« Die Studentinnen berichteten, dass sie ihre Zimmer nicht verlassen dürften, wenn sie ein Konzert nicht besucht hatten, das auf dem Campus gegeben wurde.

Marie Thomas, die am Spelman College für ihre künstlerischen Leistungen ausgezeichnet worden war und die später auf New Yorker Bühnen Erfolge feiern würde, gehörte zu den fünf Theaterleuten, die für ein Semester suspendiert worden waren, weil sie »zu später Stunde« noch auf der Party ihrer Theatertruppe gewesen war. Sie hatte einen Brief geschickt, der während der Versammlung vorgelesen werden sollte. Darin wandte sie sich voller Leidenschaft gegen »unsere traditionellen, antiquierten, mittelalterlichen und veralteten Standards, Regeln und Vorschriften ... Was haben diese für ein modernes Mädchen, das normal aufwächst und lernt, in der heutigen modernen Welt für eine Bedeutung? Die Zeiten haben sich in der Tat geändert. Gott verleihe uns Kraft, Wissen und Verständnis, damit wir uns mit ihnen ändern können.« Die Studentinnen spendeten ihrem Brief großen Applaus.

Bei einem Treffen des Lehrkörpers unter Vorsitz von Präsident Manley schlug ich vor, dass er und meine Kollegen sich einen Tonbandmitschnitt von der Versammlung der Studentinnen anhören, um einen Eindruck von ihren Nöten zu bekommen. Manley lehnte ab. Es wurde klar, dass er in mir den Anstifter und nicht den Unterstützer der Proteste sah. Wenn Studenten die etablierte Autorität herausfordern, meinen die unter Druck geratenen Verwalter, »es müsse jemand dahinterstecken«, mit der Implikation, dass junge Leute unfähig sind, selbstständig denken oder handeln zu können.

Nach diesem Treffen suchte ich Dr. Manley auf in der Hoffnung auf, die Spannungen zwischen uns abbauen zu können. Unser Haus auf dem Campus lag nicht weit entfernt von seinem. Wir waren ein paar Mal bei ihm zum Abendessen gewesen, und unser Verhältnis war freundlich, wenn auch etwas formell. Die folgenden Ausführungen habe ich meinem Tagebuch entnommen, das ich in der ersten Hälfte des Jahres 1963 führte:

Treffen mit Manley. Ich hatte darum gebeten, um nach den Spannungen bei der letzten Zusammenkunft im direkten Gespräch zu versuchen, wieder etwas Freundlichkeit einkehren zu lassen. Freundlichkeit vielleicht nicht, aber eine Minderung der Spannung, wenn auch absolut keine Übereinstimmung an irgendeinem Punkt. Über die Versammlung des Social Science Clubs. »Sie hätten das zunächst mit mir klären sollen.« Ich sagte, dies sei unannehmbar – auf einem demokratischen Campus sollte jede Gruppe die Möglichkeit haben, sich zu jeder Zeit zu einem Thema zu treffen, ohne dies vorher mit irgendjemandem klären zu müssen. Er sagte, was er die ganze Zeit sagte: »An diesem Punkt sind wir unterschiedlicher Auffassung.« … Er fuhr fort: »Warum bringen Sie ständig diese Dinge ins Spiel? Warum interessieren Sie sich nicht für andere Probleme, Studentinnen, die beim Examen schummeln, Studentinnen, die in den Wohnheimen stehlen, so dass laufend etwas fehlt? Interessiert Sie das alles nicht?« Nicht sonderlich, erwiderte ich. Ja, betonte ich, ich interessiere mich für alles, einige Dinge sind mir jedoch wichtiger als andere. An einem Punkt sagte er: »Ich war nie ein Kreuzfahrer und bin es auch jetzt nicht.« Am Ende des Treffens sagte ich: »Sie haben sich den Finger aufs Herz gelegt, als Sie sagten, sie seien kein Kreuzfahrer. Vielleicht bin ich es in gewisser Weise. Doch was immer wir auch sein mögen, sollten wir nicht wollen, dass unsere Studentinnen etwas von einem Kreuzfahrer haben?« Keine Antwort.

Ich empfand eine gewisse Sympathie für Präsident Manley – er stand von allen Seiten unter Druck, seitens des Kuratoriums, seitens anderer College-Präsidenten, vielleicht auch seitens wichtiger Personen der schwarzen Community: Ich wusste es nicht genau. Doch ich war gerührt von den Studentinnen und ihrem Mut, endlich das zu sagen, was sie bewegte. Eine Studentin, die den Versuch eines Verwalters abgewehrt hatte, eine Rede von ihr zu zensieren, sagte: »Spelman gleicht einem Sarg. Du musst dich entweder strecken oder schrumpfen, um hineinzupassen. Es darf jedoch nichts herausragen – nicht ein Zeh, nicht eine Hand, nicht ein Haar.« Eine andere Studentin, die während ihres letzten Studienjahres das College verlassen hatte, schrieb einen Brief, um ihre Entscheidung zu erklären: »Ich war es einfach leid, mich aufregen zu müssen und eingesperrt zu sein … Ich mag die Mädchen am Spelman College, doch ich werde diesen Ort nie wirklich lieben, da er mir nichts bietet, das ich lieben könnte. … Für mich ist ein College ein Ort, an dem die Studenten sich entwickeln. Wie aber sollen wir uns entwickeln können, wenn wir nachteiligen Einflüssen ausgesetzt sind?«

Ende April gab es ein Abendessen zur Feier von Dr. Manleys zehnjährigem Wirken am Spelman College. Ich ging mit Charles Merrill, einem Pädagogen aus Boston und Förderer von Auslandsstipendien für hervorragende Spelman-Studentinnen, zum Speisesaal. Merrill war vielleicht der einzige Liberale im Spelman-Kuratorium. Wir waren seit Jahren befreundet, und er scherzte: »Ich soll mit dir dorthin gehen? … Ob sie dich wohl allein an einen Tisch setzen werden?« Der Hauptredner des Dinners war der Vorsitzende des Spelman-Kuratoriums, Lawrence McGregor, ein Bankier aus New Jersey, der einen Hinweis darauf gab, was kommen sollte. Ich zitiere wieder aus meinem Tagebuch: »Ein Präsident ist wie ein Gärtner – er muss sicherstellen, dass Dinge an ihrem Ort wachsen –, und wenn irgendwo etwas wächst, wo es nicht wachsen soll, muss er es beseitigen.«

Als zwei Monate später, im Juni 1963, das Semester zu Ende, die Studentinnen weg und der Campus leer war, beluden wir unseren alten Chevy und fuhren für den Sommer in den Norden. Meine Familie nahm schon im Wagen Platz, während ich sie noch um ein wenig Geduld bat, weil ich noch nach der Post sehen wollte.

Ich hatte einen Brief vom Büro des Präsidenten erhalten. »Das College hat nicht die Absicht, Sie nach Ende dieses Semesters weiter zu beschäftigen, was wir Ihnen hiermit mitteilen. … Sie werden folglich zum 30. Juni 1963 von allen Pflichten am College entbunden, und wir erwarten, dass Sie Ihre Wohnung bis zu diesem Datum räumen. Der Scheck für Ihre Abfindung ist diesem Schreiben beigefügt.« Die Schecksumme belief sich auf 7000 Dollar, ein Jahresgehalt.

Es war ein Schock. Trotz des zugespitzten Konfliktes hatte ich das nicht erwartet. Es war nun klar, warum alle Vertragsverlängerungen mit unterschiedlichen Ausflüchten zwei Monate zurückgehalten worden waren – Manley hatte gewartet, bis alle Studentinnen den Campus verlassen hatten, damit alles ohne Aufruhr über die Bühne gehen konnte.

Ich ging zurück zum Wagen und sagte zu Roz und den Kindern, dass wir vor unserer Abreise etwas zu besprechen hätten. Wir kehrten in die Wohnung zurück und setzten uns ins Wohnzimmer. Ich las ihnen den Brief vor. Roz war sprachlos, Myla und Jeff waren entrüstet. Myla hatte uns zehn Jahre lang zum Weggang aus Atlanta bewegen wollen, doch nun sagte sie: »Wir werden nicht gehen!«

Staughton Lynd, unser Campus-Nachbar und mein Fachbereichskollege, kam zu uns, weil er sah, dass der Wagen immer noch vor dem Haus stand. Staughton und seine Frau Alice waren gerade von einem Krankenhausbesuch bei ihrem Sohn zurückgekehrt, der sich bei einem Sturz schwer verletzt hatte. Ich sagte zu Staughton, er hätte genug Sorgen und solle sich um seine Familie kümmern. Doch unbeugsam wie immer, hängte er sich gleich an die Strippe, um die Nachricht zu verbreiten und Unterstützung zusammenzutrommeln. Die Reaktionen schienen nach Generationen gespalten zu sein. Altgediente Fakultätsmitglieder zögerten, sich für mich einzusetzen. Die jüngeren schwarzen Professoren stellten sich sofort auf meine Seite – Lois Moreland aus meinem Fachbereich, Mitglied der National Association for the Advancement of Colored People, und die später am Spelman-College blieb; Samuel DuBois Cook, Professor der Politischen Wissenschaften an der Atlanta University, der zusammen mit Martin Luther King Jr. am Morehouse College studiert hatte und der Präsident eines College in New Orleans werden würde; Shirley McBay, eine neue und daher besonders angreifbare und mutige junge Mathematiklehrerin, die später Studienleiterin am Massachusetts Institute of Technology werden würde.

Ein paar weiße Kolleginnen von der Englischen Fakultät schlossen sich der Kampagne gegen meine Entlassung an – Renate Wolf, eine in Deutschland geborene Romanschriftstellerin, und Esta Seaton, eine Dichterin. Doch Präsident Manley zeigte sich unnachgiebig. Als Grund für die späte Absendung der Kündigung nannte er Besucherdelegationen. Ich sei »aufmüpfig« und ich vermute, dass das stimmte.

Ich wollte mich gegen den Rauswurf wehren und war mir sicher, das Recht auf meiner Seite zu haben. Ich war Fachbereichsleiter, Professor mit Festanstellung und konnte nach allen Regeln des Berufsstandes nicht einfach gefeuert werden. Als ich Don Hollowell um rechtlichen Rat bat, zeigte er sich davon überzeugt, dass Manley meinen Vertrag mit dem College gebrochen hatte. Er sagte zu, dass er den Fall übernehmen würde. Als ich die American Association of University Professors (A.A.U.P.) in Washington anrief, erhielt ich die Auskunft, man sei sich sicher, dass meine Rechte als ordentlicher Professor verletzt worden seien und werde eine Untersuchungskommission einsetzen.

Mir war zu der Zeit der Unterschied zwischen Recht und Gerechtigkeit längst bewusst. Ich wusste, dass der Buchstabe des Gesetzes nicht so wichtig war wie die Frage, wer tatsächlich die Macht innehatte. Ich hätte klagen können, doch das

Verfahren würde sich Jahre hinziehen und Geld kosten, das ich nicht hatte. Die A.A.U.P. würde den Fall untersuchen und ein paar Jahre später einen Bericht vorlegen und dem Spelman College die Verletzung meiner akademischen Freiheit vorwerfen, was jedoch wenig Bedeutung hätte. Ich kam bald zu dem Schluss, mein Leben nicht an diese Auseinandersetzung zu binden, und beugte mich damit zögernd der Realität. Die »Herrschaft des Rechts« bedeutet in solchen Fällen gewöhnlich, dass derjenige gewinnt, der es sich leisten kann, Anwälte zu bezahlen und zu warten, wobei »Gerechtigkeit« kaum eine Rolle spielt.

Die Studentinnen waren weg und den Sommer über in alle Richtungen verstreut. Doch die Nachricht verbreitete sich. Einige Studentinnen, mit denen wir eng befreundet waren, schrieben oder riefen an, um ihre Hilfe anzubieten. Dazu gehörte die mutige und unbeugsame Studentinnensprecherin Betty Stevens, die erste Schwarze aus dem Süden, die später an die Harvard Law School gehen würde. Sie weinte, als sie hörte, dass ich das Spelman College verlassen musste und schrieb an den Präsidenten des College: »Dr. Zinns Kompetenz als Professor steht außer Zweifel. ... Dr. Zinn wird bewundert, respektiert und von allen Spelman-Studentinnen geliebt. ... Dieser Mann ist nicht bloß ein Lehrer, er ist ein Freund der Studentinnen. Er ist einer, an den sie sich gerne wenden. ... Es gibt niemanden, den er als unbedeutend ansehen würde.« Ihr Brief endete mit den Worten: »Enttäuscht von der Menschheit.« Ich muss an dieser Stelle anmerken, dass Gefeuertwerden einige Vorteile des Sterbens hat, ohne jedoch dessen größten Nachteil zu besitzen. Leute sagen besonders nette Dinge über einen, und man hat noch die Möglichkeit, sich darüber zu freuen.

Eine weitere Studentin, die sofort ihre Unterstützung zeigte, war Alice Walker. Ich war Alice zum ersten Mal während eines Dinners zur Begrüßung der Erstsemester begegnet. Wir saßen an einem der langen Tische zufällig nebeneinander. Ich erinnere mich noch an den ersten Eindruck, den ich von ihr hatte: klein und schlank, dennoch stark, sanfte braune Haut, ein Auge ruhig, das andere dafür doppelt neugierig und mit dem Anflug eines Lächelns. Sie war höflich, doch nicht auf die gelenkte Art eines »Spelman-Mädchens«, vielmehr auf eine nahezu ironische Weise freundlich – nicht respektlos, sondern einfach selbstsicher. Wir unterhielten uns und mochten einander mehr oder weniger sofort.

Sie belegte mein Seminar über russische Geschichte und erwies sich als ruhig und aufmerksam. Ich versuchte, die Geschichte lebendig werden zu lassen, indem ich die Studentinnen Gogol, Dostojewski, Tschechow und Tolstoi lesen ließ. Die ersten schriftlichen Seminararbeiten wurden fertig, und ich las voller Verwunderung, was Alice Walker über Dostojewski und Tolstoi geschrieben hatte. Nicht nur hatte ich noch nie einen literarischen Essay einer Studentin von solch kritischer Intelligenz, sondern überhaupt kaum je einen so eleganten und stilvollen Essay gelesen. Sie war neunzehn Jahre alt und stammte aus einer Pächterfamilie in Eatonton, Georgia.

Als Alice ans Spelman College kam, begann bereits die dritte Welle von Sit-ins und Demonstrationen, an denen sie sich bald beteiligte. Sie besuchte uns häufig in unserer Wohnung und entwickelte eine wunderbare Beziehung zu unseren Kindern. Ihre Texte hinterließen weiterhin einen großen Eindruck auf mich. Als Anfang Juni mein Kündigungsschreiben eintraf, war Alice bereits in den Norden gereist, um den Sommer mit ihrem Bruder in Boston zu verbringen. Doch irgendwer rief sie an und teilte ihr die Neuigkeit mit. Sie schrieb mir sofort: »Ich habe versucht, mir das College ohne Sie vorzustellen – aber es will mir nicht gelingen. ... Gestern Abend war ich zu aufgebracht, um meinen Brief zu beenden.«

Roz und ich begaben uns in jenem Sommer nach Greenwood, Mississippi, wo ich für mein Buch mit Leuten aus der Bewegung über das Student Nonviolent Coordinating Committee (SNCC) sprach. Im Herbst waren wir in Boston, wo wir für ein Jahr ein Haus gemietet hatten und ich über ein Stellenangebot der Boston University nachdachte.

Alice Walker plante bereits, das Spelman College zu verlassen. Sie schrieb uns aus Atlanta: »Hier gibt es nichts für mich – es ist beinahe so, als sei man lebendig begraben. Es scheint geradezu auf die Frage hinauszulaufen, ob ich weggehe oder an diesem seltsamen, unwirklichen Ort mich – *mein Selbst* – verliere.«

Irgendwann im Oktober fuhren wir nach Atlanta zurück, um den Transport unserer Sachen nach Boston zu organisieren und unsere Freunde zu treffen. Wir besuchten das SNCC-Büro, in dem sich mehr als hundert Spelman-Studentinnen drängten, um ihre Unterstützung unter Beweis zu stellen. Es war ein rührendes Wiedersehen.

Es waren diese Studentinnen und so viele andere mehr, die meine Jahre am Spelman College mit all dem Aufruhr zu einer solch angenehmen, wunderbaren Zeit gemacht hatten, wenn ich am Ende auch gefeuert wurde. Zu sehen, wie sie sich in den wenigen Jahren änderten, sich auf dem Campus und außerhalb gegen die etablierte Autorität auflehnten, verwies auf die außerordentlichen Möglichkeiten, die zu jeder Zeit in allen menschlichen Wesen stecken, welcher Hautfarbe sie auch sein mögen.

4. Mein Name ist Freiheit: Albany, Georgia

An einem Sommertag des Jahres 1962 betrat ich als 39-jähriger Geschichtsprofessor, der den Hörsaal immer öfter verließ, um etwas Geschichte zu erleben, das Büro von Sheriff Cull Campbell des Daugherty County in der Stadt Albany, eine Stadt, die von den Baumwoll- und Pekannuss-Anbaugebieten des südwestlichen Georgia umgeben ist.

Ich besuchte Sheriff Campbell im Rahmen eines Projektes, das ich für den Southern Regional Council in Angriff nahm, einer liberalen Forschungsgruppe in Atlanta. Im Winter 1961 sowie im Frühling und Sommer des Jahres 1962 überraschte die schwarze Bevölkerung sich und die Welt und rebellierte gegen die Rassentrennung. Ich war gebeten worden, mir die Unruhen in Albany anzuschauen und einen Bericht zu schreiben.

Ich wollte mit dem Sheriff über etwas sprechen, das sich kurz zuvor in seinem Zuständigkeitsbereich zugetragen hatte. Ein weißer Bürgerrechtler namens Bill Hansen war mit sechzehn weiteren Personen wegen Betens vor dem Rathaus und der Weigerung, sich zu entfernen, festgenommen und in eine Zelle mit einem weißen Gefangenen gesperrt worden, dem man wichtige Instruktionen erteilt hatte: »Das ist einer von den Burschen, die hierher gekommen sind, um uns in die Schranken zu verweisen.« Als Hansen auf dem Boden saß und Zeitung las, wurde er angegriffen und bewusstlos geprügelt, sein Kiefer und ein paar Rippen wurden gebrochen, seine Lippe platzte auf.

Am Nachmittag jenes Tages suchte ein junger Anwalt, C. B. King, der in Albany geboren und der erste schwarze Rechtsanwalt in der Geschichte der Stadt war, Sheriff Campbells Büro auf, um zu erkunden, was Bill Hansen widerfahren war. Den Sheriff erzürnte der Anblick eines Schwarzen sehr, dazu noch eines »Boys« aus der Stadt, der die Law

School besucht hatte und nun wie jeder weiße Anwalt in Anzug und Krawatte erschien und nach einem Mandanten fragte. Er sagte: »Nigger, hab ich dir nicht gesagt, dass du draußen warten sollst?« Dann zog er einen Spazierstock aus einem Korb und schlug King mit aller Wucht auf den Kopf. Der Anwalt taumelte aus dem Büro, Gesicht und Kleidung von Blut überströmt, und schleppte sich über die Straße zu Polizeichef Pritchett, der einen Krankenwagen rief.

Sheriff Campbell empfing mich ein paar Wochen nach diesem Ereignis in seinem Büro, drehte sich zu mir und fragte: »Sie stehen doch nicht etwa auf der Seite dieses gottverdammten Niggers?« Ich zog es vor, nicht zu antworten, fragte ihn jedoch, was mit King geschehen sei. Er starrte mich an. »Na, ich habe diesem Hurensohn mächtig eins übergebraten und würde es wieder tun. Ich wollte, dass er weiß ... ich bin ein Weißer, er ist ein verdammter Nigger.«

Während ich dem Sheriff zuhörte, sah ich neben seinem Schreibtisch den Korb mit den Spazierstöcken. Einem Schild auf dem Korb war zu entnehmen, dass die Stöcke von Blinden hergestellt und für fünfzig Cent verkauft wurden. Ich hatte kurz die makabre Vision von einem Schwarzen in einem örtlichen Blindenheim, der den Spazierstock hergestellt haben könnte, mit dem C. B. King geschlagen worden war.

Ich ging über die Straße zum Büro des Polizeipräsidenten. Pritchett war landesweit in den Zeitungen dafür gelobt worden, dass er in Albany »die Ordnung« aufrechterhalten habe. Ein Reporter der in New York erscheinenden *Herald Tribune* schrieb, Pritchett habe in Albany »für ein professionelles Vorgehen gesorgt, das in einer Situation, in der Gewalt an der Tagesordnung ist, schwer nachzuahmen sein wird«.

Das Lob der Presse des Establishments hatte sich Pritchett dadurch verdient, in dem er in Albany alle, ob Frau, Mann oder Kind – angeblich ohne dabei Gewalt anzuwenden, wie er sich brüstete –, ins Gefängnis steckte, die ihr durch die

Verfassung garantiertes Recht auf freie Meinungsäußerung und Versammlung in Anspruch nahmen. Er und Sheriff Campbell bildeten das klassische Team aus bösem und gutem Polizisten: Campbell schlug jemanden blutig, und Pritchett rief hinterher den Krankenwagen.

Ich fragte Pritchett, warum er Sheriff Campbell, der sich eindeutig der Körperverletzung schuldig gemacht hatte, nicht festgenommen habe. Er lächelte und schwieg. Seine Sekretärin kam herein und sagte: »Ihr nächster Besucher ist da.« Pritchett stand auf und reichte mir die Hand. Ich war im Begriff zu gehen, als sein nächster Besucher hereinkam: Dr. Martin Luther King. Wir grüßten uns, da wir uns bereits ein paar Mal in Atlanta getroffen hatten, und ich ging just zu dem Zeitpunkt, als Pritchett, der »gute Polizist«, King freundlich die Hand schüttelte.

Zurück in meinem Motelzimmer versuchte ich, meinen Bericht zu schreiben, und dachte über all das nach, was sich in den acht Monaten seit Dezember 1961 ereignet hatte:

Pritchetts Festnahme der SNCC-Aktivisten, die mit dem Zug von Albany nach Atlanta gefahren waren und sich nach der Ankunft in den »weißen« Warteraum gesetzt hatten. Das SNCC war eine neu gegründete Organisation von zumeist jungen schwarzen College-Studenten, die im Jahr zuvor an den Sit-ins im Süden teilgenommen und nun beschlossen hatten, der Rassentrennung in jenen Regionen die Stirn zu bieten, in denen die Gewalt besonders ausgeprägt war: Georgia, Alabama, Mississippi.

Die Festnahme von 400 schwarzen Highschool- und College-Studenten, die in der Innenstadt gegen die Inhaftierung von jenen »Freedom Riders« des SNCC demonstriert und gesungen hatten.

Die Festnahme von 70 Schwarzen aus Albany, die vor dem Rathaus niedergekniet waren und gebetet hatten.

Die Festnahme von 300 Demonstranten, die zum Rathaus

gezogen waren, und von nochmals 250 – darunter der gerade erst in die Stadt gekommene Martin Luther King Jr.–, die in der Innenstadt protestiert und gesungen hatten.

Die Festnahme von weiteren Leuten, die sich an Sit-ins in Restaurants beteiligt und sich geweigert hatten zu gehen, bevor sie nicht bedient worden waren.

Pritchett sagte zu Reportern: »Wir können es nicht tolerieren, dass das NAACP oder das SNCC oder irgendeine andere Nigger-Organisation mit Massendemonstrationen die Stadt übernimmt.«

Mein Bericht für den Southern Regional Council musste einen Schwerpunkt haben. Hier fand ich in konzentrierter Form den Rassismus und die Brutalität des segregierten Südens. Nur ein Beispiel: Frau Slater King, die Schwägerin von C. B. King, wollte, zusammen mit ihren drei Kindern und im sechsten Monat schwanger, jemandem Essen ins Gefängnis bringen. Sie wurde von einem Hilfssheriff getreten und bewusstlos geschlagen. Die Frau verlor später ihr Baby.

Eine Frage stellte sich mir immer wieder: Wo war bei all dem die Regierung der Vereinigten Staaten?

Ich unterrichtete Verfassungsrecht, doch dieses Fachwissens bedurfte es nicht, damit jemand erkannte, dass in Albany immer wieder gegen den 1. wie den 14. Verfassungszusatz verstoßen wurde. Das Recht auf freie Meinungsäußerung, das Recht auf Versammlungsfreiheit sowie das Recht auf Gleichbehandlung vor dem Gesetz wurden hier regelmäßig verletzt – ich konnte mindestens dreißig solcher Gesetzesverstöße zählen. Doch der Präsident – vereidigt, die Verfassung zu schützen – und alle ihm zur Verfügung stehenden Organe der US-Regierung waren nirgendwo zu sehen. Lag Albany, Georgia, lag der gesamte Süden außerhalb der Jurisdiktion der Vereinigten Staaten? Hatte die Konföderation wirklich den Bürgerkrieg gewonnen und sich quasi moralisch abgespalten?

Ich wusste, dass laut einem nach dem Bürgerkrieg verabschiedeten Gesetz zur Umsetzung des 14. Verfassungszusatzes eine Straftat vorlag, wenn ein Amtsträger die Verfassungsrechte eines Bürgers verletzte. In der Hauptstadt der Nation hatte kurz zuvor eine liberal-demokratische Regierung die Geschäfte übernommen. John F. Kennedy war Präsident, Robert F. Kennedy Justizminister und daher für die Durchsetzung des Bundesrechts verantwortlich. Doch dies geschah in Albany, Georgia nicht.

Mein Bericht für den Southern Regional Council wurde zur Titelgeschichte der *New York Times*. Ich verwies darauf, dass die US-Regierung die verfassungsmäßigen Rechte nicht schützte. In *I. F. Stone's Weekly* erschienen Auszüge, und *The Nation* veröffentlichte unter der Überschrift »Kennedy, der zögerliche Befreier« einen Artikel von mir über die Vorfälle in Atlanta.

Martin Luther King Jr. wurde von der Presse gefragt, ob er dem Bericht zustimme. Er bejahte und wies auf den Rassismus im FBI hin. Dieser Kommentar erzürnte offenbar J. Edgar Hoover, den selbsternannten »weißen Ritter« des Patriotismus, den antikriminellen und antikommunistischen »Helden« Amerikas, der Kritik nicht gewohnt war. Die Presse trug zur Steigerung von Hoovers Wut bei, indem sie die Kritik am FBI hochspielte, sich jedoch auf dieses Problem beschränkte, während mein Bericht über das FBI hinaus ging und auf das Justizministerium sowie auf das Weiße Haus abzielte. Es war ein verbreitetes Phänomen im amerikanischen Journalismus – vielleicht sogar in der gesellschaftlichen Kritik im Allgemeinen –, sich oberflächlich auf Repräsentanten oder Individuen zu konzentrieren und dabei zu verbergen, was eine tiefer greifende Analyse ans Licht bringen würde – das Versagen der Regierung, ja des politischen Systems.

Bei dem großen Marsch auf Washington des Jahres 1963 wollte der Vorsitzende des Student Nonviolent Coordinating Committee, John Lewis, der zu der gleichen riesigen Menschenmenge sprach, die Martin Luther Kings »Ich habe einen Traum« gehört hatte, die richtige Frage stellen: »Auf welcher Seite steht die US-Regierung?« Dieser Satz wurde aus seinem Redemanuskript von den Organisatoren der Demonstration gestrichen, um die Kennedy-Regierung nicht zu verärgern, doch Lewis und seine SNCC-Mitstreiter hatten immer wieder die seltsame Passivität der Washingtoner Regierung gegenüber der im Süden herrschenden Gewalt erlebt – seltsam, wenn man bedenkt, wie oft dieselbe Regierung bereit war, *außerhalb* des Landes zu intervenieren, oft mit übermächtiger Gewalt.

John Lewis und das SNCC hatten allen Grund, wütend zu sein. John war als »Freedom Rider« im Frühjahr 1961 von einem weißen Mob in Montgomery blutig geprügelt worden. Die Regierung in Washington hatte der für ihren Rassismus berüchtigten Polizei von Alabama getraut, sie werde die »Freedom Riders« beschützen, selbst jedoch nichts unternehmen, außer FBI-Agenten zu beauftragen, Aufzeichnungen zu machen. Statt darauf zu beharren, dass Schwarze und Weiße zusammen in Bussen fahren können, verlangte die Kennedy-Regierung eine »Stillhalteperiode«, ein »Freedom Rides«-Moratorium.

Als die Bewegung darauf insistierte, die Freiheitsfahrten nach Mississippi fortzusetzen, traf Justizminister Kennedy mit der Regierung Mississippis eine Vereinbarung: die »Freedom Riders« würden nicht verprügelt, sondern festgenommen werden. Bis zum Ende jenes Sommers waren denn auch 300 von ihnen inhaftiert worden. Sie verbrachten eine harte Zeit in den Gefängnissen Mississippis, weil die US-Regierung nichts unternahm, um ihre Rechte zu schützen.

Die Freiheitsfahrten zwangen das Justizministerium, die Interstate Commerce Commission zum Erlass von Bestimmungen zu bewegen, nach denen die Rassentrennung in Zügen und auf Bahnhöfen mit Wirkung vom 1. November 1961 untersagt war. Es war dieser Erlass, den SNCC-Aktivisten auf dem Bahnhof von Albany (Georgia) auf die Probe stellen wollten. Sie wurden festgenommen und dem Justizministerium gemeldet, das durch sein Schweigen diese Probe nicht bestand.

Das SNCC, von seinen Freunden »Snick« genannt, war im Frühjahr 1960 gegründet worden, als Veteranen der kurz zuvor durchgeführten Sit-ins in Raleigh (North Carolina) zusammenkamen. Die treibende Kraft war anfänglich die außergewöhnliche Ella Baker, die an den Kämpfen in Harlem und anderswo teilgenommen hatte. Als die Schwarzen von Albany zu hunderten auf die Straße gingen, um gegen die Inhaftierung der »Freedom Riders« von Albany zu protestieren, und selbst festgenommen wurden, war sie ebenfalls vor Ort. Monate später bat mich das SNCC, neben Miss Baker, wie sie von der Bewegung genannt wurde, als »Berater« Mitglied von dessen Exekutivkomitee zu werden. Ich fühlte mich geehrt.

Als ich im Dezember 1961 erstmals in Albany eintraf, kamen gerade hunderte von Leuten aus dem Gefängnis. Viele von ihnen waren von ihren weißen Arbeitgebern gefeuert worden. Sie versammelten sich in der Shiloh Baptist Church, um Hilfe zu organisieren. Ella Baker saß mit Papier und Stift in einer Ecke der Kirche. Sie war mittleren Alters, eine hübsche Frau mit der eindringlichen Stimme einer Bühnenschauspielerin. Sie bewegte sich unauffällig in den Protestbewegungen des Südens und übernahm die Aufgaben, für die berühmte Männer nicht die Zeit hatten. Nun saß sie stundenlang da, und notierte sich die Namen, Anschriften, Berufe und den unmittelbaren Geldbedarf der vor ihr Schlange stehenden Leute.

Ich sprach mit denen, die auf einer Bank saßen und darauf warteten, mit Miss Baker sprechen zu können. Sie schilderten mir ihre Gefängniserlebnisse. Eine Frau berichtete:

»Wir waren 88 Leute in einem Raum mit 20 Etagenbetten ohne Matratze. Der Sheriff brachte uns nach Camilla. Im Bus ordnete er an: ›Hier wird nicht gesungen, nicht gebetet, nicht in die Hände geklatscht.‹« Eine junge, verheiratete Frau, die am Albany State College studierte, sagte: »Ich habe nicht gedacht, dass ich ins Gefängnis komme, nur weil ich mich vor das Rathaus gekniet und gebetet habe.«

Die Leute, die ich in jenen Tagen in Albany traf, ließen mich daran denken, wie viel Mut und Opferbereitschaft man bei so vielen Leuten findet, die nie in die Schlagzeilen geraten, aber für Millionen stehen.

Ich denke an Ola Mae Quarterman, 18 Jahre alt, die sich vorne in einen Bus setzte und sich weigerte, sich von der Stelle zu bewegen. In einer Sprache, die für die schwarz-weiße Kultur Albanys offenbar neu war, sagte sie: »Ich zahle meine verdammten zwanzig Cent und werde mich hinsetzen, wo ich will.« Sie wurde wegen »Obszönität« festgenommen.

Ich denke an Charles Sherrod. Er war »Feldsekretär« des SNCC und einer jener jungen Leute, die sich in die härtesten Städte des tiefsten Südens begaben, um Freiheitshäuser zu gründen, und den Menschen vor Ort halfen, sich für die Änderung ihrer Lebensbedingungen zu organisieren. Sherrod war ein »Freedom Rider«, der in Mississippi eingesperrt worden war. Nun ging er zusammen mit Cordell Reagon, einem weiteren SNCC-Aktivisten, nach Albany, um herauszufinden, was sie tun könnten. Sie waren sogenannte »Agitatoren von außerhalb«, doch welche große soziale Bewegung ist je ohne solche Leute ausgekommen? Sherrod erzählte mir: »Ich erinnere mich, wie ich wochenlang über staubige Straßen lief, ohne etwas zu essen. Ich erinnere mich, wie ich zwei, drei Nächte hintereinander aufblieb, um Schablonen zu schneiden, zu vervielfältigen und mich fragte: ›Wie lange soll das gehen?‹« Sherrod war einer derjenigen, die gerade aus dem Gefängnis kamen, als ich in Albany eintraf. »Wir mögen im Gefängnis sein, doch wir sind immer noch Menschen«, hatte er zum Sheriff gesagt, der ihn daraufhin ins Gesicht schlug. Zwanzig Jahre später, der Sheriff war längst nicht mehr vor Ort, war Sherrod immer noch in Albany und organisierte Farmerkooperativen.

Ich denke an Lenore Taitt, eine der acht »Freedom Riders« von Albany, deren Festnahme all die Demonstrationen ausgelöst hatte. Sie war eine meiner Studentinnen am Spelman College, eine entzückende junge Frau, die dem oft gezeichneten Bild vom ernsten Agitator ganz und gar nicht entsprach – fröhlich, ihr Kampfgeist unauslöschlich. Ich ging zum Bezirksgefängnis, ein kleines, mit Stacheldraht umzäuntes Steingebäude, und bat, sie sehen zu dürfen. »Geht nicht«, sagte der diensthabende Hilfssheriff: »Sie können durch den Zaun brüllen wie alle anderen auch.« An einem vergitterten Fenster, durch das man unmöglich schauen konnte, rief ich Lenores Namen und konnte dann ihre unglaublich heisere Stimme hören. Sie erklärte, ihre Stimme sei hin, weil sie die ganze Nacht geschrien habe, um Hilfe für eine kranke Frau in ihrer Zelle zu bekommen.

Ich denke an Bob Zellner, einer der wenigen weißen Feldsekretäre im SNCC, der von der Golfküste Alabamas stammte und zusammen mit Lenore und den anderen »Freedom Riders« festgenommen worden war. Ich befand mich unter denen, die ihn und die anderen begrüßen wollten, als sie aus dem Gefängnis kamen. Als Bob jedoch heraustrat, packte ihn der Sheriff. »Es liegt eine weitere Beschuldigung gegen *Sie* vor.« Bob setzte sein unbezwingliches Grinsen auf und winkte seinen Freunden zu, als er abgeführt wurde. Er erzählte mir später, er habe zwei Bücher mit in das Gefängnis genommen. Eines war Henry Millers *Wendekreis des Krebses*, das sich der Sheriff ansah und ihm ließ; das andere war Lillian Smiths Roman über einen Schwarzen und eine Weiße, den der

Sheriff ihm mit der Bemerkung abnahm: »Das ist *obszön.*«

Und ich denke auch an Stokely Carmichael, dem ich erstmals an einem feuchtheißen Abend in Albany begegnet war, als er während einer Versammlung auf den Stufen vor einer Kirche saß, inmitten einer Gruppe von jungen Leuten aus dem Viertel. Er machte den Eindruck, als würde er ganz cool und lächelnd durch die Hölle schreiten und dabei die ganze Zeit philosophieren können. Er war von der Howard University abgegangen, um sich den »Freedom Riders« anzuschließen, und beim Eintreffen in Jackson (Mississippi) festgenommen worden. Er musste an einem Mob johlender und pöbelnder Leute vorbei, die ihn mit brennenden Zigaretten bewarfen. Im Parchman State Prison trieb er die Wärter mit seiner trotzigen Haltung in den Wahnsinn, so dass sie froh waren, als er nach 49 Tagen wieder draußen war. Nun war er für das SNCC in Albany.

Und ich denke an Bernice Johnson, die für die Organisierung der Albany »Freedom Singers« verantwortlich war und wegen ihres entschlossenen Engagements in der Bewegung vom Albany State College verwiesen wurde. Ich setzte mich dafür ein, dass sie am Spelman College aufgenommen würde, doch sowohl das College als auch dessen berühmter Chor konnten ihren Widerstandsgeist und ihre Stimme nicht zähmen. Eines Tages saß sie bei uns im Wohnzimmer, erzählte uns ihre Geschichte und sang dann mit herrlicher tiefer Stimme. Später erwarb sie einen Ph.D. in Geschichte, doch damit ist nichts über ihren Einfluss gesagt. Am Smithonian Institute widmete sie sich unermüdlich der Oral History, begeisterte immer wieder ihre Zuhörerschaft. Mit ihrer Gruppe ›Sweet Honey in the Rock‹ sang sie in der Carnegie Hall und tourte durch das ganze Land.

Dann war da noch der schwarze Junge, der nach einem Protestmarsch vor dem Rathaus in der Reihe der Festgenommen stand.

»Wie alt bist du?«, fragte ihn Polizeipräsident Pritchett.

»Neun.«

»Wie heißt du?«, fragte Pritchett.

»Freiheit, Freiheit«, antwortete der Junge.

Der Polizeipräsident sagte: »Geh nach Hause, Freiheit.«

Journalisten und Wissenschaftler haben oft behauptet, die Bewegung habe in Albany (Georgia) eine Niederlage erlitten, da es nicht sofort gelungen sei, die Rassentrennung in der Stadt aufzuheben. Ich habe darin immer eine oberflächliche Beurteilung gesehen, einen Fehler, der bei der Bewertung von Protestbewegungen oft gemacht wird. Soziale Bewegungen mögen viele »Niederlagen« erleiden, kurzfristig ihre Ziele nicht erreichen, doch im Verlauf des Kampfes wird die alte Ordnung geschwächt, ändert sich das Bewusstsein der Menschen; die Protestierenden müssen eine vorübergehende, doch keine vernichtende Niederlage hinnehmen. Die Erfahrung, dass sie sich wehren konnten, hat sie ermutigt. Der Junge mag von Polizeipräsident Pritchett nach Hause geschickt worden sein, doch er war ein anderer Junge als noch einen Monat zuvor. Albany wurde durch die turbulenten Ereignisse von 1961/62 für immer verändert, wenn auch vieles *aussah* wie immer, nachdem es ruhiger geworden war.

Die weiße Bevölkerung konnte von diesen Ereignissen kaum unberührt bleiben – einige Weiße verteidigten die Segregation vielleicht noch eiserner als zuvor, während andere anfingen umzudenken. Bei der schwarzen Bevölkerung vollzog sich gewiss eine Veränderung, hatte sie sich doch erstmals massenhaft erhoben und ihre Macht gespürt. Sie wusste, wenn die alte Ordnung erschüttert werden kann, lässt sie sich auch abschaffen.

Und so wurde denn auch 1976, fünfzehn Jahre nach seiner Ankunft und Inhaftierung, Charles Sherrod in die

Albany City Commission gewählt. Pessimisten antwortete er: »Einige Leute reden vom Scheitern? Scheitern? Sind wir nicht überall integriert? Haben wir jemals das Handtuch geworfen? Hat uns irgendeine Verfügung aufhalten können? Hat uns irgendein Weißer stoppen können? Hat uns irgendein Schwarzer stoppen können? Nichts hat uns in Albany, Georgia, aufhalten können. Wir haben es der Welt bewiesen.«

Was die schwarzen Männer, Frauen, Kinder in jener Zeit in Albany taten, war heroisch. Sie überwanden ein Jahrhundert der Passivität, ohne die Hilfe der Regierung in Washington. Sie begriffen, dass trotz der Verfassung, trotz der Versprechen, trotz der politischen Rhetorik der Regierung alles, was sie in der Zukunft erreichen wollten, ganz von ihnen abhing.

Eines Tages fuhr ich aus Albany hinaus, von einer Schotterpiste über die nächste tief ins Lee County, um mit James Mays zu sprechen, einem Lehrer und Farmer. Am Abend zuvor waren dreißig Schüsse auf sein Haus abgefeuert worden, die Kugeln hatten die schlafenden Kinder knapp verfehlt und sich in die Wände gebohrt.

Mays wusste, dass es sinnlos war, das Justizministerium anzurufen. Er hatte schon häufig angerufen. Als es dämmerte, schrieb er ein Protestschild und stellte sich damit allein auf die zum Verwaltungssitz des Countys führende Hauptstraße. Es war ihm klar, dass er Bürger einer Nation war, deren Macht sich um den ganzen Globus und bis ins All erstreckte, dass diese Macht aber nicht auf seiner Seite stand. Er und seine Familie waren auf sich gestellt.

Für eine benachteiligte Gruppe bedeutet lernen, auf die eigene Kraft zu vertrauen. Wenn auch dieses Lernen zunächst von bitteren Verlusten begleitet wird, führt es zu einer Stärkung für zukünftige Kämpfe. Der Widerstandsgeist, der sich in jener turbulenten Zeit in Albany zeigte, überdauerte die momentane »Niederlage«, der das kurzsichtige Lamento der Presse und der Experten galt.

Diesen Widerstandsgeist verkörpert die 18-jährige Ola Mae Quarterman: »Ich habe meine verdammten 20 Cent gezahlt und werde mich hinsetzen, wo ich will.«

5. Selma, Alabama

Im Oktober 1963 reiste ich als Berater des SNCC nach Selma, Alabama, um dort die Wählerregistrierung zu beobachten, bei der es zu Einschüchterungen und Gewalt gekommen war. Die Stadt war Verwaltungssitz des Dallas County. Von den 57 Prozent schwarzen Einwohnern hatten sich bisher lediglich ein Prozent für die Wahl registrieren lassen. Dem gegenüber standen 64 Prozent Wahlregistrierungen bei der weißen Bevölkerung.

Wenn man sich den Registrierungsprozess ansah, wusste man auch warum. Man konnte sich nicht einfach ins Wahlregister aufnehmen lassen, sondern musste zunächst die Registrierung beantragen. Hierfür galt es, einen langen Fragebogen auszufüllen und sich einer mündlichen Befragung zu unterziehen. Die Fragen für Schwarze und Weiße waren jedoch sehr unterschiedlich. Eine typische Aufgabe für Schwarze – der Registrator des Kreises war zweifellos ein Verfassungsexperte – lautete: »Fassen Sie die Verfassung der Vereinigten Staaten zusammen.« Man wurde dann später per Postkarte darüber informiert, ob man die Prüfung bestanden hatte oder durchgefallen war.

Selma war vor dem Bürgerkrieg ein Sklavenmarkt, zur Jahrhundertwende eine Stadt, in der gelyncht wurde, und noch zu Beginn der 1960er Jahre ein Ort, in dem dort aufwachsende junge Schwarze – wie mir ein in Selma geborener und in Tennessee lebender schwarzer Anwalt schilderte – sich sagten: »Ich muss weg aus dieser Stadt.«

Kurz bevor ich in Selma eintraf, waren 32 Lehrer, die versucht hatten, sich registrieren zu lassen, gefeuert worden, und John Lewis war als Anführer einer Protestversammlung vor dem Kreisgericht festgenommen worden. Er sollte noch häufiger festgenommen und brutal verprügelt werden, bevor er in den achtziger Jahren in Georgia in den US-Kongress gewählt wurde.

Worth Long, ein weiterer SNCC-Aktivist, wurde in Haft genommen und von einem Hilfssheriff im Bezirksgefängnis geprügelt. Ein 19-jähriges Mädchen wurde in einem Kaufhaus von einem Hocker gestoßen, und als sie bewusstlos auf dem Boden lag, mit einem Elektrostab traktiert. Bernard Lafayette, ein Feldsekretär des SNCC, dessen Aufgabe es war, schwarze Wähler zu registrieren, wurde niedergeknüppelt, als er auf der Straße anhielt, um einem Weißen zu helfen, der behauptete, sein Wagen müsse angeschoben werden.

Die in Albany gesammelten Erfahrungen hatten mein Bewusstsein für die Rolle der Bundesgewalt geschärft, die an den Institutionen des Rassismus festhielt. Ein systematisches Scheitern, Bürgerrechte in Kraft zu setzen, hatte sich jede US-Regierung seit 1877 zuzuschreiben, ob sie nun demokratisch oder republikanisch, liberal oder konservativ war. Rassismus war keine Politik des Südens, sondern nationale Politik. Selma war eine *amerikanische* Stadt.

Selma hatte jedoch etwas Unwirkliches. Es schien, als hätte ein Hollywood-Produzent eine Stadt im Süden aus der Zeit vor dem Bürgerkrieg rekonstruiert – verfallende Gebäude, schmutzige Straßen, kleine Cafés und ein Maultier, das einen mit Baumwolle beladenen Karren die Straße entlangzog. Und zur Überraschung stand mittendrin das rote Backsteingebäude des Hotel Albert, das einem mittelalterlichen venezianischen Palast nachgebildet war.

In jeder Stadt des Südens, die ich besuchte, schien es eine schwarze Familie zu geben, die wie ein Fels im Zentrum der Freiheitsbewegung stand. In Selma war es die Familie von Mrs. Amelia Boynton. Bei ihr zu Hause sprach ich mit drei jungen Männern aus der Stadt.

»Kennt ihr einen Weißen in Selma – auch nur einen –, der eurer Sache mit Sympathie gegenübersteht?« Sie glaubten, dass ein jüdischer Ladenbesitzer heimliche Sympathien hegte, kannten jedoch nur einen Weißen, der die Bewegung offen unterstützte. Das war der 37 Jahre alte katholische Priester, Father Maurice Ouillet, der die St. Edmonds Mission in Selma leitete und am Telefon beschimpft und bedroht worden war, man werde ihn umbringen.

Das SNCC hatte den 7. Oktober zum Freiheitstag erklärt. Die Idee bestand darin, dass hunderte von Leuten sich ins Wahlregister eintragen lassen würden und die hohe Zahl den anderen die Angst nehmen sollte, das Gleiche zu tun. Und es gab allen Grund, Angst zu haben. John Lewis und sieben seiner Mitstreiter befanden sich immer noch im Gefängnis. Sheriff Jim Clark, ein Riese und Tyrann, hatte eine Truppe aufgestellt, die bewaffnet umherstreifte. Um Mut zu sammeln, trafen sich die Leute vor dem Freiheitstag Abend für Abend in den Kirchen. In den bis zum letzten Platz gefüllten Gotteshäusern wurden Reden gehalten, wurde gebetet und gesungen.

Zwei Abende vor dem Freiheitstag ging ich in eine der überfüllten Kirchen, um Dick Gregory zu hören, der gerade in Selma eingetroffen war; seine Frau Lillian war während einer Demonstration festgenommen worden. Draußen riegelten bewaffnete Hilfssheriffs die Kirche ab. Drei weiße Polizisten saßen unter den Zuhörern und machten sich Notizen. Gregory sprach über sie und zu ihnen in einer Art und Weise, die in Selma neu war – um zu zeigen, dass es möglich war, mit Weißen zu reden, ohne unterwürfig zu sein.

Ich hatte an meine Alma Mater, die Columbia University, geschrieben, an der es ein Oral-History-Projekt gab, und vorgeschlagen, dass es doch an der Zeit wäre, statt Ex-Generäle und Ex-Minister zu interviewen, jemanden in den Süden zu schicken, um dort zu verfolgen, wie weniger berühmte Leute jeden Tag Geschichte machten. Eine der reichsten Universitäten des Landes antwortete sinngemäß: »Eine ausgezeichnete Idee, doch leider verfügen wir nicht über die notwendigen Geldmittel.« Ich reiste dennoch mit einem billigen Aufnahmegerät im Gepäck in den Süden, mit dem ich dann auch Gregorys Performance aufnahm.

Er sprach zwei Stunden lang und geißelte voller Leidenschaft und mit außerordentlichem Scharfsinn die weiße Gesellschaft des Südens. Nie zuvor in der Geschichte dieser Gegend hatte ein Schwarzer öffentlich die weißen Politiker derart verhöhnt und bloßgestellt. Die Zuhörer applaudierten immer wieder begeistert. Er sprach über die Ironie der schlechten Behandlung der Schwarzen durch die Weißen, die doch von deren Arbeitskraft abhängig seien. Er sagte, er wünsche sich, dass die Schwarzen über Nacht verschwänden: »Sie würden verzweifelt nach uns suchen!« Die Zuschauer tobten und klatschten. Dann sprach er leiser und wurde plötzlich ernst: »Es sieht jedoch so aus, als müssten wir auf die harte Weise vorgehen, hier bleiben und sie erziehen.«

Nach ihm sprach Jim Forman. Er war Geschäftsführer des SNCC, arbeitete in seinem Büro in Atlanta, stürzte sich jedoch immer wieder beeindruckend gelassen und wagemutig ins Gefecht. Er war in Chicago geboren worden, jedoch in Mississippi aufgewachsen, hatte vier Jahre bei der Air Force verbracht und das College absolviert. Nun schickte er sich an, die Leute in der Kirche für den Freiheitstag zu mobilisieren.

»Gut, gehen wir das Telefonbuch durch … Ihr nehmt euch

ein Wurstsandwich und ein Glas kaltes Wasser, begebt euch nach dort drüben und bleibt da den ganzen Tag.« Er deutete auf das große Schild am Rednerpult: WILLST DU FREI SEIN? Er schwieg kurz. »Wer übernimmt den Buchstaben A?«

Der Abend endete mit dem Auftritt des Freiheitschores von Selma, darunter ein paar Kinder und Jugendliche sowie ein Junge am Klavier – der schönste Gesang, den ich seit den Massenveranstaltungen in Albany hörte. Dieser Gesang lässt sich kaum in Worte fassen – dieses Singen, dieses ständige Singen, in Kirchen, bei Treffen, überall – das die Emotionen beförderte, den Leuten Mut machte und nahezu immer damit endete, dass sich alle an den Händen hielten, ob sie einander kannten oder nicht.

Dann machten sich alle auf den Heimweg. Vor der Kirche hatten den ganzen Abend lang in der Dunkelheit Weiße in zwei Autos auf der Lauer gelegen.

Einige von uns warteten an jenem Abend bei Mrs. Boynton auf das Eintreffen von James Baldwin. Er sollte nach Birmingham fliegen und von SNCC-Leuten nach Selma gefahren werden, um am Freiheitstag teilzunehmen. Wir saßen in der Küche und unterhielten uns. Jim Forman machte in einer Pfanne gekonnt mit einer Hand Rührei, während er mit der anderen gestikulierte, um Argumente vorzubringen.

Baldwin traf nach Mitternacht in Begleitung seines Bruders David ein. Wir saßen im Wohnzimmer und warteten, dass er etwas sagen würde. Er lächelte freundlich. »Redet ihr nur. Ich bin neu hier. Ich werde versuchen herauszufinden, was hier vor sich geht.«

Am Freiheitstag machte ich mir quasi von Minute zu Minute Notizen. Ich begann um 9 Uhr 30 auf der Straße in der Nähe des Gerichtsgebäudes von Dallas County, während die Schlange der Schwarzen immer länger wurde. Der Redakteur der Lokalzeitung sagte mir, der Anmeldungsprozess gehe langsam voran. Ich rechnete aus, dass es bei dem Tempo zehn Jahre dauern würde, bis die Schwarzen bei der Wählerregistrierung prozentual mit den Weißen gleichziehen würden.

Um 11 Uhr war die Schlange auf 250 Personen angewachsen. Sie erstreckte sich den ganzen Block entlang und um die Ecke herum noch einmal über die halbe Straßenlänge. Über die Leute, darunter ältere Frauen und Männer sowie junge Mütter mit Babys auf dem Arm, wachten behelmte Männer mit Schlagstöcken und Gewehren, die zu Sheriff Clarks Truppe gehörten. Der Sheriff befand sich ebenfalls vor Ort, ein über 1,80 Meter großer Kerl mit einem Riesenbauch, an seinem grünen Helm die Flagge der Konföderierten und ein Goldmedaillon mit einem Adler, am Hemd trug er einen goldenen Stern, Epauletten auf den Schultern, ein Schießeisen an der Hüfte.

Direkt gegenüber vom Bezirksgericht von Selma erhob sich das Federal Building. Im ersten Stock dieses Gebäudes befand sich das Büro des FBI, von dessen Fenstern man auf das Gericht schauen konnte. Auf der Straße standen vier FBI-Agenten und zwei Juristen vom Justizministerium, ein Weißer und ein Schwarzer, die alle Geschehnisse dieses Tages beobachteten.

Um 11 Uhr 40 konnte niemand einen aus dem Gericht kommenden Schwarzen finden, der die Registrierungsprozedur tatsächlich durchlaufen hatte. Ich stand mit Jim Forman und einem weiteren SNCC-Mann zusammen, als Sheriff Clark sich zu uns gesellte. »Es reicht, weg hier! Sie blockieren den Gehweg.«

Ein Mann mit einem Aufnahmegerät sprach mit James Baldwin, dessen Augen groß und feurig wirkten. Baldwin winkte den Behelmten zu. »Die Regierung der Vereinigten Staaten kommt ihrer Aufgabe nicht nach.«

Es war fast Mittag, die Sonne brannte, und Forman dachte

darüber nach, wie die seit fast drei Stunden in der Schlange wartenden Menschen Wasser bekommen könnten. Ich blickte über die Straße zum Federal Building. Auf dessen Stufen standen zwei SNCC-Aktivisten und hielten Schilder hoch, damit die Wartenden sie sehen konnten. Einer der beiden, in einem Overall, einen Filzhut auf dem Kopf, trug ein Schild mit der Aufschrift: LASST EUCH REGISTRIEREN, DAMIT IHR WÄHLEN KÖNNT.

Ich überquerte die Straße, um alles besser sehen zu können. Dabei kamen mir Sheriff Clark und drei seiner behelmten Hilfssheriffs schnellen Schrittes entgegen. Sie gingen an den Juristen des Justizministeriums und den FBI-Agenten vorbei die Stufen des Gebäudes hinauf und packten die beiden SNCC-Männer. Clark rief: »Dies ist eine unerlaubte Versammlung. Sie sind festgenommen.« Die Hilfssheriffs zerrten die beiden die Stufen hinab und stießen sie in einen Polizeiwagen. Ein dritter Mann, der an einem Seiteneingang des Gebäudes auch ein Schild hochgehalten hatte, wurde ebenfalls festgenommen.

Es konnte kaum eine deutlichere Verletzung des Bürgerrechtsgesetzes von 1957 geben, das eine Behinderung bei der Ausübung des Wahlrechts verbietet, ganz zu schweigen vom 1. Verfassungszusatz, der das Recht auf freie Meinungsäußerung garantiert. Und diese Verletzung hatte auf den Stufen eines Gebäudes der US-Regierung vor den Augen von Regierungsbeamten stattgefunden. Ich wandte mich an einen der Männer vom Justizministerium, der in meiner Nähe stand. »Ist das ein *Bundes*gebäude?«, fragte ich ziemlich wütend. »Ja«, antwortete er und drehte sich um. Das Polizeiauto mit den drei SNCC-Aktivisten raste davon.

Jim Forman sagte mir, er habe am Abend zuvor das Justizministerium telegrafisch gebeten, ein paar Federal Marshals zu entsenden, weil er sich sicher gewesen sei, dass es Ärger geben würde. Das Justizministerium hatte nicht geantwortet.

Dann verbreitete sich die Nachricht, dass die Registratoren den Registrierungsprozess unterbrochen und ihre Mittagspause eingelegt hatten. Die Leute blieben in der Schlange stehen, und Forman dachte darüber nach, wie sie mit Essen versorgt werden könnten. Mittlerweile war eine Karawane von State Troopers am Gerichtsgebäude eingetroffen. Ihre Wagen mit aufmontierten Scheinwerfern waren an der Bordsteinkante aufgereiht, von einem bis zum anderen Ende der Straße. Vierzig mit blauen Helmen, Schlagstöcken und Gewehren ausgerüstete State Troopers postierten sich entlang der Registrierungsschlange. Das Kommando hatte Colonel Al Lingo, der Prügelveteran von Birmingham. Einige seiner Troopers hatten elektrische Viehtreiber bei sich.

Um 13 Uhr 55 – die Leute standen nun schon seit fünf Stunden Schlange – gingen Jim Forman und Mrs. Boynton zu Sheriff Clark hinüber, um mit ihm zu reden.

Forman sagte: »Sheriff, wir möchten diesen Leuten etwas zu essen bringen.«

Clark antwortete: »Sie werden sie in keiner Weise belästigen.«

Forman insistierte: »Wir wollen sie nicht belästigen. Wir wollen ihnen etwas zu essen bringen und mit ihnen über die Registrierung reden.«

Clark schrie: »Wenn Sie das tun, werden Sie festgenommen! Diese Leute werden in keiner Weise belästigt, das heißt, es wird auch nicht mit ihnen geredet.«

Forman und Mrs. Boynton gingen über die Straße zurück zu dem Weg, der am Federal Building entlangführt. Dort stand ein Verkaufswagen mit Sandwichs und Wasser. Reporter wurden herbeigerufen. Forman berichtete ihnen von seiner an das Justizministerium gerichteten Bitte, die unbeantwortet geblieben war. Mrs. Boynton sagte: »Wir sind entschlossen, die Leute in der Schlange mit Essen zu ver sorgen.«

Um 14 Uhr sah ich zu den Fenstern des Gerichtsgebäudes hinauf, wo sich die County-Beamten die Nase platt drückten. Ich sprach mit dem leitenden Juristen aus dem Justizministerium. »Gibt es einen Grund, warum ein Vertreter des Justizministeriums nicht mit den State Troopers reden und ihnen deutlich machen kann, dass diese Leute ein Recht auf Essen und Wasser haben?«

Die Frage schien ihn nervös zu machen. Er schwieg lange und sagte dann: »Ich werde es nicht tun.« Wieder schwieg er. »Ich glaube, sie haben ein Recht auf Essen und Wasser. Aber ich werde nichts unternehmen. Es bringt nichts. Washington wird nicht hinter mir stehen.«

Zwei Feldsekretäre des SNCC standen vor dem Verkaufswagen und luden sich Essen auf. Einer von ihnen war Avery Williams, geboren in Alabama; der andere war Chico Neblett aus Carbondale, Illinois. Beide hatten das College verlassen, um für das SNCC zu arbeiten.

Chico reichte Forman seine Brieftasche – eine letzte, kleine Geste, mit der er akzeptierte, dass er gleich festgenommen werden würde. Er sagte zu Avery: »Los, gehen wir.«

Sie gingen bis zur Straßenecke und überquerten unter den Augen aller die Straße. (SNCC-Leute im Süden waren darauf bedacht, eine Straße nicht verkehrswidrig zu überqueren.) Eine Gruppe von uns – Fotografen, Reporter und andere – ging zur gleichen Zeit über die Straße. Es war 14 Uhr 20.

Als Chico und Avery sich der Schlange näherten, wurden sie von einem dicken State Trooper mit blauem Helm und Zigarre angebellt (Bin ich unfair? Gibt es ein netteres Verb?): »Weitergehen!« Doch sie näherten sich unbeirrt der Schlange der Registrierungswilligen. Der Major brüllte: »Schnappt sie!« Und schon musste ich zusehen, wie Chico Neblett auf dem Boden lag, umzingelt von State Troopers. Ich hörte ihn schreien. Sein Körper zuckte immer wieder. Sie traktierten ihn und Avery mit ihren Viehtreibern. Dann packten sie die beiden an Armen und Beinen und warfen sie in den grünen Gefangenentransporter, der am Straßenrand stand.

Anschließend wandten sich die State Troopers und Hilfssheriffs unserer Gruppe zu, die das ganze Geschehen beobachtet hatte, schoben und schubsten uns, damit wir nicht weiter fotografierten. Einem jungen Reporter vom *Montgomery Advertiser* zerschlugen sie mit dem Schlagstock seine Kamera, drückten ihn gegen einen geparkten LKW und zerrissen ihm das Hemd, ein Hilfssheriff schlug ihm mit dem Handrücken auf den Mund schlug. Dies war eine militärische Operation und die nationale Sicherheit gebot Geheimhaltung.

Der grüne Gefangenentransporter fuhr los. Chico und Avery winkten. Der Jurist aus dem Justizministerium notierte sich den Namen des Fotografen, der geschlagen worden war. James Baldwin und ich gingen ins FBI-Büro, um mit dem Leiter zu sprechen. Baldwin war wütend, aufgebracht. Ich fragte: »Warum haben Sie Sheriff Clark und die anderen nicht wegen der Verletzung von Bundesrecht festgenommen?« Aufgrund meiner Erfahrungen in Albany konnte ich den Passus des Title 18, U.S. Code, § 242, zitieren: »Wer auch immer unter dem Anschein eines Rechts ... oder einer Gewohnheit, willentlich ... einen Einwohner ... dem Entzug von Rechten unterwirft ... die durch die Verfassung gesichert oder geschützt sind ... soll mit einer Geld- oder Haftstrafe belegt werden.«

Der FBI-Chef sah uns an. »Wir haben nicht das Recht, unter diesen Umständen Festnahmen vorzunehmen.« Es war eine absurde Äußerung. Unter Title 18, U.S. Administrative Code, § 3052 sind FBI-Agenten ermächtigt »bei jeglicher strafbaren Handlung gegen die USA, die in ihrer Gegenwart geschieht«, Festnahmen ohne Haftbefehl vorzunehmen. Das FBI nimmt Leute bei Entführungen, bei Bankraub, in Drogen- und Spionagefällen fest. Nicht aber in Bürgerrechtsfällen? Dann wären nicht nur Schwarze Bürger zweiter Klasse, sondern die Bürgerrechte Rechte zweiter Klasse.

Wir saßen zu viert auf den Stufen des Federal Building und sprachen miteinander: James Baldwin, ich, der leitende Jurist aus dem Justizministerium sowie ein junger schwarzer Anwalt aus Detroit, der als Beobachter des Freiheitstags nach Selma gekommen war. Der Anwalt aus Detroit sagte: »Diese Cops hätten all die 300 Schlange stehenden Neger massakrieren können, es wäre dennoch nichts unternommen worden.« Der Jurist wich aus. Er fragte Baldwin, woran er gerade arbeite. Antwort: An einem Theaterstück. Frage: Wie lautet der Titel? »Blues für Mister Charlie«, antwortete Baldwin.

Um 16 Uhr 30 schloss das Gericht seine Türen. Die Schlange löste sich auf. Der Anwalt aus Detroit sah zu, wie sich die Frauen und Männer langsam entfernten. Seine Stimme zitterte. »Diese Leute sollten Orden verliehen bekommen.« Wir gingen zurück ins SNCC-Büro.

Jahre später traf ich den Anwalt aus Detroit im Bürogebäude des Repräsentantenhauses in der Nähe des Fahrstuhls wieder. »Was führt Sie denn hier her?«, fragte er. »Der Vietnam-Krieg«, antwortete ich. »Und Sie?« Er lächelte. »Ich bin gerade in den Kongress gewählt worden.« Der Anwalt, der in den folgenden Jahren als Mitglied des Congressional Black Caucus unerschütterlich für Gerechtigkeit und gegen den Krieg eintrat, hieß John Conyers.

Für 20 Uhr wurde eine Versammlung in einer Kirche anberaumt. Um 19 Uhr 55 war die Kirche so brechend voll, dass alle Plätze besetzt waren und die Leute an den Wänden lehnten. Father Ouillet und ein weiterer katholischer Priester saßen unter den Zuhörern. Ein Lüster hing von der kuppelförmigen Decke, ein Kreis von 25 nackten Glühbirnen. Ein

73-jähriger alter Mann, ein Veteran des Ersten Weltkrieges, sagte zu mir: »So etwas hat Selma noch nicht erlebt. Noch nie – bis das SNCC hierher kam.«

Jim Forman führte in seiner Rede aus: »Wir können uns heute glücklich schätzen, denn wir haben etwas Großartiges getan.« Es herrschte Bitterkeit, weil unbewaffnete Schwarze des Dallas County ohne Hilfe der US-Regierung die Verfassung gegen Jim Clark und seinen Trupp verteidigen mussten. Doch die Tatsache, dass hunderte von Menschen von morgens bis abends, ohne etwas zu essen und ohne Wasser, in der Schlange ausgehalten und den bewaffneten Männern getrotzt hatten, die das Dallas County beherrschten, bot Grund zur Freude.

Die jungen Chorleute sangen: »Oh, Licht der Freiheit, ich werde es scheinen lassen!«

James Baldwin stand mit feurigen Augen am Rednerpult. »Der Sheriff und seine Adjutanten ... wurden von den guten Weißen auf dem Hügel geschaffen – in Washington. Sie haben ein Monster kreiert, das sie nicht kontrollieren können ... Es ist kein Akt Gottes. Es ist vorsätzlich geschehen, sie wurden vorsätzlich von der amerikanischen Republik geschaffen.«

Die Versammlung wurde wie immer beendet, indem sich alle unterhakten und »We Shall Overcome« sangen, jung und alt, junge Mütter mit ihren Babys, SNCC-Leute und die katholischen Priester. Auf der anderen Seite der Kirche sah ich den jungen schwarzen Anwalt des Justizministeriums, der sich wie alle anderen untergehakt hatte und sang.

Ich schrieb einen kurzen Bericht über den Freiheitstag. Er erschien in der *New Republic* unter der Überschrift »Registrierung in Alabama: Neger werden von Bundeseigentum weggezerrt, während das FBI zusieht«. Das Justizministerium war über meinen Artikel nicht erbaut. Der Leiter der Bürgerrechtsabteilung, Burke Marshall, schrieb einen langen Brief an die *New Republic*, in dem es hieß, ein »Prozess« sei das wirksame Mittel gegen das, was sich in Selma zugetragen habe und das Justizministerium habe zwei Wahlrechtsklagen in Selma anhängig gemacht. Er betonte jedoch auch, dass es kein »Schnellverfahren« geben würde. Wie der FBI-Chef zog Marshall es vor, die Festnahmebefugnisse der FBI-Agenten zu ignorieren, auf die sie sich bei »jedem Vergehen« berufen konnten, das in ihrer Gegenwart begangen wurde.

Etwa ein Jahr später schrieb Marshall ein Büchlein, in dem er die Untätigkeit auf Bundesebene in solchen Fällen ausführlich verteidigte. Er berief sich auf das »föderale System« mit seiner Gewaltenteilung zwischen Nation und Bundesstaaten. Es war ein erstaunliches Argument, als wäre nicht durch den 14. Verfassungszusatz eine dauerhafte Veränderung herbeigeführt worden und als seien der Regierung in Washington nicht enorme Handlungsbefugnisse zuteil geworden für den Fall, dass auf lokaler Ebene die Verfassungsrechte nicht geschützt werden. Unter Title 10, U.S. Code, § 333 ist dies klar geregelt.

Eines Tages erhielt ich per Post ein Exemplar der *University of Chicago Law Review* mit einer Besprechung von Marshalls Buch. Ein Juraprofessor namens Richard Wasserstrom formulierte eine vernichtende Kritik an dessen Argumentation. Ich war überrascht und erfreut. Richard Wasserstrom war der Jurist des Justizministeriums, dem ich am Freiheitstag in Selma begegnet war. Er hatte das Ministerium nach den Ereignissen von Selma verlassen und wurde Dekan am Tuskegee Institute in Alabama. Nun hatte er eine Professur für Rechtswissenschaften und Philosophie an der University of California inne. Etwa zur gleichen Zeit erfuhr ich, dass der schwarze Ministeriumsjurist, den ich in Selma getroffen und der »We Shall Overcome« mitgesungen hatte, ebenfalls seinen Dienst quittiert hatte.

Dies war nicht meine letzte Erfahrung in Selma. Anfang

1965 wurde die Stadt zum nationalen Skandal, zum Ärgernis auf internationaler Ebene für die Regierung Johnson. Demonstrationen gegen die Rassentrennung wurde mit Massenfestnahmen begegnet, der weiße Unitarier-Geistliche James Reeb zu Tode geprügelt, der Schwarze Jimmie Lee Jackson erschossen, während andere Schwarze blutig geschlagen wurden, als sie versuchten, über eine Brücke aus Selma hinaus zur Staatshauptstadt Montgomery zu marschieren.

Johnson bat schließlich den Kongress, ein zwingendes Wahlrechtsgesetz zu verabschieden und befahl einer föderalisierten Nationalgarde von Alabama, den geplanten Bürgerrechtsmarsch von Selma nach Montgomery zu schützen. Der 80-Kilometer-Marsch sollte nach all den Prügelorgien und all dem Blutvergießen ein Triumph werden.

Ich schrieb an einem Artikel für die 100-Jahre-Jubiläumsausgabe von *The Nation,* der auf der Idee basierte, hundert Jahre nach Ende des Bürgerkrieges den Süden erneut zu besuchen, und reiste deshalb nach Lynchburg (Virginia), John's Island (South Carolina) und Vicksburg (Mississippi). Danach schloss ich mich für die letzten 28 Kilometer dem Marsch von Selma nach Montgomery an, der Hauptstadt Alabamas.

Als ich abends eintraf, waren die Demonstranten gerade im Begriff, sich unweit der Hauptstraße niederzulassen. Tagsüber hatte es heftig geregnet, und auf dem Platz, der als Nachtlager dienen sollte, versank man bis zu den Knöcheln im Matsch.

Wir bekamen Plastikplanen und Schlafsäcke. Ich legte mich hin, lauschte dem Brummen der tragbaren Generatoren und beobachtete, wie die Marschteilnehmer, die von der Hauptstraße kamen, von zwei kräftigen »Sicherheitsleuten« überprüft wurden, junge Episkopal-Priester mit hochgestellten Kragen, die mit Funkgeräten ausgerüstet waren. Die Plastikplane unter mir drohte im Schlamm zu versinken, doch das Innere des Schlafsacks blieb trocken. Etwa 60 Meter entfernt brannten in einem Halbkreis Feuer, entfacht von den Soldaten, die Nachtwache halten mussten. Es war kaum zu glauben – der Bewegung wurde endlich jener Bundesschutz zuteil, um den sie gebeten hatte.

Ich wachte vor der Morgendämmerung auf, als sich ein Halbmond durch die Wolken schob. Die Feuer der Soldaten an der Einzäunung waren fast niedergebrannt. Um mich herum erwachten nach und nach die Leute. In einer Schlange standen sie dann nach Haferflocken, hart gekochten Eiern und Kaffee an, um sich schließlich zum Marsch zu versammeln. Ein schwarzes Mädchen wusch sich in einem Bach neben der Straße die nackten Füße und dann die Turnschuhe. In ihrer Nähe stand ein Pfarrer, dessen Mantel voller Dreck war. Eine Schwarze ohne Schuhe hatte ihre Füße in Plastik gehüllt. Andy Young gab per Funk nach Montgomery durch: »Besorgt uns Schuhe. Wir brauchen 40 Paar Schuhe, alle Größen, für Frauen und Kinder. Sie sind die letzten 24 Stunden barfuß gelaufen.«

Um Punkt 7 Uhr knatterte über uns ein Armeehubschrauber, und die Menschen begannen sich in Bewegung zu setzen, hinunter zur Hauptstraße und weiter nach Montgomery, angeführt von Martin Luther King, Andy Young und einigen SNCC-Aktivisten. Der Marsch wurde, so weit das Auge nach vorne und nach hinten reichte, auf beiden Seiten von Soldaten begleitet.

Ich lief neben Eric Weinberger her, einem legendären Pazifisten, der in verschiedenen Gefängnissen des Südens gefoltert, geprügelt und mit elektrischen Viehtreibern traktiert worden war. Einmal ist er in seiner Zelle 31 Tage lang in den Hungerstreik getreten. Während Eric und ich weitergingen, deutete er auf die Soldaten, die unsere Aktion beschützen sollten: »Sind Sie damit einverstanden?«

»Ja, ich bin froh, dass sie hier sind«, antwortete ich. Ich

wusste, worauf er hinaus wollte. Er hielt an pazifistisch-anarchistischen Prinzipien fest: Bediene dich nicht der staatlichen Instrumente, auch nicht in eigener Sache; betreibe keine Politik des Zwanges, auch nicht gegen gewalttätige Rassisten. Ich war jedoch kein Absolutist, was die Staatsmacht betraf, wenn sie auf Grund des Drucks dem Guten dienen musste. Wir einigten uns, dass wir verschiedener Ansicht waren.

Die Sonne schien herrlich, und die Menschen sangen: »Freiheit! Freiheit! Die Freiheit kommt, bald ist es soweit.« Natürlich war es nicht bald soweit, doch spielte das eine Rolle, wenn die Leute in Bewegung waren und wussten, sie würden den Weg, wie lange er auch sein mochte, verkürzen?

Bis zum Stadtrand von Montgomery waren es noch 27 Kilometer, und die ursprüngliche Zahl von 300 wuchs von Stunde zu Stunde an, weil sich tausende dem Marsch anschlossen, Weiße und Schwarze, die aus allen Landesteilen kamen. Die meiste Zeit über schien die Sonne, dann regnete es drei-, viermal in Strömen. Auf der Veranda einer weit von der Straße entfernt stehenden Hütte standen acht kleine schwarze Kinder in einer Reihe und winkten, im Vorhof ein altes Schaukelpferd.

Ein korpulenter, rotgesichtiger Ire, der gerade aus Dublin angekommen war und einen Trenchcoat trug, hielt einen kleinen schwarzen Jungen an der Hand, der barfuß neben ihm lief. Ein Greyhound-Bus mit schwarzen Kindern, die zur Schule fuhren, überholte uns. Die Kinder lehnten sich aus den Fenstern und riefen: »Freiheit!« Ein Einbeiniger, eine schwarze Kappe auf den roten Haaren, hielt auf Krücken mit den anderen Schritt.

Eine Gruppe weißer Straßenarbeiter schaute sich schweigend den Marsch an. Als wir die Außenbezirke von Montgomery erreichten, strömten Schüler aus einer schwarzen Highschool, säumten die Straße, winkten und sangen, als wir an ihnen vorbeizogen. Ein Düsenflugzeug brummte dicht über uns, und alle reckten die Arme gen Himmel und riefen: »FREIHEIT! FREIHEIT!«

In der Stadt angekommen, verließ ich den Marsch. Ich wusste, dass es eine wundervolle Versammlung all der vielen Menschen am Kapitol geben würde, auf der King und andere reden würden, doch ich wollte nach Hause. Ich fuhr zum Flughafen, wo ich Whitney Young begegnete, meinem alten Kollegen von der Atlanta University, der nun der National Urban League vorstand. Er war gerade gelandet, um dem Ereignis beizuwohnen.

Wir gingen in die Cafeteria des Flughafens und setzten uns, um eine Tasse Kaffee zu trinken. Wir waren uns nicht sicher, ob es funktionieren würde. Wir müssen zudem recht seltsam ausgesehen haben, nicht nur der unterschiedlichen Hautfarbe wegen, sondern weil Whitney, groß und gut aussehend wie immer, einen dunklen Anzug, ein weißes Hemd und eine Krawatte trug, während ich ziemlich schmuddelig und unrasiert war, meine Kleidung noch immer voller Schlammspritzer.

Die Frau, die an unseren Tisch kam, um uns zu bedienen, musterte uns. Sie machte keinen glücklichen Eindruck. An ihrer Schürze entdeckte ich einen großen Button mit dem einen Wort, das zur Trotzparole der Befürworter der Rassentrennung geworden war: NIEMALS! Doch es hatte sich bereits etwas geändert in Alabama, denn sie brachte uns unseren Kaffee. Zwar entsprach der Liedtext der Marschteilnehmer, »Die Freiheit kommt, bald ist es soweit«, noch lange nicht der Wirklichkeit, doch die Behauptung auf dem Button war nun ebenfalls ganz offensichtlich falsch.

6. Ich werde hierbleiben: Mississippi

Als Roz und ich im Sommer 1963 nach Greenwood (Mississippi) reisten, hatte das SNCC bereits zwei Jahre in diesem Bundesstaat gearbeitet. Doch das Wort »Arbeit« vermag nichts über die Realität auszusagen. Mississippi war für die Schwarzen ein Staat, in dem sie jederzeit ermordet werden konnten.

Bob Moses verschaffte mir einen Überblick. Ich hatte meinen kleinen Kassettenrekorder dabei. Mit Beacon Press in Boston war ich gerade übereingekommen, ein Buch über das SNCC zu schreiben, obwohl der Verlag ursprünglich ein Buch über das NAACP gefordert hatte. Doch für den Süden hielt ich den SNCC für wichtiger. In Albany und Selma hatte ich angefangen zu verstehen, wie sehr bei dem, was Geschichte genannt wird, die Wirklichkeit einfacher Leute – ihre Kämpfe, ihre verborgene Macht – ausgeblendet wird.

Bob war 29 Jahre alt, College-Absolvent aus Harlem und in den Süden gegangen, um sich dem SNCC anzuschließen. Er zog nach Mississippi und begann dort mit Schwarzen zu arbeiten, half ihnen hauptsächlich, sich in die Wählerlisten eintragen zu lassen. In meinem Buch über das SNCC beschrieb ich ihn folgendermaßen: »Er ist mittelgroß und stämmig, hat hellbraune Haut und um die Nase herum ein paar Sommersprossen, er sieht einen mit seinen großen, friedlichen Augen direkt an, redet langsam und leise, und wenn er so dasteht und in Mississippi eine Straße entlangsieht, gleicht seine Ruhe der eines das Meer studierenden Berges.«

Die Wahrscheinlichkeit, dass Schwarze würden wählen können, verursachte eine große Nervosität in der weißen Machtstruktur des Bundesstaates. Der schwarze Bevölkerungsanteil betrug 45 Prozent, da jedoch nur fünf Prozent ins Wahlregister eingetragen waren, verfügten die Schwarzen über keinerlei politische Macht. Das Establishment wollte, dass das so bliebe. Eine Handvoll Weiße kontrollierte den Reichtum des Bundesstaates und nutzte einen winzigen Teil davon, um die Gehälter der kleinen Beamten zu zahlen, die für den Status quo sorgten, notfalls mit Gewalt.

Als Bob Moses in Mississippi mit den Leuten zu reden begann, zunächst in der Kleinstadt McComb im Süden des Bundesstaates, wurde er mehrmals festgenommen, geschlagen, mit dem Messer traktiert und mit dem Tode bedroht. Als zwei 18-jährige Jugendliche in McComb bei Woolworth im Imbiss Platz nahmen – die erste derartige Aktion in der Geschichte dieser Region –, wurden sie festgenommen und zu dreißig Tagen Haft verurteilt. Als sechs Schülerinnen einer Highschool, angeführt von der 15-jährigen Brenda Travis, das Gleiche taten, wurden sie zu acht Monaten Gefängnis verurteilt, und Brenda wurde von der Schule verwiesen.

Bob war noch nicht lange in Mississippi, als er gerufen wurde, um die Leiche eines Farmers namens Herbert Lee zu untersuchen. Der Vater von neun Kindern war von einem Weißen erschossen worden. Sie hatten sich gestritten. Der Weiße hatte ihm in den Kopf geschossen. Der Untersuchungsrichter ließ den Killer laufen, nachdem ein schwarzer Zeuge, der um sein eigenes Leben fürchtete, ausgesagt hatte, es sei Notwehr gewesen. Wochen später rang sich der Zeuge jedoch durch, die Wahrheit zu sagen, und wurde daraufhin vor seinem Haus mit drei Gewehrschüssen niedergestreckt.

Aus Protest gegen diese Vorfälle blieben in McComb über hundert Schüler dem Unterricht fern. Die Festnahmen und Übergriffe gingen weiter, doch die schwarze Bevölkerung von McComb hatte begonnen, sich zu wehren.

Nach den Ereignissen in McComb beschlossen Bob Moses und weitere SNCC-Leute, sich ins nördlich gelegene Mississippi-Delta zu begeben und sich dort auf verschiedene Städte zu verteilen. Besondere Aufmerksamkeit sollte der Stadt

Greenwood in Leflore County gelten. Das Delta wurde zu einem Kriegsgebiet.

Sam Block war einer der unbewaffneten Soldaten. Er war 21 Jahre alt, groß, hager, Sohn eines Bauarbeiters aus einer Kleinstadt in Mississippi. Sam sang gerne, war aber recht wortkarg. Dennoch ging er in die von Schwarzen bewohnten Stadtteile, klopfte an die Türen und sprach mit den Leuten über ihre Bedürfnisse. Ein Polizeiwagen folgte ihm dabei, so dass die Leute Angst bekamen, ihre Türen zu öffnen. Eines Tages fielen drei Weiße über Sam her und schlugen ihn zusammen; ein andermal musste er hinter einen Telegrafenmasten springen, weil ein mit hoher Geschwindigkeit fahrender LKW ihn über den Haufen zu fahren drohte.

Sam nahm sich des Falles eines 14-jährigen Jungen an, der von der Polizei aufgegriffen und des Diebstahls bezichtigt worden war. Der Junge beteuerte seine Unschuld, er habe am fraglichen Tag auf den Baumwollfeldern gearbeitet. Doch die Polizisten brachten ihn zum Revier, entkleideten ihn, schleuderten ihn auf den Zementfußboden und traktierten ihn mit einem Ochsenziemer, mit den Fäusten, mit einem Schlagstock sowie mit einem Totschläger. Sam schickte die eidesstattlichen Versicherungen des Jungen samt den Fotos von seinen Wunden an das Justizministerium in Washington. Es war, als hätte er ein Fass ohne Boden geworfen. »Von da an«, sagte mir Bob Moses, »hieß es Sam gegen die Polizei.«

Sam Blocks Mut war ansteckend. Immer mehr Leute kamen in das SNCC-Büro von Greenwood und gingen zum Gericht, um sich in die Wählerlisten eintragen zu lassen. Eines Abends entkamen Sam und zwei andere SNCC-Aktivisten, die noch spät im Büro gearbeitet hatten, knapp einer Horde bewaffneter Eindringlinge, indem sie aus dem Fenster auf das Dach des Nachbarhauses kletterten. Als sie am nächsten Tag ins Büro zurückkehrten, fanden sie es völlig verwüstet vor.

Doch Sam machte weiter. In jenem Winter kümmerte er

sich hauptsächlich um Lebensmittel für Bedürftige, die Hunger litten. Es gab 22 000 Menschen, die von den Lebensmittelzuteilungen der Regierung abhängig waren und das County hatte die Zuteilung eingestellt.

Als Sam Block eines Tages in Greenwood einige Schwarze zur Eintragung in die Wählerlisten begleitete, wurde er vom Sheriff angehalten. Ihr Gespräch, das ein anderer SNCC-Aktivist mithörte, verlief folgendermaßen:

Sheriff: Nigger, woher kommst du?

Block: Ich bin aus Mississippi.

Sheriff: Ich kenne alle Nigger hier.

Block: Kennen Sie irgendwelche Farbigen?

(Der Sheriff bespuckte ihn.)

Sheriff: Ich gebe dir Zeit bis morgen, um von hier zu verschwinden.

Block: Wenn Sie mich hier nicht sehen wollen, dann packen Sie Ihre Sachen und gehen Sie, denn ich werde hierbleiben.

Der Krieg ging weiter. In die Wohnungen Schwarzer und in ihre geparkten Autos wurde geschossen. 13 Kugeln, Kaliber .45, wurden auf das Auto abgefeuert, mit dem Bob Moses und der SNCC-Mann Jimmy Travis fuhren, der an der Schulter und am Hals getroffen wurde und um ein Haar getötet worden wäre. Als nach einer dieser Überfälle hundert schwarze Männer, Frauen und Kinder singend und betend zum Kreisgericht von Leflore zogen, tauchte die Polizei auf. Die Polizisten trugen gelbe Helme, Schlagstöcke und führten Polizeihunde an der Leine. Einer der Hunde griff Bob Moses an, und die ebenfalls anwesende Marian Wright berichtete später, Bob hätte Angst vor Hunden, habe sich aber geweigert, den Ort des Geschehens zu verlassen, und sei sogar auf die Polizeihunde zugegangen.

Als Roz und ich im Sommer 1963 in Greenwood eintrafen, waren gerade 58 Menschen, die an einem Protestmarsch gegen Polizeibrutalität teilgenommen hatten, aus dem Gefängnis freigekommen; die Kaution war vom Nationalen Kirchenrat hinterlegt worden. An jenem Abend glich das SNCC-Büro einem Feldlazarett nach einer Schlacht. Gespenstisch. Junge Leute, sechzehn, siebzehn Jahre alt, lagen ausgestreckt da, zwei von ihnen auf schmalen Pritschen, während junge SNCC-Frauen ihnen mit Borwasser die Augen abtupften; der Nahrungsmangel im Gefängnis hatte zu Augenschäden geführt. Ein Junge hatte eine infizierte Hand, ein anderer einen geschwollenen Fuß. Er war im Staatsgefängnis von Mississippi der Hitzefolter unterworfen worden. Eine medizinische Betreuung war ihnen in der Haft verweigert worden.

Ein junger Mann namens Fred Harris berichtete: »Ich war 160 Stunden in diesem Loch – das heißt in der *hot box* … Ich bin siebzehn. Ich stieß 1960 zur Bewegung. Da war ich vierzehn. Sam Block hat mir von der Bewegung berichtet. Ich sagte zu ihm, ja, ich bin froh, wenn ich helfen kann … Meine Mutter wollte zunächst nicht, dass ich mich der Bewegung anschließe. Dann wurde ihr klar, dass es das Beste für sie und für mich ist … Sie sagte, ich könne mitmachen.«

Von einer Frau, die in Greenwood neben dem SNCC-Büro wohnte, wurde berichtet, dass sie eine besonders große Hilfe gewesen sei – Mrs. Ruby Pilcher. Roz und ich vereinbarten ein Treffen mit ihr. Wir saßen in ihrer Küche, und ich baute meinen kleinen Rekorder auf, während sie bügelte und über ihr Leben, ihre Arbeit, ihre Familie sowie über ihr Verhältnis zur Bewegung sprach.

Sie arbeitete im Country Club von Greenwood. »Nun, ich helfe dem Koch, und dann warten wir auf die Gäste, wissen Sie. Ich decke die Tische, hole das Geschirr, ich mache einfach alles. … Ich hatte gehört, wie darüber [über die Registrierung zur Wahl] gesprochen wurde, wissen Sie. ... Eines Morgens sagten sie, wissen Sie, sie hätten das Büro da oben angesteckt, das der Agitatoren von außerhalb. ... Wir wussten nicht, was wir davon halten sollten. ... Wir wussten nicht, was wir dazu sagen sollten, weil so etwas hier noch nie passiert war. Und ich, ich habe weiter für die Weißen gearbeitet, habe das Wenige, das sie uns geben, genommen und getan, was immer wir auch zu tun hatten. Über Freiheit hatte ich nie nachgedacht. Und ich habe mich gefragt, was es wohl auf sich hat mit der Freiheit, wissen Sie. ... Drüben in der Kirche begannen sie Nahrungsmittel zu verteilen. Polizisten kamen und nahmen sie fest. ... Ich hatte Angst. ... Ein Mann namens Dick Gregory – hieß er so? – kam ebenfalls hierher. Er sagte, er würde die Märsche anführen. ... Ja, ich bin zu dem Massentreffen gegangen. Und er sagte an diesem Abend zu einer alten Dame, die hier in der Straße wohnt ... sie solle mit ihm an der Spitze laufen. Er sagte: ›Sie sollten um sieben Uhr da sein.‹ Sie sagte: ›Ich kann auch schon um sechs Uhr kommen.‹«

Sie zeigte uns ein Foto von ihren zwei Söhnen und ihren zwei Töchtern. »Meine Tochter ist siebzehn. Sie hatte aus Angst die Bewegung verlassen. ... Nun ist sie gern dabei. Einmal sagte sie: ›Mama, mir gefällt wirklich, was da läuft, aber ich hoffe, dass es eines Tages vorbei ist.‹ Ich liebe die Bewegung, und ... alles, was wir tun konnten, um sie zu unterstützen, wissen Sie, fanden wir richtig. ... Wir stellten Dinge für uns selbst hintan und stellten alles in den Dienst der Bewegung, wissen Sie, es ging auch so ... Sie hatten keinen Herd, nichts, um sich Kaffee zu kochen, wissen Sie. Und an dem Morgen war es so kalt ... Ich sagte: ›Wenn ich Kaffee gekocht habe, werde ich ein paar Kekse backen ... jede Menge Kekse.‹«

Es interessierte mich immer, warum sich Menschen der Bewegung anschlossen. Oft gab eine kleine Begegnung den

Ausschlag, aktivierte eine winzige Erfahrung ein das ganze Leben über aufgestautes Gefühl.

Ein paar Monate nach unserem Besuch in Greenwood nahm ich an einem SNCC-Treffen in Greenville teil und sprach mit einer 47-jährigen Mutter von zwei Kindern, die ihr Leben lang als Baumwollpflückerin in Ruleville (Mississippi) gearbeitet hatte. Sie war klein und stämmig, ihre Haut vom Wetter kupferfarben gegerbt, ihre Augen sanft und groß. Sie hinkte, weil sie in jungen Jahren Kinderlähmung hatte. Ihr Name: Fannie Lou Hamer. Sie sang wunderschön, und als sie mir erzählte, wie sie zur Bewegung gestoßen war, streute sie hier und da ein Lied ein. Sie hatte von einem Treffen in der Kirche von Ruleville gehört.

»James Bevel hielt an diesem Abend eine Rede, und, wissen Sie, alles, was er sagte, leuchtete mir ein. Jim Forman war auch da. Als ihre Reden beendet waren, wollten sie wissen, wer sich ins Wählerverzeichnis eintragen würde. Das sollte an einem Freitag geschehen, und ich hob die Hand. Der 31. August '62 war der Tag, an dem ich zum Gericht ging, um mich registrieren zu lassen. Als ich zurückkam, sagte dieser Mann, für den ich 18 Jahre als Zeitnehmerin und Baumwollpflückerin gearbeitet hatte, ich müsse auf der Stelle verschwinden ... Ich erwiderte, ich hätte nicht versucht, mich für ihn, sondern für mich registrieren zu lassen. ... Ich hatte keine andere Wahl, denn ich wollte, dass sich endlich etwas ändert.«

Sie wurde von der Plantage vertrieben und zog zu einer befreundeten Familie. Zehn Tage später fuhr ein Wagen an deren Haus vorbei, und 16 Schüsse wurden in die Zimmer abgefeuert, in denen die Familie schlief, aber es wurde niemand verletzt. Mrs. Hamer war an diesem Tag nicht dort gewesen.

Sie erzählte mir, wie sie ein paar Monate zuvor zusammen mit fünf anderen aus der Bewegung von einem Treffen in

South Carolina nach Greenwood zurückkehrte. Der Bus hielt kurz in Winona (Mississippi) an, und einige von ihnen gingen in den »weißen« Warteraum. Sie wurden alle festgenommen und im Gefängnis voneinander getrennt. Annelle Ponder, eine Absolventin des Clark College in Atlanta (ihre jüngere Schwester war eine Studentin von mir am Spelman College), wurde so stark verprügelt, dass ihr Gesicht geschwollen war und sie kaum reden konnte. Mrs. Hamer wurde am ganzen Körper mit Totschlägern traktiert.

»Wissen Sie, sie sagten, es würden Leute von außerhalb kommen und die Leute aufwiegeln wollen, die bislang zufrieden waren. Nun, ich war, soweit ich mich erinnern kann, noch nie zufrieden.«

Ich fragte sie, ob sie der Bewegung treu bleiben würde, und sie antwortete mit einem Liedtext: »Ich sagte zu ihnen, sollten sie mich je in der Bewegung vermissen und nirgends finden können, mögen sie zum Friedhof kommen, dort werde ich beerdigt sein!«

Das nächste Mal sah ich Mrs. Hamer am 21. Januar 1964 anlässlich des Freiheitstages in Hattiesburg (Südmississippi). Das SNCC wollte versuchen, in einem County, in dem nicht eine einzige schwarze Person registriert war, hunderte Schwarze aus Mississippi für die Wahl registrieren zu lassen.

Ich beteiligte mich an der Strategiediskussion für den Freiheitstag. Am Abend zuvor sollte eine Massenveranstaltung stattfinden, und am nächsten Tag eine Menschenkette um das Gerichtsgebäude gebildet werden. Es würde zweifellos zu Festnahmen kommen. An Justizminister Robert Kennedy wurde ein Telegramm geschickt: »Morgen früh werden hunderte Bürger von Hattiesburg versuchen, sich für die Wahl registrieren zu lassen. Zu ihrem Schutz bitten wir um die Entsendung von Federal Marshals. Wir bitten zudem darum, örtliche Polizisten, die Verfassungsrechte beschränken, festzunehmen und anzuklagen. Unterzeichnet, Bob Moses.« Wir wussten alle, dass eine Antwort ausbleiben würde.

Ella Baker und John Lewis kamen mit dem Zug aus Atlanta, um bei der Versammlung in der Kirche zu reden, während tausend Menschen »We shall not, we shall not be moved…« sangen. Auch die anderen Bürgerrechtsgruppen waren vertreten: Annelle Ponder für Martin Luther Kings Southern Christian Leadership Conference, Dave Dennis für den Congress of Racial Equality. Ein Rabbi sprach; er gehörte zu einer Delegation von Geistlichen, die sich der Menschenkette anschließen wollten.

Ella Baker kam wie immer über das unmittelbare Anliegen hinaus auf Grundsätzliches zu sprechen: »Selbst wenn die Segregation beseitigt ist, sind wir immer noch nicht frei und müssen dafür sorgen, dass alle Arbeit haben. Selbst wenn wir alle wählen dürfen, aber Leute immer noch Hunger leiden, sind wir noch nicht frei. … Singen allein genügt nicht. Wir benötigen Schulen und Lernmöglichkeiten. … Vergesst nicht, wir kämpfen nicht nur für die Freiheit des Negers, sondern für die Freiheit des menschlichen Geistes, für eine größere Freiheit, für die der ganzen Menschheit.«

Nach der Versammlung strömten wir aus dem Gebäude in die Dunkelheit. Einige sangen noch immer. Es war fast Mitternacht. Im Freiheitshaus waren Pritschen aufgestellt, auf denen wir schlafen konnten. An einem langen Tisch beschrifteten ein paar Leute die Schilder für die Menschenkette am nächsten Morgen.

Es war ein Uhr morgens. Einigen von uns war nicht nach schlafen zumute. Ich sollte mir eine Pritsche mit einem weißen SNCC-Mitglied namens Mendy Samstein teilen, mit dem ich schon in Atlanta befreundet war, wo er als Absolvent der University of Chicago kurz am Morehouse unterrichtet, sich dann aber für SNCC-Arbeit entschlossen hatte. Wir hatten zusammen an einem seltsamen Sit-in teilgenommen, über das wir später lachten: Wir beide und zwei schwarze Freunde hatten am Pessachfest in Leb's, einem jüdischen Delikatessenlokal in Alabama, gesessen.

Auf unserer Bettstatt schnarchte bereits jemand. Zwei weitere Männer schlossen sich uns an: Oscar Chase, Absolvent der Yale Law School, zu der Zeit beim SNCC – zwei Jahre später würde er Juraprofessor an der New York University werden, und Avery Williams, der immer noch von den elektrischen Viehtreibern in Selma Wundmale am Bein hatte. Jemand gab uns einen Zettel mit einer Adresse. Es war drei Uhr morgens, als wir zaghaft an die Tür des Hauses klopften, in dem es völlig dunkel war. Der Mann, der an die Tür kam, trug einen Pyjama. Er lächelte freundlich und sagte: »Kommt herein!« Er rief durch die Dunkelheit in Richtung Schlafzimmer: »Sieh mal, Liebling, wer da ist!« Mittlerweile war das Licht an, und seine Frau kam heraus. »Kann ich euch etwas herrichten?« Wir verneinten und entschuldigten uns, dass wir sie geweckt hatten. Der Mann winkte ab: »Oh, ich wollte sowieso früh aufstehen.«

Er zerrte eine Matratze hervor. »Hier, zwei können auf der Matratze schlafen, einer auf der Couch, und wir haben noch eine kleine Liege.« Als es dämmerte, wachte ich auf. Ich wurde mir der Stimme bewusst, die mich geweckt hatte; zunächst dachte ich, sie gehöre zu einem Traum, doch ich hörte sie auch nach dem Aufwachen noch, eine Frauenstimme, rein und ergreifend. Ein sanfter Gesang.

Erst dachte ich, er käme von draußen, doch dann merkte ich, dass er aus dem Schlafzimmer drang. Der Mann war bereits zur Arbeit gegangen, und die Frau betete, erhob ihre Stimme: »O Herr Jesu. O behüt mich gnädig diesen Tag, Jesus ... Öffne ihnen die Augen, damit sie sehen, o Jesus ... Zeige uns Deine Liebe heute, Jesus ... Lang schon ist's her, o Jesus ... O Herr. O Jesus ...«

Avery erwachte. Ein Radio wurde angeschaltet, und es

ertönte laute Tanzmusik. In der Küche ging ein Licht an. Als wir uns anzogen, blickte ich durch die offene Tür in das Schlafzimmer des Paares und sah, dass auf ihrem Bett keine Matratze lag. Sie hatten sie uns gegeben.

Die Frau machte Frühstück, ein Festessen – Eier, Maisgrütze, Schinken, heiße Küchlein und Kaffee. Sie erzählte uns, ihr Mann fahre jeden Morgen zum Golf hinunter, um am Fischereipier zu arbeiten. Sie sei Dienstmädchen und würde bald mit einem Laster abgeholt und zur Arbeit gefahren werden. Als wir aufbrechen wollten, sah Avery Williams nach draußen: »Es regnet!«

Als wir beim Bezirksgerichtsgebäude ankamen, hatte sich bereits eine Menschenkette gebildet. Polizisten kamen in Zweierreihen die Straße herunter; ein Polizeiwagen fuhr auf den Bürgersteig, auf dem Dach einen Lautsprecher: »Hier spricht die Polizei von Hattiesburg. Wir fordern Sie auf, sich zu zerstreuen. Machen Sie den Gehweg frei.« John Lewis und ich standen auf der anderen Straßenseite, auf dem Gehweg vor Sears Roebuck. Keiner von uns machte Anstalten wegzugehen. Etwa 50 junge Schwarze schlossen sich uns an.

Leute, die sich registrieren lassen wollten, standen auf den Stufen vor der Glastür, die von einem Sheriff bewacht wurde. Das Justizministerium hatte eine Verfügung gegen eine Diskriminierung durch den Registrator erwirkt. Mehr würde es nicht unternehmen. Der Registrator hielt sich an die Verfügung – nach seinem Gutdünken. Pro Stunde wurden vier Personen eingelassen, der Rest musste auf den Stufen im Regen Schlange stehen. Bis zum Mittag hatten zwölf Leute ihre Anträge ausgefüllt.

Um zehn Uhr war der Niesel- in einen Platzregen übergegangen. Jim Forman stand vor der Glastür des Gerichtsgebäudes. Den Hemdkragen unter dem Mantel offen, eine Pfeife in der rechten Hand, gestikulierte er mit der Linken, umgeben von schwarzen Männern und Frauen. Er rief dem Sheriff zu, er möge diese Leute ins Gerichtsgebäude lassen, damit sie nicht länger im Regen stehen müssten.

Jemand berichtete, Bob Moses sei gerade festgenommen und ins Gefängnis gebracht worden, weil er gegenüber dem Gericht auf dem Bürgersteig gestanden und sich geweigert habe, sich zu entfernen.

Der Protest wurde den ganzen Nachmittag über fortgesetzt. Ich sah das mir vertraute Gesicht von Mrs. Hamer, die sich mit ihrem charakteristischen Hinken fortbewegte, in der Hand ein Schild; ihr Gesicht regennass und nach oben gerichtet, schrie sie ihr Lied gen Himmel: »Which Side Are You On?« Nach einer Weile übernahm ich das Schild und lief an der Menschenkette entlang, während sie sich auf der Treppe ausruhte.

Im Sommer 1964 nahm Mrs. Hamer mit weiteren Schwarzen aus Mississippi am Parteikongress der Demokraten in Atlantic City teil, um von den einflussreichen Demokraten zu fordern, dass schwarze Repräsentanten in die ausschließlich weiße Delegation aus Mississippi berufen werden. Bei einem Fernsehauftritt rührte sie, wenn nicht die Demokraten, dann die Nation mit ihrer Entrüstung: »Ich bin es leid und müde, es leid und müde zu sein!« Eine Weile später besuchte sie mich auf dem Weg zu einer Audienz bei Kardinal Cushing in Boston. Sie war instruiert worden, ihn mit »Your Eminence« anzusprechen, und erzählte mir lächelnd, sie habe Angst, sie könnte sich versprechen und ihn »Your Enemy« nennen.

Der Protest vor dem Gerichtsgebäude in Hattiesburg endete um 17 Uhr. Es war ein kleiner Sieg – keine Massenfestnahmen, keine Prügel. Eine Mitteilung besagte, dass Oscar Chase festgenommen worden sei. Er war mit seinem Wagen gegen einen geparkten LKW gefahren. Dass er dabei keinen Schaden verursacht hatte, spielte keine Rolle. Er wurde festgenommen und unter dem Tatverdacht der »Fahrerflucht« ins Gefängnis gesteckt.

In jener Nacht schlief ich im dortigen »Haus der Freiheit«. Am Morgen kam jemand und teilte mit, Oscar Chase habe aus dem Gefängnis im SNCC-Büro angerufen. Er sei in der Nacht verprügelt worden und wolle auf Kaution freikommen. Ich machte mich mit zwei der anwesenden Pfarrer auf den Weg. Als wir kurz vor acht Uhr das Gefängnis betraten, knurrten und bellten die Polizeihunde in ihren Käfigen. Wir überreichten die Kaution.

Kurz darauf kam Oscar ohne Begleitung den Gang entlang. Noch ein paar Augenblicke zuvor hatte es auf dem Gang von Polizisten gewimmelt, nun aber war keiner mehr zu sehen. Oscar trug immer noch seine abgewetzten Cordhosen und seine alten Stiefel, an denen der Schlamm festgetrocknet war. Sein Arbeitshemd wies Blutflecken auf, sein T-Shirt darunter war blutdurchtränkt. Seine rechte Gesichtshälfte war geschwollen, seine Nase sah gebrochen aus, eine Augenbraue war blutverkrustet.

Er berichtete uns, was geschehen war. Sie hatten einen Gefangenen zu ihm in die Zelle gesteckt, der sich sehr über die Demonstration am Gerichtsgebäude aufregte. Er hatte im Zweiten Weltkrieg als Fallschirmjäger gedient und erklärte Oscar, er »würde eher einen Niggerfreund umbringen als einen Nazi oder einen Japsen«. Der Schließer nickte. Oscar bekam noch mit, wie er zu Boden geschleudert wurde. Er wurde ohnmächtig. Danach wurde er getreten, bis er blutete. Die Polizei kam und holte den Ex-Fallschirmjäger aus der Zelle. Oscar durfte telefonieren.

Wir kamen überein, ihn zu einem der zwei schwarzen Ärzte der Stadt zu bringen, doch zunächst wollte ich ihn gemeinsam mit zwei Anwälten dem FBI vorführen. Im FBI-Büro warteten wir vier auf den Vernehmungsbeamten, der den Bericht über die Brutalität zu Protokoll nehmen sollte. Die beiden Anwälte waren tadellos gekleidet: John Pratt, Anwalt des Nationalen Kirchenrates, groß, blond, schlank, in einem dunklen Anzug mit feinen Streifen; Robert Lunney, vom Anwaltskomitee für Bürgerrechte, dunkelhaarig, klare Gesichtszüge, gekleidet, wie es einem Anwalt eines führenden Unternehmens der Wall Street zukäme. Ich konnte mit ihnen nicht mithalten. Meine Hosen hatten durch den Regen des Vortages ihre Form verloren, immerhin war ich glatt rasiert und wirkte nicht allzu verlottert.

Oscar saß bei uns und sah noch aus wie zu dem Zeitpunkt, als ich ihn aus der Zelle kommen sah, sein Gesicht geschwollen, seine Kleidung voller Blut. Der FBI-Agent betrat den Raum und schloss die Tür hinter sich. Er begutachtete uns mit einem schnellen, professionellen Blick und fragte dann tatsächlich: »Wer ist der, der Prügel bezogen hat?«

An jenem Nachmittag wurde um 16 Uhr vor dem Amtsgericht von Hattiesburg der Fall von Robert Moses verhandelt, der angeklagt war, den Verkehr durch das Stehen auf dem Gehweg behindert und sich geweigert zu haben, weiterzugehen, als ihn ein Polizist dazu aufgefordert hatte. Wir hatten vorher beschlossen, den Gerichtssaal mit »einzubeziehen«, obwohl alle derartigen Versuche bislang durch Festnahmen beendet wurden. Ich saß mit zehn anderen Weißen auf der »farbigen« Seite und eine gleich große Zahl Schwarzer auf der »weißen« Seite. Neun Marshals hatten sich an der Wand postiert.

Als der Richter den Saal betrat, erhoben sich alle. Zu unserer Überraschung war es eine Richterin, Mildred W. Norris, eine anmutige Dame, die lächelte und für die Fotografen posierte, als sie sich der Richterbank näherte. Sie nickte, damit sich alle setzten. Sie lächelte die Zuschauer freundlich an, hielt kurz inne und säuselte dann: »Würden die Marshals bitte für Segregation im Saal sorgen?«

Alle schwiegen. Die Marshals kamen auf uns zu. Die

Richterin sagte: »Ich bitte Sie, sich auf die Seite des Gerichtssaales zu begeben, auf die Sie gehören, oder den Saal zu verlassen. Wenn Sie meiner Aufforderung nicht Folge leisten, werde ich Sie wegen Missachtung des Gerichts festnehmen lassen.« Keiner von uns rührte sich. Die Marshals kamen auf uns zu.

Als einer sich mir näherte, hob ich die Hand. Er blieb stehen und fragte: »Möchten Sie etwas sagen?«

»Ja«, antwortete ich. Dann erhob ich mich und erklärte: »Euer Ehren, der Oberste Gerichtshof der Vereinigten Staaten hat entschieden, dass das segregierte Sitzen in einem Gerichtssaal verfassungswidrig ist. Würden Sie sich bitte an diese Entscheidung halten.«

Ein Raunen ging durch den Gerichtssaal. Die Richterin zögerte. John Pratt, der Anwalt der Bewegung, beantragte eine zehnminütige Unterbrechung, die von der Richterin gewährt wurde.

Während der Pause wechselte niemand den Sitzplatz. Die Richterin kam zurück. Im Saal herrschte absolute Stille. Sie sah die Marshals an und sagte: »Wir pflegen unsere Lebensweise hier in Mississippi seit hunderten von Jahren, und ich halte mich an die Gesetze von Mississippi. Ich habe Sie gebeten, die Segregation einzuhalten oder zu gehen, und gesagt, dass ich Sie andernfalls festnehmen lasse. Wir würden es sehr schätzen, wenn Sie dieser Anordnung Folge leisteten.« Sie schwieg kurz. »Da Sie dies allerdings nicht tun, erlauben wir Ihnen zu bleiben, wo Sie sind, vorausgesetzt, dass es zu keinen Störungen kommt.«

Wir saßen erstaunt da. Die Verhandlung wurde eröffnet: *John Quincy Adams ./. Robert Moses*. Drei Polizisten traten in den Zeugenstand und sagten aus, Moses habe auf dem Gehweg gestanden und Fußgänger behindert. Im Kreuzverhör betonte dagegen John Quincy Adams, der Polizist, der Moses festgenommen hatte, dass sich kein Fußgänger beschwert und er niemanden gesehen hätte, der behindert worden wäre.

Im Gerichtssaal war es sehr heiß, und die Richterin fächelte sich mit einem Pappschild Luft zu. Es war eines der Asservate, ein Schild von der Demonstration mit großen Buchstaben: FREIHEIT JETZT.

Bob Moses trat in den Zeugenstand, um von dem herrischen Ankläger befragt zu werden. Er antwortete mit gleichbleibend ruhiger Stimme und wies immer wieder geduldig darauf hin, wenn der Ankläger eine Antwort missverstanden hatte, wobei er gelegentlich blinzelte, den Ankläger jedoch ständig und ernst ansah.

Am Ende befand die Richterin Moses für schuldig, verurteilte ihn zu 200 Dollar Geldstrafe sowie zu 60 Tagen Haft. Der Polizist John Quincy Adams brachte Moses zurück in die Zelle.

Bob Moses ging, nachdem die Bewegung ruhiger geworden war, nach Tansania, um dort einige Jahre zu unterrichten, begleitet von Janet Lamott, die sich ebenfalls an den Kämpfen von Mississippi beteiligt hatte. Ihre vier Kinder wurden in Afrika geboren: Moses kehrte später zurück, um in Harvard Östliche Philosophie zu studieren und neue Wege zu erproben, armen Kindern Mathematikunterricht zu erteilen.

Nach wenigen Tagen war Moses gegen Kaution auf freiem Fuß und schmiedete gemeinsam mit dem SNCC und anderen Bürgerrechtsorganisatoren Pläne für den großen Freiheitssommer in Mississippi. Tausend Studenten sollten sich einfinden, um bei der Wählerregistrierung und anderen Dingen zu helfen. Zum ersten Mal seit der Wiedereingliederungsphase der Südstaaten in die Union der Vereinigten Staaten kündigte eine Gruppe von Schwarzen ihre Kandidatur für den Kongress an. Zu ihr gehörte Mrs. Fannie Lou Hamer aus Ruleville.

Roz und ich kehrten zum Freiheitssommer nach Mississippi zurück. Sie half im Büro von Jackson mit. Ich war einer der vielen Lehrer an den »Freiheitsschulen«. Tausende schwarze Jugendliche, die sich in den Kirchen trafen, nahmen an einem außergewöhnlichen Experiment demokratischer Erziehung teil. Sie bekamen Gelegenheit, Gedichte und Geschichten zu lesen und zu schreiben, Dramen und Musicals zu verfassen und aufzuführen, in Rollenspielen die Konfrontation mit dem Rassismus zu erproben, über die Bill of Rights zu diskutieren, einen ganzen Vormittag dem Wort »skeptisch« zu widmen. Die Freiheitsschulen waren ein erster Versuch eines völlig neuen Unterrichts, nicht nur in Mississippi, sondern im ganzen Land.

Es war ein Sommer der Gewalt. In Philadelphia in Neshoba County wurden drei Bürgerrechtler festgenommen, zwei weiße und ein schwarzer. Am Abend wurden sie wieder auf freien Fuß gesetzt, verfolgt und erschossen. Die Leichen waren noch nicht gefunden, als ein paar von uns, einem seltsamen Impuls folgend, zum jährlich stattfindenden Jahrmarkt von Neshoba County fuhren. Es war eine durch und durch gespenstische Erfahrung. Einmal fanden wir uns nur wenige Schritte vom Sheriff und seinem Hilfssheriff wieder, die – da waren wir uns sicher – mit dem Verschwinden der drei Männer zu tun hatten.

Mississippi war nicht mehr wie früher, wenn auch die Beseitigung von Armut und Rassismus noch in weiter Ferne lag, ja unerreichbar schien. In diesem einen Sommer hatten Schwarze und Weiße, ob in oder außerhalb der Bewegung, sehr viel gelernt und für viele sollte diese Erfahrung ihr Leben ändern.

25 Jahre später ist die offizielle Rassentrennung ein für alle Mal abgeschafft, während die inoffizielle von allen Seiten bekämpft wird. Doch Rassismus, Armut und Polizeibrutalität

sind nach wie vor ineinander verwobene Realitäten des Lebens der Schwarzen.

Das war schon in den sechziger Jahren klar, als es in den schwarzen Ghettos des Landes immer wieder zu Aufständen kam, just zu der Zeit, als die Bürgerrechte verabschiedet wurden. In den neunziger Jahren zeigte es sich, als Polizisten den unbewaffneten, arbeitslosen Schwarzen Rodney King in Los Angeles niederknüppelten, was auf Video festgehalten wurde, so dass die ganze Nation es sehen konnte. Als die schwarzen Bewohner der Stadt sich wütend erhoben, wurde deutlich, dass die tiefere Ursache, jenseits der Polizeibrutalität, in der weit verbreiteten Armut und in den Versäumnissen der Nation zu suchen war.

Was die Bewegung erreichte, ist historisch zu nennen. Doch stieß sie bald auf Hindernisse, die ernster waren als die Zeichen und Merkmale der Rassentrennung. Zunächst auf ein wirtschaftliches System, das einen beträchtlichen Teil der Bevölkerung über Generationen dem Elend überließ, während es einige Leute großzügig belohnte und andere zur Sicherung von deren Loyalität unterstützte. Hinzu kam eine nationale Ideologie, in der der Rassismus tief verwurzelt blieb. Nicht-Weiße bildeten unweigerlich den größten Teil der permanent armen Bevölkerungsschicht.

Auf diese Hindernisse war die Bürgerrechtsbewegung nicht vorbereitet, wie mutig sie auch voranging oder wie weitsichtig auch einige ihrer Anführer sein mochten. Natürlich verstanden sowohl Martin Luther King Jr. als auch Malcolm X die *Tiefe* des Problems jenseits der Segregation. Die Bürgerrechtsbewegung bewies jedoch, dass Menschen, selbst wenn sie, wie etwa die Schwarzen im tiefen Süden, nicht über die üblichen Attribute der Macht verfügen – Geld, politische Autorität und Gewalt –, aus der aufgestauten Empörung, mutig und von der gemeinsamen Sache inspiriert, eine Kraft entwickeln und gewinnen können, sofern sie sich dieser mit Leib und Seele widmen. Es handelt sich um ein Phänomen, das weltweit in der Geschichte der sich gegen Ungerechtigkeit richtenden Bewegungen immer wieder aufgetaucht ist.

In den frühen neunziger Jahren gibt es eine solche Bewegung nicht. Doch ihre *Notwendigkeit* steht außer Frage, und die Voraussetzungen hierfür sind überall zu finden. Es gibt eine neue Generation militanter schwarzer Jugendlicher mit enormer Energie, die zu oft missbraucht oder verschwendet wird, aber mobilisiert werden kann, wenn die Zeit und die Bedingungen reif dafür sind. Es gibt Millionen von Menschen, Weiße und Nicht-Weiße, die angesichts des Scheiterns des Systems, ihnen Arbeitsplätze, Wohnraum, gesundheitliche Versorgung und Ausbildung zu garantieren, zunehmend ungeduldig werden.

Die Bewegung hat zumindest damit *begonnen*, die Verhältnisse zu ändern, auf nationaler Ebene besonders in der Kultur. Leute aus der Musik- und der Filmbranche sowie aus dem Sport haben die Rassentrennung überwunden und Menschen aller Hautfarben zusammengebracht, obwohl sie von Antagonismen in der Rassenfrage umgeben sind. Diese kulturelle Veränderung, die den in den Innenstädten entstehenden Ressentiments zuwiderläuft, kann sehr wohl den Weg für eine Regenbogenkoalition bereiten, die das politische und wirtschaftliche System in Frage stellt.

Wann dies geschehen könnte, ist ebenso ungewiss wie das *Ob*. Doch nicht an die Möglichkeit dramatischer Veränderung zu glauben, bedeutet zu vergessen, das sich Dinge geändert *haben*, nicht genug natürlich, aber genug, um zu zeigen, was möglich ist. Wir haben bereits in der Vergangenheit Überraschungen erlebt. Weitere Überraschungen sind möglich. Und ja, wir können für diese Überraschungen *sorgen*.

Es geht nicht um die Erwartungen, die an die Beteiligung

an einer Bewegung für soziale Gerechtigkeit und an einen zukünftigen Sieg gestellt werden, sondern um das Hochgefühl, mit anderen Menschen etwas durchzustehen, *zusammen* Risiken auf sich zu nehmen, kleine Triumphe zu genießen und entmutigende Rückschläge auszuhalten.

Wenn ich heute SNCC-Aktivisten wiedertreffe, mit ihnen singe und rede, sagen alle, wenn auch auf unterschiedliche Weise, das Gleiche: wie schrecklich doch jene Zeit im Süden, in der Bewegung gewesen sei, doch eben auch die wundervollsten Tage unseres Lebens.

Teil II: Krieg

7. Ein Veteran gegen den Krieg

Anfang 1943 – ich war 21 Jahre alt – trat ich in das Army Air Corps ein, weil ich gegen die Nazis kämpfen wollte. Ich hätte auf der Navy-Werft in Brooklyn bleiben können, auf der ich drei Jahre gearbeitet hatte. Der Bau von Schlachtschiffen und Landebooten garantierte die Freistellung vom Militärdienst. Doch ich konnte es nicht ertragen, mich aus dem Krieg gegen den Faschismus herauszuhalten. Den Krieg sah ich als ehrenvollen Kreuzzug gegen Rassenwahn, Militarismus, fanatischen Nationalismus und Expansionismus an.

Ohne das Wissen meiner Eltern verpflichtete ich mich beim Air Corps. Meine Eltern befürworteten den Krieg, doch einer meiner Brüder befand sich bereits mit der Armee in Übersee, und sie wollten nicht, dass auch ich noch fortging. Ich bestand alle Prüfungen zum Luftwaffenkadetten – ich war Basketballspieler, dünn, sogar mager, würde ich behaupten. Doch das schien dem Militär egal zu sein, denn ich war in guter körperlicher Verfassung, mein Sehvermögen war ausgezeichnet und die schriftlichen Prüfungen bestand ich ohne Probleme. Mit dem örtlichen Rekrutierungsbüro vereinbarte ich, dass ich gemäß dem Programm »Freiwillige Meldung zur Einberufung« einen entsprechenden Antrag stellen konnte. Um absolut sicherzugehen, fragte ich den Sachbearbeiter des Rekrutierungsbüros, ob ich die Einberufungsmitteilung selbst zustellen dürfte und warf sie direkt vor dem Büro in den Briefkasten.

Bevor ich offiziell Luftwaffenkadett werden konnte, musste ich die viermonatige Grundausbildung eines Infanteristen in der Jefferson-Kaserne in Missouri absolvieren – Gewaltmärsche mit voller Feldausrüstung, hartes Körpertraining, Schießunterricht mit Pistolen, Gewehren, Karabinern, Maschinenpistolen. Wir mussten auch die Gerüche von Giftgasen zu unterscheiden wissen. Auf einem Flugplatz außerhalb von Burlington (Vermont) lernte ich, eine Piper Club zu fliegen. Die Piper Club ist ein lächerlich kleines Spielzeug von einem Flieger und ich hätte nie ernsthaft geglaubt, dass ich bereit sein würde, in so ein Ding einzusteigen. Dann ging es weiter nach Nashville zu Eignungsprüfungen, um zu entscheiden, ob ich eher zum Piloten, Navigator oder Bombenschützen taugte.

Ich wusste, dass ich mich mit der Piper Club nicht besonders gut angestellt hatte – mein Ausbilder war der Inbegriff des durch und durch autoritären Fluginstrukteurs, der mich mit Vorliebe anraunzte: »Den Kopf aus dem Arsch!« Ich muss zugeben, dass ich ihn mehrmals beinahe umgebracht hätte, als ich übte, wie man aus einer Sturzspirale herauskommt. Bei der Matheprüfung (Navigator) und bei den Reflexkoordinationstests (Bombenschütze) schnitt ich sehr gut ab, so dass ich nicht überrascht war, dass ich als Bombenschütze klassifiziert wurde, aber auch ein wenig Navigationstraining absolvieren sollte. Mit der Bahn fuhren wir zur Flugvorbereitung nach Santa Ana in Kalifornien.

Nach Santa Ana verbrachte ich sechs Wochen an einer Schießschule außerhalb von Las Vegas und lernte, ein Maschinengewehr, Kaliber .50, mit verbundenen Augen auseinanderzunehmen und wieder zusammenzusetzen, schoss auf Tontauben, um mich darauf vorzubereiten, gegnerische Flugzeuge »ins Visier« zu nehmen, flog dann über die Wüste und ballerte mit dem Maschinengewehr auf diverse Ziele. Nach all dem – Filme zeigen nicht, wie *laut* Gewehre sind, wie scheußlich der Gestank ist oder welchen Schaden der Rückstoß an deiner Schulter verursacht – suchten wir abends mit unserem geringen Sold in Las Vegas beim Glücksspiel Entspannung und genossen die sanften Geräusche des Würfelns sowie des Rouletterades.

Dann ging es vier Monate in das Wüstenland von Deming (New Mexico), wo wir in Theorie und Praxis alles über das berühmte und streng geheime Norden-Zielgerät lernten. Wir flogen in unterschiedlicher Höhe und warfen Bomben auf in der Wüste errichtete Hütten ab. Auf unserer Karte waren auch zwei Rechtecke in der Nähe der Städte Alamagordo und Los Alamos verzeichnet, die wir aus uns unbekannten Gründen meiden mussten. Ich war begabt, meine Zielabweichung war gering. Ich schloss die Bombenschule mit den Goldstreifen eines Leutnants auf meiner Schulter und den Flügeln eines Bombenschützen auf meiner Brust ab. Anschließend hatte ich meinen ersten Urlaub seit meiner Einberufung, elf Tage, die ich zu Hause verbringen konnte, bevor ich einer Mannschaft zugeteilt und nach Übersee gehen würde. Ich machte mich auf die lange Zugreise von El Paso nach New York.

Nachdem ich meine Eltern besucht hatte, rief ich sofort das Mädchen an, dem ich geschrieben und das ich seit eineinhalb Jahren nicht gesehen hatte. Wir hatten beide in dem gleichen ebenso schäbigen wie lebendigen Viertel von Brooklyn gewohnt, begegneten uns aber erst irgendwann im Laufe des Jahres 1942. Ein Mitspieler meiner Basketballmannschaft, der in der Armee war, hatte mich in einem Brief gebeten, einige seiner Abzeichen einem Mädchen zu übergeben, das er mochte, zu dem er aber keinen Kontakt suchte, weil er zu schüchtern war. Der Name des Mädchens lautete Roslyn Shechter. Ich fand die Straße, die Wohnung und das Mädchen und kam der Bitte meines Freundes nach. Sie wischte gerade den Küchenfußboden; ihre Eltern waren ebenfalls anwesend, deshalb schlug sie vor, nach draußen zu gehen.

Wir liefen eine Runde um den Block. Sie hatte dunkelblondes Haar, blaue Augen und das Gesicht einer russischen Schönheit. Es gab vieles, worüber wir uns unterhalten konnten. Wir fanden heraus, dass wir beide gern lasen: Ich bevorzugte Marx und Engels sowie Upton Sinclair, sie Dostojewski und Tolstoi. Wir waren der gleichen Ansicht über die Welt, den Krieg, Faschismus und Sozialismus. Wir drehten weitere Runden um den Block. Ich kam zu dem Schluss, dass ich keinen Verrat an meinem Freund bei der Armee beging; sie dachte nicht an ihn.

Ein paar Wochen später lud ich Roz zu einer für die jungen Arbeiter der Navy-Werft von Brooklyn organisierten Mondscheinfahrt ein. Sie trug ein von ihrer Mutter genähtes, äußerst graziöses Baumwollkleid. Ich hatte, nicht ganz wohl in meiner Haut, ein blaues, von meiner Mutter genähtes Sporthemd an sowie ein senffarbenes Sportjackett, das unser beider Erinnerung nach leicht abstoßend wirkte. Doch es war ein sternenreicher, romantischer Abend, und als die Schiffstour nach Mitternacht endete, gingen wir noch nicht nach Hause, sondern zum Bowling.

Ich begleitete sie gegen vier Uhr nach Hause. Ihr Vater hatte gewartet und war wütend. Ein 21 Jahre alter Werftarbeiter mit schrecklich radikalen politischen Ansichten war nicht das, was er sich als Freund für seine geliebte Tochter vorgestellt hatte.

Roz und ich gingen noch ein paar Mal miteinander aus, doch ich schien nur einer von mehreren jungen Männern in ihrem Leben zu sein. Als ich Anfang 1943 in das Army Air Corps eintrat, waren wir also nicht wirklich »Freund und Freundin«. Während der Grundausbildung war ich einsam und musste an Roz denken. Ich schrieb ihr einen langen Brief über das Leben beim Militär. Tag für Tag ging ich zur Poststelle, es dauerte immer lange, bevor sie dort beim Buchstaben Z anlangten, und wartete vergeblich auf eine Antwort. Monate vergingen, und mit einem Gefühl der Beklommenheit kam ich zu dem Schluss, dass sie keine Erwartungen bei mir wecken wollte. Da waren ja noch die anderen Kerle, und ich stellte mir ängstlich vor, was wohl alles passierte, während ich weit weg war. Ich schrieb dann doch noch einen zweiten Brief und diesmal erhielt ich rasch Antwort. Sie hatte meinen ersten Brief nicht bekommen. Hatten ihre Eltern ihn abgefangen? Wir haben es nie herausgefunden.

Wir haben uns dann häufiger geschrieben. Die Briefe wurden sehr intim. Sie schickte mir ein Foto von sich, auf dem sie sehr hübsch aussah und ich bewahrte es in der Nähe meiner Schlafkoje auf. Ich konnte nun behaupten, dass ich eine Freundin hatte, behielt es aber für mich.

Während unseres sechzehnmonatigen Briefwechsels hatten wir das Thema Heirat ausgeklammert. Als ich jedoch meine Flugabzeichen bekommen hatte und elf Tage lang auf Urlaub zu Hause war, beschlossen wir im Verlauf des ersten Abends, den wir für uns hatten, und ganz schwindelig vor Leidenschaft, zu heiraten. Vier Tage später, ich in Uniform, Roz in Rock und Sweater, wurden wir unter Anwesenheit unserer eilig versammelten – und etwas verwunderten – Eltern, Brüder und Schwestern im Haus eines rotköpfigen Rabbi getraut, dessen neun Kinder der Zeremonie von der Treppe aus zusahen. Unsere »Flitterwochen« verbrachten wir in einem billigen Hotel in Manhattan, dann fuhr ich nach Rapid City (South Dakota) zu meiner Einheit.

Die alliierte Invasion Europas – D-Day – hatte bereits begonnen. Ich war so versessen darauf, kämpfen zu dürfen, dass ich in den nächsten Monaten zweimal mit anderen

Bombenschützen tauschte, um auf die engere Auswahlliste für Übersee zu kommen. Roz war einverstanden – sie war genauso antifaschistisch eingestellt wie ich. Jahre später fragte sie jedoch: »Waren wir nicht verrückt?«

In Rapid City hatte die Crew mehrere Wochen Zeit, um zu lernen, gemeinsam zu arbeiten und das Flugzeug zu fliegen, das zum Kampfeinsatz kommen würde, die fliegende Festung B-17 – vier Motoren, im Boden der drehbare Kugelturm, oben ein MG-Turm, ein Heckschütze, ein Funker, ein Techniker und vor Pilot und Kopilot die beängstigend nach vorne ragende und Angriffen ausgesetzte Plexiglas nase, die ich mir mit dem Navigator teilte und in der sich mein Bombenvisier sowie vier Maschinengewehre Kaliber .50 befanden.

Roz kam mit der Bahn nach Rapid City, und wir verbrachten unsere wirklichen Flitterwochen in der kalten, sauberen Winterluft von South Dakota, mit Blick auf den Mount Rushmore, in der Nähe die Deadwood- und die Black Hills. Die Frauen von drei weiteren Crewmitgliedern kamen ebenfalls. Es hätte die letzte gemeinsame Zusammenkunft sein können, und wir wurden alle enge Freunde. Wenn wir nachts flogen, trafen sich die Frauen in einer der Hütten und kochten Spaghetti. War unser »Bombeneinsatz« beendet, flogen wir zur Basis zurück, riefen auf dem Nachhauseweg in der Hütte an und teilten ihnen mit, dass wir bald zum Mitternachtsmahl erscheinen würden.

Die Frauen reisten ab, und unsere Crew fuhr auf der *Queen Mary* nach England, 16 000 Mann dicht gedrängt auf einem Luxusdampfer. Es hieß, das Schiff könne deutschen U-Booten davonfahren, aber das glaubten wir nicht.

Die Offiziere an Bord wurden mit Aufsichtsarbeiten betraut, und meine Aufgabe bestand darin, im großen Speisesaal, wo die Soldaten zweimal am Tag in vier Schichten aßen, »für Ordnung zu sorgen«. Die 4000 schwarzen Soldaten, die sich an Bord befanden und im Schiffsbauch nahe dem Maschinenraum schliefen, aßen zuletzt.

Es mag sich heute absurd anhören, doch es war typisch für Weiße in diesem Land, dass mir während der Grundausbildung in den Jefferson-Kasernen nicht *auffiel*, dass es hier keine schwarzen Soldaten gab, bis ich eines Tages einen langen Spaziergang auf der Basis unternahm und in ein Gebiet gelangte, in dem sie sich überwiegend aufhielten. Am deutlichsten erinnere ich mich an eine Gruppe schwarzer Soldaten, die auf einer Wiese in meiner Nähe eine Pause machten und »Ain't Gonna Study War No More!« sangen. Ich war erstaunt, denn weiße Soldaten hatte ich dieses Lied noch nie singen hören.

Am fünften Tag auf See kam es zu einem Durcheinander, als die letzte Schicht in den Speisesaal geschickt wurde, bevor die vorherige mit dem Essen fertig war – 4000 Schwarze strömten in den Saal und nahmen dort Platz, wo andere gerade ihre Mahlzeit beendet hatten und aufgestanden waren. Im Saal war nun rein zufällig die Rassenintegration hergestellt.

»Lieutenant!« Ein weißer Sergeant, der neben einem Schwarzen saß, rief nach mir. »Schaffen Sie den da raus, bis ich fertig bin.« Ich wurde wütend, und zum ersten Mal in meiner Militärlaufbahn spielte ich meine Autorität aus. Ich schüttelte den Kopf. »Wenn Sie Ihre Mahlzeit nicht beenden möchten, können Sie gehen. Warum, zum Teufel, wird dieser Krieg geführt, Sergeant?« Da bis zur nächsten Mahlzeit noch ein paar Stunden vergehen würden, blieb der Sergeant und aß weiter. Aus diesem kleinen Zwischenfall lernte ich etwas, das ich später während meines Aufenthalts im Süden bestätigt fand – die meisten Rassisten haben etwas, das ihnen *mehr* bedeutet als die Rassentrennung. Das Problem besteht darin herauszufinden, was es ist.

Bei dieser Atlantiküberquerung konnte man das Klassensystem des Militärs besonders deutlich erkennen. Die neun Mann unserer Crew, die zu guten Freunden geworden waren – kein Salutieren, kein *»yessir«* und kein *»nosir«* –, fanden sich an Bord des Schiffes getrennt wieder. Die fünf Mannschaftsmitglieder mussten im großen Speisesaal mit dem für gewöhnlich miesen Armeeessen Vorlieb nehmen. Wir, die Offiziere, speisten im mit Leinentischdecken und prachtvollen Kronleuchtern ausgestatteten Speisesaal erster Klasse der *Queen Mary* Steaks und Braten, serviert von weiß livrierten Kellnern. Es war grotesk, befanden wir uns doch auf dem Weg in den Krieg, in Gewässern, in denen U-Boote lauerten.

In England angekommen, wurden wir zu unserem Luftstützpunkt in East Anglia transportiert, das östlich gen Holland und Deutschland hinausragt. Dort lebten wir in einer Wellblechhütte – Schlafsäcke, kaltes Wasser, rationierte Mahlzeiten – und flogen die, wie sich herausstellen sollte, letzten Einsätze des Krieges.

Es handelte sich dabei überwiegend um »Routineflüge« mit Bombenabwürfen über Berlin und Pilsen sowie über anderen Orten in Deutschland, Ungarn und der Tschechoslowakei. Routineflüge hieß, dass wir vermutlich keinen feindlichen Kampfflugzeugen begegnen und nur auf den Widerstand leichter Flak treffen würden. An einem Tag jedoch, als wir nach Regensburg flogen, meldete der Geheimdienst »schwere Flak«. Der Himmel war beim Zielanflug so schwarz von explodierenden Granaten, dass es unmöglich schien, dort hindurchzufliegen und lebend davonzukommen. An jenem Morgen stritt ich heftig mit einem anderen Bombenschützen, der behauptete, *er* sei für diese Mission vorgesehen, doch ich blieb beharrlich und setzte mich durch. Wir waren im Kriegsfieber und wollten möglichst viele Einsätze fliegen. Uns war offenbar nicht klar, dass mit der Zahl der Einsätze auch die Wahrscheinlichkeit stieg, dass wir sterben würden.

Dann folgte der Einsatz, bei dem die ersten deutschen Jets auftauchten. Sie waren erschreckend schnell, schossen bei drei Angriffen drei unserer zwölf Maschinen ab und verschwanden sofort wieder. Diese ersten Jets konnten noch nicht lange in der Luft bleiben.

Der Krieg sollte in Tagen oder Wochen zu Ende sein, doch eines Nachts wurden wir um ein Uhr aus dem Schlaf gerissen. Wir sollten einen weiteren Einsatz fliegen.

Es war nicht wie im Film, wo ein Robert Taylor aus dem Bett ins Cockpit hüpft und abhebt. Zwischen Weckruf und Start vergingen fünf Stunden. Stunden der Anweisungen – an die Crew, an die Offiziere, an die Bombenschützen. Dann gab es Frühstück mit »runden Eiern«. »Runde Eier« waren richtige Eier. Vor Bombenmissionen bekamen wir davon so viel wir wollten, statt der »viereckigen Eier«, eine Art Pfannkuchen aus Eipulver, die es normalerweise gab. Danach die Ausrüstung: elektrisch beheizter Anzug, darüber Schafswollkleidung für den Fall der Stromunterbrechung, Sauerstoffmaske und Kehlkopfmikrofon, eine Flakweste – ein schweres, bleiernes Monstrum, das wir nie trugen, als wäre es zu viel Aufwand, nur um ein Leben zu retten –, ein Flakhelm, schwer und sperrig, den wir manchmal trugen. Das Bombenvisier wurde überprüft, die Gewehre, das Sauerstoffsystem, die Fallschirme wurden überprüft, einfach alles wurde überprüft.

Der Instrukteur bereitete uns auf den Einsatz vor. Wir sollten eine kleine, an der französischen Atlantikküste in der Nähe von Bordeaux gelegene Stadt namens Royan bombardieren. Nach dem Krieg sollte ich erfahren, dass die Stadt ein beliebter französischer Ferienort war und Picasso dort schwimmen gewesen ist. Nun sahen wir uns an: Frankreich? Unsere Truppen hatten Frankreich längst durchquert und standen bereits in Deutschland.

Wir bekamen die Erklärung: In der Nähe von Royan hatten sich ein paar tausend deutsche Soldaten verschanzt und warteten auf das Kriegsende. Wir sollten sie ausschalten. Über feindlichem Territorium war es Aufgabe des Bombenschützen, zum Bombenschacht zu kriechen und die Bom-ben durch das Entfernen der Sicherungsstifte zu »schärfen«. In unserem Bombenschacht würden wir diesmal aber nicht die übliche Ladung von zwölf 500-Pfund-Sprengbomben haben. Stattdessen würden dort dreißig 100-Pfund-Kanister mit »geliertem Benzin« – eine klebrige Masse mit starker Brandwirkung – zum Abwurf bereitstehen. Das Wort wurde damals nicht benutzt, doch lange nach dem Krieg begriff ich, dass es sich um einen frühen Einsatz von *Napalm* gehandelt hatte.

Wir vernichteten also die deutschen Truppen – 1200 fliegende Festungen, die ein paar tausend deutsche Soldaten bombardierten! – und auch die französischen Einwohner von Royan. Nach dem Krieg las ich einen Bericht des *New York Times*-Korrespondenten der Region: »Etwa 350 Zivilisten krochen benommen oder verletzt aus den Ruinen und sagten, der Luftangriff sei ›eine Hölle gewesen, wie wir sie nicht für möglich gehalten haben‹.«

In der Höhe, aus der die Bombenabwürfe erfolgten – 8000 bis 10000 Meter –, sahen wir keine Menschen, hörten wir keine Schreie, sahen wir kein Blut, keine abgerissenen Gliedmaße. Ich erinnere mich nur daran, dass ich sah, wie auf dem Boden ein Kanister nach dem anderen wie ein Streichholz aufflammte. In der Luft oben »tat ich nur meine Arbeit« – wie es üblicherweise in der Geschichte zur Erklärung der von Soldaten begangenen Grausamkeiten lautet.

Nach drei Wochen war der Krieg zu Ende. Keiner hinterfragte den Angriff auf Royan oder dessen Notwendigkeit. Auch ich nicht. Es wäre mir nicht in den Sinn gekommen, an jenem Morgen im Befehlsraum aufzustehen und zu fragen: »Warum töten wir weiterhin Menschen, wenn der Krieg ohnehin bald zu Ende ist?«

In der letzten Kriegswoche flog ich drei weitere Einsätze, doch diesmal sollten wir keine Bomben, sondern Nahrungsmittelpakete über Rotterdam und Amsterdam abwerfen, weil die Deutschen die Deiche gesprengt hatten, das Land überflutet war und die Menschen Hunger litten. Wir flogen in 100 Meter Höhe, kaum dreimal die Flügelspannweite unseres Flugzeuges, und waren ziemlich angespannt, da die Deutschen gedroht hatten, Maschinen abzuschießen, die Lebensmittel brachten. Bei unserer Flughöhe waren wir leichte Ziele.

Doch es ging alles gut. Während des Fluges über die Stadt konnten wir die Straßen und Dächer sehen, von denen uns die vielen Menschen zuwinkten. Als wir bei unserem letzten Flug Amsterdam hinter uns ließen, rief einer aus der Crew über die Bordanlage: »Seht mal da unten!« Auf einem Feld unmittelbar außerhalb der Stadt bildeten Abertausende von Tulpen große Buchstaben: DANKE.

Während des Krieges gab es nur einen Moment, an dem mir Zweifel an der absoluten Richtigkeit unseres Handelns aufkamen. Ich hatte mich mit einem MG-Schützen einer anderen Crew angefreundet. In der literarischen Wüstenei des Luftwaffenstützpunktes hatten wir etwas gemeinsam: Wir lasen beide gerne und interessierten uns für Politik. Eines Tages überraschte er mich, indem er sagte: »Weißt du, das ist kein Krieg gegen den Faschismus. Es ist ein Krieg um die Weltherrschaft. England, die Vereinigten Staaten, die Sowjetunion sind korrupte Staaten, die sich moralisch nicht um den Hitlerismus scheren, sondern selbst die Welt regieren wollen. Es ist ein imperialistischer Krieg.«

»Warum bist du dann hier?«, fragte ich.

»Um mit Burschen wie dir zu reden.«

Ich war erstaunt und tief beeindruckt, dass er bei Kampfeinsätzen sein Leben riskierte, nur um seinen eigenen politischen Krieg innerhalb des Militärs zu führen und andere von seinen Ansichten zu überzeugen. Zwei Wochen nach diesem Gespräch kehrte sein Flugzeug nicht vom Einsatz zurück. Es wurde abgeschossen und die ganze Besatzung kam dabei ums Leben.

Damals war ich nicht überzeugt von dem, was er sagte, es beschäftigte mich jedoch und ich vergaß es nie. Ich bemerkte nicht, wie sehr sich mein Denken während des Krieges änderte, doch als er zu Ende war, ich meine Sachen packte und ein paar Fotos, alte Navigationsaufzeichnungen sowie einige andere Andenken, meine Air Medal und meinen 2-Sterne-Orden in eine Mappe steckte, schrieb ich auf diese ohne nachzudenken: Nie wieder.

Nach dem Sieg in Europa, *V-E-Day* (*Victory in Europe Day*), überquerten wir in unserer arg mitgenommenen B-17 (»Die Schöne der Schlacht«) wieder den Atlantik. Wir hatten dreißig Tage Urlaub, bevor es in den Pazifikraum gehen sollte, um mit den Bombenabwürfen fortzufahren, diesmal auf Japan.

Roz und ich waren auf dem Weg zum Bus, der uns aufs Land bringen sollte, damit wir ein paar Tage für uns hätten, bevor mein Urlaub vorüber war. Wir kamen an einem Zeitungsstand vorbei, um den sich sichtlich erregte Menschen versammelt hatten. Ein frischer Stapel Zeitungen war gerade angeliefert worden. Die Riesenschlagzeile lautete: ATOMBOMBE AUF JAPANISCHE STADT HIROSHIMA ABGEWORFEN. ENDE DES KRIEGES ERWARTET.

Ich erinnere mich genau an unsere Reaktion. Wir waren einfach glücklich. Wir wussten nicht genau, was eine Atombombe war. Es schien sich um eine größere Bombe zu handeln als die, die wir immer eingesetzt hatten. Nun würde ich nicht in den Pazifikraum müssen, der Krieg wäre bald vorbei – der Faschismus völlig besiegt –, und ich würde endgültig nach Hause zurückkehren.

Es war John Herseys Nachkriegsbericht *Hiroshima*, der mir

das Grauen vor Augen führte, das wir über diese Stadt gebracht hatten, der mir zeigte, was wir den Zivilisten der Stadt, den Alten und den Kindern, angetan hatten, der mich die Japaner als menschliche Wesen und nicht einfach als wilde, grausame Krieger sehen ließ. Er brachte mich dazu, den berüchtigten »Todesmarsch« von Bataan, jene japanische Gräueltat, einer anderen Art von Todesmarsch – in Hiroshima – gegenüberzustellen, die *unsere* Gräueltat war, als verbrannte Zivilisten, ihr Fleisch in Fetzen, die Augäpfel aus den Höhlen getreten, ihre Gliedmaßen abgerissen, durch die gespenstischen Überreste ihrer ausgelöschten Stadt und den radioaktiven Niederschlag taumelten.

Als ich im Herbst 1960, vom Spelman College beurlaubt, am Harvard Center for East Asian Studies war, forschte ich über den Abwurf von Atombomben und veröffentlichte einen Artikel mit der Überschrift »Ein Chaos des Todes und der Dokumente«. Die triftigste Begründung für die Bombenabwürfe auf Hiroshima und Nagasaki war die, dass dadurch das Leben derer gerettet worden sei, die bei einer Invasion gestorben wären. Doch im offiziellen Untersuchungsbericht zur strategischen Bombardierung, dem die unmittelbar nach Kriegsende erfolgten Verhöre von 700 japanischen Staatsbeamten zugrunde lagen, hieß es, die Japaner seien im Begriff gewesen zu kapitulieren und hätten den Krieg »sicher« im Dezember 1945 beendet, selbst wenn die Bomben auf Hiroshima und Nagasaki nicht abgeworfen worden wären. Zudem hätten die Vereinigten Staaten, die den japanischen Code geknackt hatten, *gewusst,* dass die Japaner kurz vor der Kapitulation standen.

Warum also wurden die Bomben abgeworfen? Die Forschungen von Gar Alperowitz verweisen auf ein politisches Motiv: Die USA wollten den Russen beim Sieg über Japan zuvorkommen und ihnen ihre Stärke demonstrieren, da sie im Begriff waren, in den Pazifikkrieg einzutreten.

Meine in Royan gewonnene Erfahrung legte weitere Gründe nahe: das gewaltige Potenzial einer existierenden und vor Energie strotzenden Militärmaschinerie; die Abneigung dagegen, ein Projekt »aufzugeben«, in das sehr viel Zeit, Geld und Wissen investiert wurde; der Wunsch, eine neue Waffe vorzuführen; die kalte Missachtung von Menschenleben, die sich im Laufe eines Krieges entwickelt; und wenn man einmal mit dem Glauben an die völlige Ehrenhaftigkeit der eigenen Sache in einen Krieg eingetreten ist, die Akzeptanz aller Mittel, wie grausam sie auch sein mögen.

Im August 1966 reisten Roz und ich auf Einladung einer japanischen Friedensgruppe nach Japan und schlossen uns Menschen aus vielen Teilen der Welt an, um an den Atombombenabwurf zu erinnern und uns für die Abschaffung von Nuklearwaffen einzusetzen. Wir versammelten uns in Hiroshima, das bis auf wenige Reste, die an das Geschehene erinnern sollen, wiederaufgebaut worden war.

Eines Tages wurden wir in ein »Haus der Freundschaft« eingeladen, eine Art Gemeinschaftszentrum für Überlebende der Atombombe. Wir sollten Grußworte an die Anwesenden richten, und als ich an der Reihe war, hob ich an, etwas zu sagen und schaute dann die auf dem Boden sitzenden Frauen und Männer an, deren Gesichter mir zugewandt waren. Einige hatten keine Beine, andere keine Arme mehr, einige nur noch Augenhöhlen statt Augen oder schreckliche Narben von Verbrennungen im Gesicht oder am Körper. In Gedanken kehrte ich zu meinem Einsatz als Bombenschütze zurück, und die Worte blieben mir im Halse stecken.

Im folgenden Jahr fuhren Roz und ich von Paris zur Atlantikküste und besuchten die wieder aufgebaute Stadt Royan, wo wir mit Überlebenden der Bombardierung während des Krieges sprachen und Dokumente sichteten. Wir fanden ein zusätzliches Motiv für jenes sinnlose Blutbad –

die Notwendigkeit eines weiteren Sieges für das französische und das amerikanische Militär vor Kriegsende.

Hiroshima und Royan waren entscheidend dafür, dass ich nach und nach überdachte, was ich einst fraglos akzeptiert hatte – die absolute Moralität des Krieges gegen den Faschismus. Irgendwann in den sechziger Jahren las ich fasziniert Joseph Hellers Buch *Catch-22,* in dem mit schwarzem Humor die selbstgerechte Arroganz der gegen Hitler kämpfenden »Guten« angegriffen wird. Hellers verrückter, aber schlauer Antiheld, der Bombenschütze Yossarian, warnt einen Flugkameraden, der über »den Feind« redet, dass »der Feind derjenige ist, der dich getötet sehen will, egal, auf welcher Seite du stehst«. Zu der Zeit wusste ich, dass wir immer wieder Leute bombardiert hatten, die auf »unserer Seite« standen – nicht nur die Franzosen von Royan, sondern auch die Tschechen von Pilsen sowie die Chinesen von Hankow und Formosa. Als ich in den frühen siebziger Jahren das Buch *Postwar America* schrieb, trug das Kapitel über den Zweiten Weltkrieg die mit absichtlicher Ironie gewählte Überschrift »Der beste aller Kriege«.

Kein Krieg moderner Zeiten ist häufiger als gerecht bezeichnet worden als dieser. Der faschistische Feind war absolut böse, so dass sich jede Hinterfragung verbot. Die Faschisten waren die »Bösen«, wir die »Guten«, und hatte man sich derart festgelegt, schien es nicht mehr notwendig zu sein, darüber *nachzudenken,* was wir taten. Mir war jedoch durch das Überdenken meiner Kriegserfahrungen sowie durch meine historischen Studien bewusst geworden, dass sich durch das kriegerische Umfeld die eine Seite von der anderen nicht mehr unterscheiden lässt.

Das kann man bis zu den Griechen zurückverfolgen, bis zum Peloponnesischen Krieg, wie er von Thukydides im 5. Jahrhundert v. Chr. beschrieben wurde. Athen, »die Wiege der Demokratie«, die Stätte hervorragender Kunst und

Literatur, stand für das »Gute«, Sparta, totalitär, finster, für das »Böse«. Mit dem Fortgang des Krieges verübten die Athener mehr und mehr Gräueltaten – es kam zu Massakern und zur Versklavung von Frauen und Kindern.

Im Zweiten Weltkrieg hatten wir – die Vereinigten Staaten, Frankreich, England und die »zivilisierte Welt« – unsere Abscheu gegenüber dem neuen Phänomen des modernen Luftkrieges, der wahllosen Bombardierung der städtischen Zivilbevölkerung zum Ausdruck gebracht. Die japanische Bombardierung von Shanghai, die italienische Bombardierung unbewaffneter Zivilisten in Äthiopien, die während des Spanischen Bürgerkrieges auf Madrid abgeworfenen Bomben, die deutsche Bombardierung von Coventry und Rotterdam. Was erwartet man anderes von Faschisten?

Dann befanden wir uns im Krieg und taten das Gleiche, nur in größerem Ausmaß. Der Angriff auf Royan war nicht der folgenschwerste. Die Bombardierung Dresdens durch britische und amerikanische Flugzeuge, die Kurt Vonnegut auf seine eigentümliche Art in seinem unvergesslichen Buch *Schlachthof 5 oder Der Kinderkreuzzug* behandelt, forderte mindestens 35 000, vielleicht auch 100 000 Todesopfer. Brandbomben saugten den Sauerstoff aus der Stadt und verursachten hurrikanartige Winde, die Flammen durch die Straßen jagten, ein Phänomen, das Feuersturm genannt wird.

Die Bombardierung von Arbeitervierteln in deutschen Städten mit vermutlich einer halben Million Todesopfern war die Folge der gezielten Politik von Winston Churchill und seinen Beratern, hatte die Zustimmung des amerikanischen Führungsstabes und sollte die Moral der deutschen Nation brechen.

Je mehr ich über den Zweiten Weltkrieg las, je mehr ich darüber nachdachte, desto mehr gelangte ich zu der Überzeugung, dass die Kriegsatmosphäre alle Beteiligten brutalisiert, einen Fanatismus erzeugt, durch den der ursprüngliche moralische Faktor, das heißt, die Gegnerschaft zu einer grausamen Tyrannei und zu brutaler Aggression, der im Zweiten Weltkrieg sicher existierte, unter einem Berg von Gräueltaten begraben wird, die von allen Seiten begangen werden.

In den sechziger Jahren verlor ich meinen Glauben an einen »gerechten Krieg«. Ich kam zu dem Schluss, dass es zwar bestimmte üble Feinde der Freiheit und der Menschenrechte auf der Welt gibt, der Krieg an sich aber der übelste aller Feinde ist. Und während einige Gesellschaften zu Recht von sich behaupten können, liberaler, demokratischer, humaner als andere zu sein, ist der Unterschied nicht groß genug, um das massive, wahllose Abschlachten im modernen Krieg zu rechtfertigen.

Sollten nicht die tatsächlichen Motive von Regierungen unter die Lupe genommen werden? Sie behaupten stets, für Demokratie, Freiheit, gegen Aggression, für ein Ende aller Kriege zu kämpfen – doch ist dies nicht eine bequeme Art, eine Bevölkerung zur Unterstützung des Krieges zu mobilisieren? Eine Mobilisierung, die in der Tat absolut notwendig ist, weil Menschen nicht instinktiv kämpfen wollen? Ich schätzte die Zeilen von e. e. cummings:

> ich singe von Olaf, froh und in höchsten tönen
> dessen wärmstes herz zurückschreckt vor dem krieg:
> aus gewissensgründen

Es war deutlich: Die alliierten Mächte – die Vereinigten Staaten, England, die Sowjetunion – waren nicht aus Mitleid mit den Opfern des Faschismus in den Krieg eingetreten. Die Vereinigten Staaten und ihre Alliierten führten keinen Krieg gegen Japan, als dessen Armee die Chinesen in Nanking abschlachtete, führten keinen Krieg gegen Franco, als er die spanische Demokratie zerstörte, führten keinen Krieg gegen Hitler, als er Juden und Dissidenten in die Konzentrationslager schickte, unternahmen nicht einmal *während* des Krieges Schritte, um Juden vor dem sicheren Tod zu bewahren. Sie zogen in den Krieg, als ihre nationale Macht bedroht war.

Hitlers Hände waren schmutzig, doch die der Vereinigten Staaten waren auch nicht sauber. Unsere Regierung akzeptierte immer noch die Unterwerfung der Schwarzen, behauptete aber dennoch, wir lebten in einer Demokratie. Unsere Regierung warf japanische Familien in Konzentrationslager, mit der rassistischen Begründung, kein Japaner dürfe in Freiheit bleiben, selbst dann nicht, wenn er in den USA geboren wurde.

Es ist wahr, der Faschismus durfte von anständigen Menschen nicht toleriert werden. Das Gleiche galt für den Rassismus, den Kolonialismus und die Sklavenarbeitslager – wobei das eine oder andere ein Charakteristikum aller alliierten Mächte ist, die sich aufgrund ihrer Behauptung, der Faschismus sei *schlimmer,* nicht für eine Änderung öffneten. War *Krieg* jedoch die Antwort? Bestand der einzige Weg, dem Faschismus zu begegnen, darin, sich auf ein Blutbad einzulassen, das 40 Millionen Tote forderte?

Für eine scheinbar gute Sache mag Krieg geführt werden, gegen Gewalt und Grausamkeit, doch der Krieg vervielfältigt die Gewalt, vervielfältigt die Grausamkeit.

Im Krieg war ich ein eifriger Bombenschütze gewesen, einem Fanatismus verfallen, der unhinterfragt zur Beteiligung an Gräueltaten führte. Nach dem Krieg stellte ich mir die Frage, ob Krieg, wie edel auch immer »die Sache« sein mag, irgendetwas lösen kann, bleiben moralische Sensibilität und rationales Denken dabei doch auf der Strecke.

Die Welt sah nach Kriegsende folgendermaßen aus: Hitler und Mussolini waren tot, Japan war geschlagen. Waren jedoch Militarismus, Diktatur oder der hysterische Nationalismus verschwunden? Legten nicht die Hauptsieger – die Vereinigten Staaten und die Sowjetunion – nukleare Arsenale an und drohten mit einem Krieg, der Hitlers Holocaust in den Schatten stellen würde?

Gewaltlosigkeit und Pazifismus galten als märchenhaft, als sanft, töricht, romantisch, unrealistisch. Dennoch bereitete mir in den siebziger und achtziger Jahren keine Frage meiner Studenten mehr Probleme als diese: »Okay, Krieg ist schlecht, doch was würden Sie gegen den Faschismus *tun*?« Um ehrlich zu sein, konnte ich nicht so tun, als wüsste ich darauf eine klare Antwort, doch ich war mir sicher, dass die Antwort nicht das Gemetzel des Krieges sein konnte.

Nach meinen Erfahrungen mit der Bürgerrechtsbewegung im Süden war ich begeistert von einer Formulierung, die sich auch King und das SNCC zu eigen machten: gewaltfreie, direkte Aktion. Nicht einfach nur passive Gewaltfreiheit und gewiss keine Kapitulation, keine Hinnahme oder Beschwichtigung, sondern Aktion, Widerstand, Engagement, Entschlossenheit, die Gewalt auf ein Minimum zu reduzieren. Lösungen zu verlangen, die völlig frei von Gewalt sein würden, *war* unrealistisch; selbst die gewaltfreien Demonstrationen und Proteste im Süden, die Streikposten und Sitzstreiks der Arbeiterbewegung hatten mit Gewalt geendet.

Während ich dies schreibe – im Jahr 1993 – ist die Welt mit verhungernden Kindern in Somalia und einem brutalen ethnischen Krieg in Bosnien konfrontiert. Passivität ist nicht tolerierbar, doch militärische Aktionen würden vermutlich alles noch schlimmer machen. Die Situation ist der des Zweiten Weltkrieges nicht unähnlich: gewisse *Formen* der Aktion sind notwendig, um die Opfer der Gewalt zu verteidigen, ihr Leiden zu mildern und sichere Zufluchtsorte für bedrohte Menschen zu schaffen. Die Aktionen sollten zielgerichtet sein, kontrolliert, zwischen Opfern und dem Bösen, dem sie gegenüberstehen, eingreifen, ohne jedoch weitere Opfer zu verursachen. In der Zwischenzeit müssen wir nach Verhandlungslösungen suchen, selbst auf Kosten des Nationalstolzes, müssen dem menschlichen Leben mehr Wert beimessen als irgendwelchen Grenzlinien und müssen Zeit gewinnen, um Gerechtigkeit zu erreichen, ohne Krieg zu führen.

Ich sehe es als zentrale Frage unserer Zeit an, wie man Krieg durch menschliche Erfindungs- und Vorstellungskraft, Mut, Opferbereitschaft und Geduld überwindet.

Ja, Geduld. Ich verweise auf eine Geschichte von Brecht. Ein allein lebender Mann geht an die Tür, nachdem es geklopft hat. Vor der Tür steht Tyrannei, bewaffnet und bedrohlich, und fragt: »Unterwirfst du dich?« Der Mann antwortet nicht. Er tritt zur Seite. Tyrannei betritt sein Haus und übernimmt es. Der Mann dient ihm viele Jahre lang. Dann leidet Tyrannei aus unerklärlichen Gründen an einer Nahrungsmittelvergiftung und stirbt. Der Mann öffnet die Tür, entsorgt den Leichnam, kehrt ins Haus zurück, schließt fest die Tür hinter sich und sagt standhaft: »Nein.«

An diese Geschichte musste ich 1989 denken, als die scheinbar allmächtigen Regime der Sowjetunion und Osteuropas angesichts der Massenproteste und -demonstrationen zusammenbrachen. Wären die Vereinigten Staaten bis dahin irgendwann ungeduldig geworden – was 1962 während der Kubakrise beinahe der Fall gewesen wäre –, hätte es einen Atomkrieg geben können. Mir wurde bewusst, dass die Macht der Tyrannei überschätzt wird, nicht auf kurze, sondern auf lange Sicht. Aber sie kann durch die Einheit und Entschlossenheit scheinbar machtloser Menschen überwunden werden, wie ich es im Süden erlebt habe.

Der Zweite Weltkrieg ist vorbei. Er kann nicht noch einmal geführt werden. Einmal geschehen, sieht in der Geschichte alles so aus, als hätte es exakt auf diese Weise geschehen *müssen*. Eine andere können wir uns nicht vorstellen. Doch ich bin überzeugt von der Ungewissheit der Geschichte, von der Möglichkeit der Überraschung, von der Wichtigkeit menschlicher Aktion, um zu ändern, was unveränderlich erscheint.

Krieg ist nicht unvermeidlich, wie zählebig er sich auch in der Menschheitsgeschichte erwiesen haben mag. Er entsteht nicht aus irgendwelchen instinktiven menschlichen Bedürfnissen. Er wird von politischen Führern gemacht, die dann enorme Anstrengungen unternehmen müssen – durch Anreize, Propaganda und Zwang –, um eine normalerweise zögerliche Bevölkerung für ihren Krieg zu mobilisieren. 1917 musste die US-Regierung 75 000 Referenten im ganzen Land 750 000 Vorträge halten lassen, um Millionen von Menschen zu erreichen und sie davon zu überzeugen, dass es richtig sei, in den Krieg zu ziehen. Diejenigen, die nicht überzeugt werden konnten, landeten im Gefängnis, Leute, die sich dem Kriegsdienst entzogen, Leute, die es wagten, ihre Stimme gegen den Krieg zu erheben.

Nach dem Ersten Weltkrieg, in dem zehn Millionen Menschen auf dem Schlachtfeld starben, aus Gründen, die hinterher niemand erklären konnte, stellte sich eine allgemeine öffentliche Kriegsablehnung ein. Der Zweite Weltkrieg machte den Krieg wieder akzeptabel; er wurde zum Ausgangspunkt der Rechtfertigung aller ihm folgenden Kriege.

Meine zunehmende Verabscheuung des Krieges, mein Nachdenken über die Gerechtigkeit selbst »des besten aller Kriege« führten dazu, dass ich mich von Anfang an gegen den amerikanischen Krieg in Vietnam stellte.

8. Zuzeiten heißt Schweigen: Lügen – Vietnam

Im Sommer 1964 wurde ich Zeuge der dramatischen Auseinandersetzung der schwarzen Bürgerrechtsbewegung des Südens mit dem Vietnamkrieg. Anfang August fuhren viele aus der Bewegung von Jackson (Mississippi) ins Neshoba County, um am Gedenkgottesdienst für James Chaney, Mickey Schwerner und Andrew Goodman teilzunehmen. Die Bürgerrechtler waren grausam mit Ketten geschlagen und dann mit Kugeln durchsiebt worden. Ihre Leichen hatte man fünf Wochen nach ihrem Verschwinden in der Nähe von Philadelphia gefunden.

Der Gedenkgottesdienst fand vor einem Haufen Schutt statt; mehr war von der Mount Zion Baptist Church nicht geblieben, deren Brand die drei jungen Männer untersuchen wollten. Wir befanden uns in einem ruhigen, sonnigen Tal, und unser Mitgefühl galt der schwarz gekleideten Mrs. Chaney, die um ihren jugendlichen Sohn trauerte.

Bob Moses sprach, und es war deutlich, dass er nicht so gefasst war wie sonst. Er hielt die Morgenzeitung aus Jackson hoch und las die Schlagzeile vor: »Präsident Johnson erteilt ›Schießbefehl‹ im Golf von Tonkin.« Bob redete mit einer Bitterkeit, die wir von ihm nicht gewohnt waren. Die Regierung der Vereinigten Staaten, so sagte er, sei bereit, ihre Streitkräfte für eine unbegreifliche Sache um die halbe Welt zu schicken, doch trotz vielfacher Bitten sei sie nicht willens, Marshals nach Mississippi zu entsenden, um Bürgerrechtler vor Gewalt zu schützen. Und nun waren drei Bürgerrechtler tot.

Der Tonkin-Zwischenfall – der angebliche Angriff nordvietnamesischer Torpedoboote auf amerikanische Zerstörer vor der Küste Vietnams – wurde zum Vorwand für die rasche

Eskalation des Kolonialkrieges durch die USA, die den Krieg weiterführten, den Frankreich 1954 verloren hatte.

Der Präsident sowie der Außen- und der Verteidigungsminister belogen die amerikanische Öffentlichkeit – für einen Angriff gab es keinen Beweis, und die amerikanischen Zerstörer befanden sich nicht auf einer »Routinepatrouille«, sondern in einem Spionageeinsatz. Alle führenden Zeitungen und Fernsehsender akzeptierten die Geschichte unhinterfragt. Der Kongress verabschiedete sofort die Tonkin-Resolution und stellte damit Präsident Johnson einen Blankoscheck für die massive Intervention in Vietnam aus.

Als ich mich in jenem Herbst auf meinen Unterricht an der Boston University vorbereitete, wurde mir sofort klar, dass das militärische Vorgehen in Indochina katastrophale Folgen haben würde – für die Menschen dort und für uns in den Vereinigten Staaten.

Als Schüler war mir beigebracht worden, stolz auf die kontinentale Ausbreitung unserer Vorväter zu sein, die stets als »Expansion gen Westen« bezeichnet wurde. *Expansion* – das schien eine nahezu biologische Angelegenheit zu sein. Wir *wuchsen* einfach. Die Karte dieser Expansion war hell und bunt: grün für den Florida-, blau für den Louisiana-Kauf, rot für die Abtretung an Mexiko. Nur Käufe und Abtretungen! Durch und durch gütig.

Ein kurzes Studium der Geschichte war aufschlussreich. Damit das Land uns gehörte, mussten wir vor und nach der Amerikanischen Revolution die indigenen Völker, die dort jahrtausendelang gelebt hatten, vertreiben oder ausrotten. Unsere Expansion war mittels Täuschung und Gewalt erfolgt, durch militärische Vorstöße nach Florida, um Spanien davon zu überzeugen, uns dieses Land zu »verkaufen« – doch kein Geld wechselte damals die Hände –, durch die Invasion Mexikos und die Aneignung von nahezu der Hälfte des Landes.

Später schickten sich die Vereinigten Staaten an, ein Imperium in Übersee zu errichten. Sie erschienen spät auf der Weltbühne, holten gegenüber den imperialen Mächten Europas aber schnell auf. Wir etablierten die amerikanische Macht mit militärischer Gewalt in Kuba, Puerto Rico, auf Haiti, in der Dominikanischen Republik, in Zentralamerika, auf Hawaii und auf den Philippinen. Vor diesem historischen Hintergrund mussten einem die Motive der Regierung hinsichtlich Vietnam suspekt vorkommen.

Als unsere Regierung im Sommer 1964 verbreitete, wir seien im Golf von Tonkin angegriffen worden, wusste ich wirklich nicht, was geschehen war, doch einige Fakten waren eindeutig. Unsere Zerstörer befanden sich weit von zu Hause entfernt in vietnamesischen Gewässern. Wir hatten der französischen Armee in Indochina und dann unserer Satellitenregierung in Saigon jahrelang militärische Hilfe geleistet, waren also schwerlich Unschuldige. Wir waren die stärkste Seemacht der Welt, und Nordvietnam verfügte über eine lächerlich kleine Marine, so dass wir nicht behaupten konnten, hilflose Opfer asiatischer Bedroher zu sein. Außenminister Rusk sagte zu Reportern, er habe keine Erklärung dafür, warum dieses kleine Land die starke US-Flotte herausfordere, außer der, dass »das dortige Denken einer völlig anderen Logik folge«.

Geschichtskenntnisse können nützlich sein. Wenn man gestern geboren wurde und nichts über die Vergangenheit weiß, mag man leicht akzeptieren, was die Regierung sagt. Kennt man sich aber ein wenig in der Geschichte aus, kann man zwar nicht mit absoluter Sicherheit nachweisen, dass die Regierung in einer bestimmten Angelegenheit gelogen hat, doch kann man skeptisch genug sein, um Fragen zu stellen, so dass die Wahrscheinlichkeit, die Wahrheit herausfinden zu können, größer wird. Mir war bekannt, wie oft unsere Regierung – wie andere Regierungen auch – Vorwände geschaffen, praktische »Zwischenfälle« gefunden hatte, um Krieg zu führen. Unsere Geschichte kannte eine Vielzahl von Tonkins:

Ein Scharmützel zwischen mexikanischen und amerikanischen Truppen an der Grenze zwischen Texas und Mexiko nutzte Präsident Polk zu der Erklärung, amerikanisches Blut sei auf amerikanischem Boden vergossen worden, sowie zu der Bitte an den Kongress, den Mexikanischen Krieg zu befürworten. In Wahrheit trafen die Truppen auf umstrittenem Gebiet aufeinander, und aus Polks Tagebuch geht hervor, dass er einen Vorwand für den Angriff suchte, damit die Vereinigten Staaten sich die von ihnen begehrten Teile Mexikos aneignen konnten – Kalifornien und den gesamten Südwesten.

Der Vertreibung der Spanier aus Kuba (ein würdiges Unternehmen), damit die USA die Kontrolle über Kuba übernehmen konnten (ein unwürdiges Unternehmen), war die dubiose, nie bewiesene Geschichte vorausgegangen, die Spanier hätten im Hafen von Havanna das amerikanische Schlachtschiff *Maine* in die Luft gejagt.

Vor der Inbesitznahme der Philippinen (von den Filipinos) hatte sich ein konstruierter »Zwischenfall« zwischen philippinischen und US-Truppen ereignet.

Die Versenkung des Luxusdampfers *Lusitania* im Ersten Weltkrieg diente mit dem Verweis auf die »Grausamkeit« der U-Boot-Kriegsführung als Grund, in diesen Krieg einzutreten; Jahre später wurde bekannt, dass die *Lusitania* keineswegs nur harmlose Passagiere an Bord, sondern auch Munition geladen hatte, und die Papiere manipuliert worden waren.

Und nun also Tonkin. Später wurde enthüllt, dass der Zerstörer *Maddox* sich nicht auf »Routinepatrouille« befunden hätte, sondern an einer geheimdienstlichen Operation gegen Nordvietnam beteiligt war und die USA nach einem Vorwand gesucht hatten, auf breiter Front Krieg führen zu können. Es folgte dann auch rasch die militärische Eskalation – Bombardierungen auf breiter Front und der Einsatz von tausenden von amerikanischen Soldaten. Die vorgebrachten Gründe: Die USA unternähmen alles, um das Selbstbestimmungsrecht der Südvietnamesen zu verteidigen, die Ausbreitung des sowjetischen Kommunismus zu stoppen, Freiheit und Demokratie zu fördern.

Die Geschichte der US-Außenpolitik während der zwei Jahrzehnte nach Ende des Zweiten Weltkrieges hatte gezeigt, dass man diesen Behauptungen keinen Glauben schenken durfte. Souveränität? Die USA respektierten die des Iran nicht, als die CIA 1953 einen Staatsstreich organisierte, um den Schah wieder auf den Thron zu hieven und so die Ölinteressen der amerikanischen Unternehmen zu sichern. Auch in Guatemala respektierten die USA die nicht, als sie 1954 dort einmarschierten, um die demokratisch gewählte Regierung zu stürzen, weil diese die Interessen der United Fruit Company bedrohte.

Die Behauptung, die USA förderten Freiheit und Demokratie, war lächerlich angesichts der Unterstützung von Diktaturen in der ganzen Welt. Brutale Tyrannen waren tolerierbar, solange sie keine Kommunisten waren. Batista in Kuba, Somoza in Nicaragua, Trujillo in der Dominikanischen Republik, Duvalier auf Haiti, Marcos auf den Philippinen – die Liste der von den USA an der Macht gehaltenen blutigen Militärjunten war lang.

Es war klar: Die Sowjetunion hatte ein Satellitenimperium in Osteuropa geschaffen und die USA wollten keine weiteren kommunistischen Regierungen in der Welt sehen. Es war jedoch auch klar, dass *jede* Regierung, auch eine nichtkommunistische, wie zum Beispiel im Iran oder in Guatemala, die sich den Wirtschaftsinteressen oder der politischen Macht der USA widersetzte, zum Ziel eines Umsturzes wurde.

In Sachen Vietnam konnten die USA schwerlich behaupten, sie wollten, dass die Vietnamesen ihr eigenes Land regierten, hatten sie doch alles in ihrer Macht Stehende unternommen, um Frankreich zu helfen, die Kontrolle über seine frühere Kolonie zu sichern. Sie konnten auch kaum von ihrer Sorge um die Demokratie reden, wenn die Regierung im südvietnamesischen Saigon – auf Anordnung der USA – Wahlen ablehnte und jegliche Opposition gewaltsam unterdrückte, ob sie nun kommunistisch, liberal oder buddhistisch war. (Buddhistische Mönche verbrannten sich auf öffentlichen Plätzen in Saigon, um die Weltöffentlichkeit auf die dortige Tyrannei aufmerksam zu machen.)

Nun bombardierten die USA ohne jede glaubhafte moralische Begründung vietnamesische Dörfer, drangen dort ein, töteten unzählige Zivilisten und zerstörten ein grünes, fruchtbares Land.

Ich machte mir keine Illusionen über die kommunistische Regierung Nordvietnams oder über eine zukünftige kommunistische Gesellschaft in ganz Vietnam. Ich ging nicht davon aus, dass sie frei oder demokratisch sein würde, obwohl sie vielleicht die Landverteilung, medizinische Versorgung und Ausbildung gerechter gestalten und auch den Armen zuteil werden lassen würde. Ich wusste, was immer auch Regimekommunisten in Vietnam tun würden, dass unsere Invasion und unsere Bombardements, die sich gegen die breite Bevölkerung richteten, falsch waren. Ich zögerte daher nicht, mich früh der noch schwachen Antikriegsbewegung anzuschließen.

In der Tat kennen die Amerikaner eine lange Geschichte des Protestes gegen Kriege, in die ihre Regierung sie hineinzuziehen oder unter Androhung von Gefängnis zu zwingen versuchte. Die frühen Kolonialisten weigerten sich, sich für die britischen Kriege gegen Frankreich verpflichten zu lassen, und Dissidenten im Revolutionskrieg lehnten die reichen und mächtigen Führer der Revolution ebenso sehr ab wie sie den Briten misstrauten. Im Mexikanischen Krieg desertierten Soldaten in großer Zahl, liefen sieben Regimenter General Winfield Scott davon, während er den Marsch auf Mexiko-Stadt vorbereitete. Während des Ersten Weltkriegs musste die Regierung tausende vor Gericht stellen und ins Gefängnis stecken, um die Opposition zu unterdrücken.

Die Bewegung gegen den Krieg in Vietnam begann 1965 mit isolierten Aktionen. Schwarze Bürgerrechtler gehörten zu den Ersten, die sich der Einberufung widersetzten. Bob Moses vom SNCC schloss sich dem Historiker Staughton Lynd und dem pazifistischen Veteran Dave Dellinger an, um in Washington gegen den Krieg zu protestieren, und das *Life Magazine* veröffentlichte ein dramatisches Foto von den dreien, die Seite an Seite marschierten, von aufgebrachten Patrioten mit roter Farbe bespritzt.

Im Frühjahr 1965 sprach ich im Stadtpark von Boston bei einer der ersten von vielen Antikriegsdemonstrationen. Die Teilnehmerzahl war entmutigend niedrig – es waren vielleicht hundert Leute. Ich stand mit Herbert Marcuse auf der Rednertribüne, dem deutschen Philosophen und Radikalen, der für die Neue Linke in Europa und in den USA zu einem der intellektuellen Helden der sechziger Jahre werden sollte.

Ein Jahr später, im Sommer 1966 – die Eskalation wurde fortgesetzt und die Bombardierungen waren heftiger denn je – traf die Einladung einer japanischen Gruppe ein, die gegen die US-Intervention in Vietnam opponierte. Ralph Featherstone, ein schwarzer SNCC-Aktivist, den ich aus Mississippi kannte, und ich wurden gebeten, eine zweiwöchige Vortragsreise durch Japan zu unternehmen.

Unsere Gastgeber aus einer Gruppe namens Beheiren waren junge Intellektuelle der japanischen Neuen Linken – Schriftsteller, Journalisten, Filmemacher, Dichter, Philosophen, Hausfrauen. Ihr Vorsitzender hieß Oda Makoto, ein berühmter Schriftsteller, groß, zerzauste Haare, Mantel und Hose ungebügelt. Er hatte Griechisch und Latein studiert, sprach gut Englisch, schien über ein enzyklopädisches Wissen der Weltpolitik zu verfügen und trug nie eine Krawatte, egal zu welchem Anlass, entschlossen, so schien es, mit dem Stereotyp vom gut gekleideten, steifen Japaner Schluss zu machen.

Oda und die anderen waren erstaunliche Organisatoren. In vierzehn Tagen sprachen wir an vierzehn verschiedenen Universitäten in neun Städten. Hinzu kamen Teezeremonien, Biergelage und Pressekonferenzen. Die Japaner waren nahezu einhellig der Ansicht, dass die USA in Vietnam nichts zu suchen hätten. Eine Beobachtung, die durch Umfragen der führenden japanischen Zeitungen bestätigt wurde.

Wir fuhren mit dem Hochgeschwindigkeitszug von Tokio nach Kyoto. Unser Gastgeber, der uns am Bahnhof abholte, war der Philosoph Tsurumi Shunsuke, ein äußerst höflicher Mann mit sanften Gesichtszügen. Er studierte gerade im letzten Jahr an der Harvard University, als Pearl Harbor bombardiert wurde. Tsurumi wurde von der Polizei als feindlicher Ausländer festgenommen und in das Charles-Street-Gefängnis von Boston gesperrt.

Dort wurde er verhört. »Sind Sie der japanischen Regierung gegenüber loyal?«

Er antwortete: »Nein.«

»Sind Sie der amerikanischen Regierung gegenüber loyal?«

Wieder lautete seine Antwort: »Nein.«

Woraufhin sie sagten: »Sie sind Anarchist. Wir werden Sie weiter gefangen halten müssen.«

Tsurumi wurde erst freigelassen, als das Rote Kreuz einen Gefangenenaustausch arrangierte.

Es war spätabends, als er uns in Kyoto am Bahnhof abholte. Er sagte: »Wir dachten, es wäre interessant für euch, wenn ihr die Nacht jeweils in einem anderen buddhistischen

Tempel verbringt.« Wir dankten ihm. Tsurumi brachte mich zu einem schönen Tempel. Der Mönch, so erklärte er mir, sei entschieden gegen den Krieg. Vor dem Altar stand ein vergrößertes Foto von einem vietnamesischen Mönch, der mit übergeschlagenen Beinen in Saigon auf der Straße saß und sich selbst in Brand gesetzt hatte.

In Kyoto kamen 1000 Leute, um über Vietnam zu diskutieren. Ein Kinderarzt sprach, und unser Dolmetscher flüsterte uns zu, es sei der berühmte Dr. Matsuda, der »Dr. Spock von Japan«, dessen Bücher über Kinderpflege sich millionenfach verkauft hätten. Matsuda sagte: »Die Vereinigten Staaten verstehen nicht, dass der Kommunismus *eines* der Organisationsmodelle für unterentwickelte Länder ist. Ihre Reaktion auf dieses Phänomen ist neurotisch. Vielleicht benötigen die USA« – der Dolmetscher zögerte – »ein Abführmittel!« Einen Augenblick lang herrschte Stille, dann entschuldigte sich der Dolmetscher und korrigierte sich: »… ein Beruhigungsmittel.«

Wir fuhren mit dem Nachtzug an der von Bergen gesäumten und in der frühen Dämmerung sehr schönen Binnenmeerküste entlang nach Hiroshima. An der Hiroshima University sprachen wir mit Studenten und Überlebenden jenes Tages, an dem die Stadt zerstört wurde: ein Professor, dessen linkes Auge fehlte, ein zartes Mädchen, das sehr langsam Englisch sprach und das mit einer so sanften Stimme, dass man genau hinhören musste, sagte: »Ich war im Bauch meiner Mutter, als die Bombe fiel.«

In Sendai, einer Stadt im nördlichen Teil der Insel Honshu, versammelten sich tausend Studenten, um uns zu hören. Danach führten uns etwa fünfzig junge Frauen und Männer in einen nahe gelegenen Park, wo wir im Schneidersitz auf dem Gras saßen und bis in die frühen Morgenstunden diskutierten. Sie waren sich Japans Geschichte der Aggression bewusst und schämten sich dafür. Sanft, aber bestimmt sagten sie immer wieder: »Ihr benehmt euch in Asien, wie wir es getan haben.«

Ich verbrachte mit Ralph Featherstone zwei Wochen, Tag und Nacht, in Japan und sollte ihn nie wiedersehen. Er schickte mir noch eine Hochzeitsanzeige, und ich hörte, er betreibe in Washington einen Buchladen mit dem Schwerpunkt schwarze Literatur. Etwa zwei Jahre nach unserer Japanreise hatte ich ein Erlebnis, das ich nur als mystisch beschreiben kann. Ich saß in Boston im Bus, und ein paar Reihen vor mir saß ein Schwarzer. Ich konnte nur seinen Hinterkopf und seinen Hals sehen, doch ich hätte schwören können, dass es Ralph Featherstone war. War es möglich, dass er sich in Boston aufhielt? Ich ging nach vorne, setzte mich neben ihn und schaute ihn an. Es war nicht Ralph Featherstone, sondern ein mir unbekannter Mann. Er las Zeitung. Ich schaute auf die Schlagzeile: »Bürgerrechtler bei Bombenexplosion getötet«. Daneben befand sich ein Foto von Ralph Featherstone. Er war mit einem Freund im Auto unterwegs nach Maryland zum Prozess gegen einen SNCC-Aktivisten, als eine Bombe explodierte, deren Herkunft bis heute ungeklärt ist.

Nach meiner Japanreise agitierte ich weiterhin im ganzen Land gegen den Krieg, bei Teach-ins, Demonstrationen, Debatten. Mich frustrierte zunehmend die Tatsache, dass keine wichtige öffentliche Person, kein führendes Periodikum, kein Buch, wenn auch kritisch gegenüber dem Krieg, zu formulieren wagte, was mir klar zu sein schien – dass die Vereinigten Staaten einfach schnellstmöglich ihre Truppen aus Vietnam *abziehen* mussten, um das Leben von US-Amerikanern und das Leben von Vietnamesen zu retten. Immer wieder sagten diese vorsichtigen Kritiker: »Der Krieg ist falsch, aber wir können natürlich nicht einfach den Rückzug antreten.«

Ich schrieb so schnell wie nur eben möglich ein kleines Buch von 125 Seiten, das Anfang 1967 von Beacon Press veröffentlicht wurde und den Titel *Vietnam: Die Logik des Rückzugs* trug. Darin führte ich aus: »Warten, bis all die sensiblen und sturen Elemente durch den kniffligen Mechanismus der Verhandlung zusammengeführt worden sind – die Nationale Front für die Befreiung Südvietnams, deren Sympathisanten und Berater in Hanoi, die gespaltenen Persönlichkeiten der Regierung Johnson plus die Satellitenregierung in Saigon – heißt zulassen, dass weiterhin jeden Monat tausende verwundet oder getötet werden … Ein unilateraler Rückzug ist vernünftig, weil ein Ende des Krieges ohne die Zustimmung durch andere herbeigeführt werden kann und nur der unseren bedarf. Er muss eindeutig sein und schnell durchgeführt werden, denn er ist richtig.«

Einige Leute hatten mir zugestimmt, aber erklärt, dass dies politisch nicht durchsetzbar sei – wie solle ein Präsident dem amerikanischen Volk den plötzlichen Politikwandel erklären?

Ich beschloss daher mein Buch mit einer Rede zu beenden, die ich für Lyndon Johnson schrieb und für die ich mich all seines rhetorischen Geschicks bediente. Ich ließ ihn aus einem »Brief« von seinem alten Grundschullehrer sowie aus einem »Brief« eines Marinesoldaten zitieren und dem amerikanischen Volk erklären, dass sowohl der Realismus wie auch die Sorge um Menschenleben einen Wandel in der Politik notwendig machten. Ich zitiere: »Ich habe General Westmoreland den Befehl erteilt … die Offensivoperationen zu stoppen und mit dem ordentlichen Rückzug unserer Streitkräfte aus jenem Land zu beginnen.« Die Rede endete: »Der Traum, den ich seit meinen Kindertagen in Texas gehegt habe, hege ich noch immer – ich möchte ihn für Amerika erfüllen. Wir sind im Begriff, etwas zu tun, das glorreicher, tapferer ist und mehr Mut erfordert als Krieg. Unser Ziel ist es, eine Gesellschaft zu errichten, die beispielhaft für den Rest der Menschheit sein wird ... Liebe Mitbürger, gute Nacht, schlafen Sie gut. Wir befinden uns nicht mehr im Krieg mit Vietnam.«

Das Buch erlebte rasch acht Auflagen. Zwei Angestellte von Beacon Press reisten in einem Auto voll Bücher zu den Antikriegsdemonstrationen. Ein Geschäftsmann kaufte über 600 Exemplare und schickte sie an alle Kongressmitglieder und Senatoren. Senator Ernest Gruening aus Alaska – nur er und Senator Wayne Morse aus Oregon hatten gegen die Tonkin-Resolution gestimmt – ließ Auszüge des Buches in das *Congressional Record** aufnehmen.

In Santa Barbara, Kalifornien, schaltete eine Gruppe von Bürgern eine ganzseitige Anzeige in der örtlichen Zeitung, veröffentlichte Auszüge aus dem Buch und rief zu einer Friedensdemonstration auf.

Im *Cleveland Plain Dealer* wurden gleichzeitig mehrere Artikel abgedruckt, vom Kongressabgeordneten Mendel Rivers aus South Carolina, der auf eine Eskalation des Krieges drängte, von Senator William Fulbright aus Arkansas, der sich für eine Deeskalation und Verhandlungen aussprach, und von mir, mit der Forderung nach einem sofortigen Rückzug. Per Umfrage wurde festgestellt, welche der drei Positionen die Leserschaft befürwortete: 9162 Leser antworteten, von denen 63 Prozent für einen sofortigen Rückzug waren; die restlichen 37 Prozent entfielen jeweils zur Hälfte auf die Positionen von Fulbright und Rivers.

Dieselben Artikel erschienen auch in Charleston, in der *Gazette-Mail* von West Virginia; 80 Prozent der Leser befürworteten einen sofortigen Rückzug.

* *Congressional Record*: Offizielles Organ des US-amerikanischen Kongresses, das auch Berichte aus dem Repräsentantenhaus, dem Senat, von Nachspielen aufgrund von Bemerkungen in Debatten und Gesetzessammlungen mit einschließt. (Anm. d. Ü.)

Ein Kolumnist des *Plain Dealer* schrieb: »Howard Zinn, Professor an der Boston University, der im Zweiten Weltkrieg als Bombenschütze diente, hat eine Rede für Lyndon Johnson geschrieben, die, wenn er sie hielte, meiner Meinung nach den Präsidenten zu einem der größten Männer der Geschichte machen würde.«

All dies war äußerst ermutigend. Trotz der Versuche der Regierung, die Proteste gegen den Krieg herunterzuspielen und sie zu unterdrücken, war klar, dass ein Großteil der amerikanischen Öffentlichkeit einen Rückzug aus Vietnam begrüßen würde. Dies bedeutete, dass unsere Reden, unsere Texte, unsere Proteste sinnvoll waren und wir weitermachen mussten.

Präsident Johnson hat diese oder eine ähnliche Rede nie gehalten. Er zog sich 1968 aus dem Präsidentschaftswahlkampf zurück und begann in Paris, mit den Nordvietnamesen zu verhandeln. Diese Verhandlungen zogen sich jedoch vier Jahre hin, während die Bombardements, der Beschuss sowie die Search-and-Destroy-Einsätze fortgesetzt und die Leichensäcke von 20000 weiteren amerikanischen Soldaten zu ihren Familien geschickt wurden.

Die Desertierungen nahmen drastisch zu. Etwa ein Jahr nach meiner Japanreise wurde ich mitten in der Nacht durch das Klingeln des Telefons geweckt. Am anderen Ende der Leitung war ein Englisch sprechender Japaner. Er nannte mir seinen Namen. Es war einer meiner Beheiren-Freunde.

»Howard, kannst du nach Tokio kommen? Hier sind einige Amerikaner, die dich gerne treffen würden.«

Ich wusste, was dies bedeutete. Beheiren half in Japan stationierten desertierungswilligen amerikanischen Soldaten, einen Unterschlupf zu finden und sie außer Landes zu schaffen. Sie wollten, dass jemand sie interviewte, bevor ein paar von ihnen verschwinden würden.

»Wann soll ich kommen?«

»Morgen.«

Ich konnte nicht am nächsten Tag meine Sachen packen und nach Tokio reisen, doch ich versprach, einen Ersatzmann zu finden. Ich hatte schon jemanden im Kopf: Ernest Young, Professor für Asiatische Geschichte am Dartmouth College. Roz und ich hatten enge Freundschaft mit Ernie und seiner Frau Marilyn geschlossen, als die beiden an der Harvard University Asiatische Studien belegt hatten und ich dort Stipendiat war. Ernie war ein entschiedener Kriegsgegner; er hatte einst als Assistent von Botschafter Reischauer an der amerikanischen Botschaft in Tokio gearbeitet und sprach Japanisch.

Ein paar Stunden nach dem Telefonat aus Tokio rief ich Ernie in Hanover, New Hampshire, an. Noch am Nachmittag traf er samt Koffer bei uns in Boston ein, und ich fuhr ihn zum Flughafen. Als er in Tokio angekommen war, arrangierten die Leute von Beheiren ein geheimes Treffen mit vier Marinesoldaten, die von dem Flugzeugträger *Intrepid* desertieren wollten und die später unter dem Namen Intrepid Four bekannt wurden. Ernie sprach mit ihnen, dann schmuggelten Beheiren-Aktivisten sie auf einen polnischen Frachter, der Richtung Europa auslief.

Als ich Jahre später meine FBI-Akte bekam, den Teil zumindest, den sie bereit waren mir auszuhändigen, befand sich darin auch ein Mitschnitt des Telefonats aus Tokio. Mein Telefon war offenbar abgehört worden.

Anfang 1968 wurde der Krieg mit aller Heftigkeit geführt. Es befanden sich nun 525 000 amerikanische Soldaten in Südvietnam. Die Antikriegsbewegung hatte Zulauf bekommen; der Widerstand gegen die Einberufung war groß. Im ganzen Land schickten junge Männer ihren Wehrpass zurück, und viele andere verweigerten die Einberufung.

Die durch amerikanische Waffen angerichteten Gräuel wurden nun auch in unserem Land bekannt, in Nachrichten-

und Fernsehsendungen sowie in Briefen von Soldaten wurde davon berichtet. Zum ersten Mal in der Geschichte der Nation konnten Amerikaner die Folgen des Krieges aus nächster Nähe sehen: das Niederbrennen von Bauerndörfern durch US-Marines, ängstliche, verwundete, durch Napalm entstellte vietnamesische Kinder. Eine Freundin erzählte mir eines Tages, sie habe während der Fahrt durch Boston die jüngsten Kriegsnachrichten gehört und sei von Schmerz und Frustration derart überwältigt worden, dass sie hätte weinen müssen und beinahe die Kontrolle über das Auto verloren hätte.

Einer meiner Studenten an der Boston University, Philip Supina, wurde zur Musterung gebeten und schrieb an die Einberufungsbehörde in Arizona: »Ich habe keinerlei Absicht, zur Musterung zu erscheinen, einem Einberufungsbefehl zu folgen oder in irgendeiner Weise die amerikanischen Kriegsanstrengungen gegen das Volk von Vietnam zu unterstützen.« Zu vier Jahren Haft verurteilt, zitierte Supina den spanischen Philosophen Miguel de Unamuno, der während des Spanischen Bürgerkrieges gesagt hatte: »Zuzeiten heißt Schweigen: Lügen.«

9. Das letzte Teach-in

Das bemerkenswerte Anwachsen der Antikriegsbewegung lässt sich an den Demonstrationen im Stadtpark von Boston ablesen, die seit dem Frühling 1965, als nur wenige gekommen waren, von Jahr zu Jahr größer wurden. Zwei Jahre später demonstrierten Tausende im Stadtpark. Die Demonstration wurde vom FBI observiert und wird in einem Eintrag meiner FBI-Akte beschrieben.

Diese Akte wurde mir aufgrund des Freedom of Information Act zugänglich gemacht. Sie umfasst mehrere hundert Seiten – langweiliges Zeug zumeist und viele geschwärzte Stellen –, doch sie ist mir eine Erinnerungsstütze für viele vergessene Demonstrationen und Reden. Die Aufgabe des FBI ist es eigentlich, kriminellen Aktivitäten nachzugehen, doch wie bei der alten sowjetischen Geheimpolizei werden Vermerke über regierungskritische Versammlungen und öffentliche Erklärungen angelegt.

In meiner FBI-Akte heißt es: »Am 16. Oktober 1967 fand eine öffentliche Anti-Einberufungsdemonstration im Stadtpark von Boston statt ... mit einer geschätzten Teilnehmerzahl von 4000 bis 5000 Personen, Männern und Frauen. Diese Protestdemonstration ... wurde von Special Agents des FBI observiert. Zu den Rednern bei dieser Demonstration gehörte Professor Howard Zinn ... In der Morgenausgabe des *Boston Globe* stand ein Artikel unter der Überschrift ›67 verbrennen ihre Wehrpässe in Boston – 214 schicken ihren Einberufungsbescheid zurück, 5000 bei Demonstration‹.«

Im FBI-Bericht waren auch dem *Globe* entnommene Auszüge aus meiner Rede enthalten: »Die 13 000 in Vietnam gestorbenen Amerikaner starben, weil sie auf Befehl von Politikern und Generälen dorthin entsandt wurden, die sie für ihre eigenen Ambitionen opferten. ... Wir sind es unserem Gewissen, den Menschen dieses Landes, den Prinzipien der amerikanischen Demokratie schuldig, uns von diesem Krieg zu distanzieren, gegen ihn mit allen uns zur Verfügung stehenden Mitteln Widerstand zu leisten, bis er ein Ende hat, bis in Vietnam Frieden herrscht.«

Die Demonstranten, die sich an jenem Morgen im Stadtpark versammelt hatten, marschierten dann zur historischen Kirche in der Arlington Street, wo sie sich auf den alten Kirchenstühlen drängten, um William Sloane Coffin, Kaplan an der Yale University, und Michael Ferber, Student an der Harvard University, zuzuhören. Gegen beide sowie gegen

Dr. Benjamin Spock und die Schriftsteller Mitchell Goodman und Marcus Raskin wurde später wegen Verschwörung gegen das Einberufungsgesetz Anklage erhoben.

Coffin, den ich Jahre zuvor in New Haven kennengelernt hatte, war einer der eloquentesten Redner der Antikriegsbewegung. Ferber war ein Neuling, gab aber eine außergewöhnlich leidenschaftliche, persönliche Erklärung ab. Dann wurde der historische Kerzenleuchter, der über ein Jahrhundert zuvor von dem Prediger gegen die Sklaverei, William Ellery Channing, der Kirche übergeben worden war, hochgehalten, und junge Männer hielten ihre Einberufungsbescheide in die Flamme.

Diese Szene wiederholte sich im ganzen Land, Einberufungsbescheide wurden verbrannt oder gesammelt und dem Justizministerium in Washington übergeben. Am Abend des folgenden Tages führte eine große Antikriegsdemonstration am Lincoln Memorial zu einer gespenstischen Konfrontation am Pentagon, als tausende von Demonstranten Nationalgardisten und regulären Soldaten gegenüberstanden. Ein früherer Green Beret, der sich den Protestierenden angeschlossen hatte, sprach durch ein Megafon zu den Soldaten und erklärte, warum er zum Kriegsgegner geworden war.

Im Jahre 1968 war die Antikriegsstimmung so weit verbreitet, dass Präsident Johnson alle öffentlichen Auftritte absagen musste, außer die auf Militärbasen. Eine Gruppe von Sonderberatern drängte ihn, keine weiteren Truppen nach Vietnam zu entsenden, weil die Bevölkerung der USA nicht dahinterstünde. Johnson kündigte daraufhin an, er werde sich nicht zur Wiederwahl stellen. Richard Nixon und Hubert Humphrey mussten während des Präsidentenwahlkampfs versprechen, dass sie den Krieg beenden werden.

Als Nixon zum Präsidenten gewählt worden war, setzte er den Krieg fort. Die Antikriegsbewegung erklärte den 15. Oktober zum Moratoriumstag und forderte dazu auf, an diesem Tag nicht den gewohnten Tätigkeiten nachzugehen, sondern im ganzen Land zu demonstrieren. Einige tausend von uns zogen in Boston von der Boston über die Commonwealth Avenue. Die Teilnehmerzahl wuchs von Block zu Block an. Als wir uns dem Stadtpark näherten, kamen aus allen Richtungen Demonstranten. Von der Rednertribüne aus sahen wir, dass der Stadtpark voll war von Leuten, so weit das Auge reichte – Männer, Frauen, Kinder, hunderttausend oder mehr. Ich musste an die winzige Gruppe von hundert Leuten denken, die zum ersten Treffen in den Stadtpark gekommen waren.

An jenem Tag protestierten im ganzen Land mehrere Millionen Menschen gegen den Krieg, auch in Orten und Städten, die noch nie eine Antikriegsdemonstration erlebt hatten. Es war die größte öffentliche Demonstration in der Geschichte der USA.

Am Moratoriumstag eilte ich wie so viele von einer Antikriegsdemonstration zur nächsten. Abends waren wir heiser. Ich fuhr auch am Newton College of the Sacred Heart vorbei, eine ruhige, konservative, katholische Schule für junge Frauen, an die ich zu Beginn des Krieges von einer gegen den Krieg eingestellten Nonne eingeladen worden war und wo man mir einen höflichen, aber äußerst kühlen Empfang bereitet hatte. Nun sah ich beim Vorbeifahren am Eingangstor ein großes Transparent mit einer aufgemalten roten Faust und den Worten: STOPPT DEN KRIEG!

Zu den intensiven Antikriegsaktivitäten an der Boston University gehörten Demonstrationen, Besetzungen und Teach-ins bis weit in die Nacht. Ich erinnere mich, dass ich einmal um drei Uhr morgens im größten Hörsaal der Universität zu Zuhörern gesprochen habe, die gegen den Schlaf ankämpften, entschlossen, ihre Solidarität zu zeigen. Über die von dem eifrigen Ray Mungo herausgegebene Campuszeitung war landesweit berichtet worden, weil darin die Amtsenthebung von Lyndon Johnson gefordert worden war. Wir gewährten einem desertierten GI Unterschlupf, indem tausend Studenten und Lehrende fünf Tage und Nächte lang die Universitätskapelle besetzten, bis an einem Sonntagmorgen FBI-Agenten sich einen Weg durch die dicht gedrängte Menge bahnten, prügelten, um sich traten, eine Tür einschlugen und den GI festnahmen. Präsident Nixon glaubte mit einer Geste seine Wahlkampfversprechen erfüllen zu können und begann mit dem Truppenrückzug aus Vietnam, veranlasste jedoch auch die heimliche Bombardierung von Kambodscha, mit dem sich die USA nicht im Krieg befanden. Anfang 1969 und 1970 weitete er den Bodenkrieg auf die beiden Nachbarländer Vietnams, Laos und Kambodscha, aus – ein erfolgloser Versuch, die Infiltration Südvietnams durch nordvietnamesische Soldaten zu stoppen.

Die Kambodscha-Invasion provozierte landesweite Proteste, und auf dem Campus der Kent State University in Ohio feuerten schießwütige Nationalgardisten in die Demonstration unbewaffneter Studenten, erschossen vier und verletzten einen fünften Studenten so schwer, dass er sein Leben lang behindert blieb. Ein Foto, das eine nicht namentlich bezeichnete junge Frau zeigte, die sich, ihr Gesicht von Schmerz gezeichnet, über die Leiche eines der toten Studenten beugt, ging um die Welt.

Im Fernsehen sah ich, wie der Vater eines der Opfer, Allison Krause, voller Wut darauf hinwies, dass Präsident Nixon die protestierenden Studenten als »Gammler« bezeichnet hatte. Er schrie: »Meine Tochter war keine Gammlerin!«

Als ein paar Jahre später auch einige Eltern meine Einführung in das Seminar »Recht und Gerechtigkeit in Amerika« besuchten, verteilte ich mein Programm, zu dem auch das Thema der Todesschüsse von Kent State gehörte. Am

Ende meiner Einführung kam eine der neuen Studentinnen zu mir und stellte sich sowie ihre Eltern vor. Es war Laurie Krause, Allisons Schwester. Ich erkannte den Vater aus dem Fernsehen wieder, und es überkam mich ein starkes Unbehagen, dass ich auf ihr unsagbares Leid mit einem so nüchternen Seminarprogramm einging. Sie schätzten es jedoch, dass die Ereignisse von Kent State nicht in Vergessenheit gerieten.

Im Frühjahr 1970 wurde der erste Studentengeneralstreik in der Geschichte der Vereinigten Staaten ausgerufen. Studenten in über 400 Colleges und Universitäten boykottierten den Unterricht, um gegen die Invasion in Kambodscha, die Kent-State-Affäre, die Ermordung von zwei schwarzen Studenten am Jackson State College (Mississippi) sowie gegen die Fortsetzung des Krieges zu protestieren.

Für Juni 1970 wurde ich eingeladen, eine Rede vor den Absolventen des Queens College in New York zu halten, und einige tausend Absolventen und Eltern versammelten sich im Madison Square Garden zu dieser Zeremonie. Aufgrund meiner Kommentare über den Krieg und die US-Regierung standen einige Eltern auf und brüllten mich erzürnt an, als ich jedoch meine Rede beendet hatte, erhoben sich die Absolventen und spendeten mir lange Beifall.

Noch eindrucksvoller war, dass die Schüler der Highschools im ganzen Land, von der Bürgerrechts- und der Antikriegsbewegung angeregt, mehr Demokratie und mehr Mitspracherecht bei den sie betreffenden Entscheidungen forderten. In meiner Stadt, Newton (Massachusetts), setzten die Schüler im Juni 1970 durch, dass sie den Schulabschluss-Redner selbst bestimmen durften und luden mich ein.

Zu jener Zeit hatte ich mich bereits im ganzen Land hunderte Male gegen den Krieg geäußert – bei Teach-ins, Demonstrationen, Debatten. Doch nirgendwo hatte eine Einladung als Redner zu einer solch heftigen Reaktion geführt wie an der Newton North Highschool. Daraus lernte ich, dass die Jahre an der Highschool als die wichtigsten für die Bildung eines gesellschaftlichen Bewusstseins angesehen werden müssen, da Eltern und Lehrkörper auf keiner anderen Stufe hysterischer auf die Möglichkeit reagieren, dass die Schüler mit Ideen konfrontiert werden, die sie die Autorität der Regierung, der Schulverwaltungen und Eltern in Frage stellen lassen.

Die örtlichen Organisationen der Veteranen in Newton riefen sofort zu einem Boykott der Schulabschlussfeier auf. Der Bürgermeister, der ebenfalls eine Rede halten sollte, kündigte an, dass er nicht mit mir auf einem Podium reden werde. Und einige Eltern erklärten, sie würden einen Boykott meiner Rede organisieren.

Eine Delegation aufgebrachter Studenten besuchte mich. Der Rektor hatte sie gebeten, mich zu einer Absage zu bewegen. Ich sagte, ich sei bereit abzusagen, wenn die Abstimmung darüber, ob ich meine Zusage zurücknehmen sollte, unter der Schülerschaft und deren Vertretung stattfände, die mich eingeladen hatten. Die Schüler stimmten mit überwältigender Mehrheit dafür, dass ich reden sollte.

Am Tag vor der Zeremonie ging meine Frau ans Telefon. Die Stimme am anderen Ende der Leitung, die, wie Roz sagte, geklungen hätte wie die Stimme einer »netten, alten Dame«, sagte: »Sagen Sie ihrem Mann, dass meine zwei Jungs gerade draußen in der Garage sind, um eine Bombe für die Abschlussfeier zu bauen.«

Das Footballfeld, wo die Abschlussfeier stattfinden sollte, war von der Polizei abgeriegelt. Der Rektor, der neben mir auf der Rednertribüne saß, war sichtlich nervös. Ich erinnere mich nicht mehr genau daran, was ich an jenem Tag gesagt habe. (Das FBI tat seine Arbeit nicht; in meiner Akte findet sich nichts über diesen Tag, dabei bin ich doch auf die genauen FBI-Berichte über meine Reden angewiesen.) Ich weiß nur, dass ich mich so entschieden und so gefühlvoll, wie es mir möglich war, über den Krieg, die Todesschüsse von Kent State und das Recht junger Leute aussprach, sich zu weigern, in einen ungerechten Krieg zu ziehen.

Die Ränge waren voll besetzt – Eltern, Schüler, Lehrer. Als ich meine Rede begann, erhoben sich ein paar Eltern betont auffällig und gingen, doch als ich sie beendete, gab es Applaus. Hier wie bei anderen Zusammenkünften kam es mir so vor, als seien die Leute dankbar, dass jemand offen aussprach, was sie dachten und fühlten, jedoch selbst nicht auszudrücken vermochten. Noch Jahre später wurde ich von jungen Leuten auf der Straße oder im Bus angesprochen: »Ich habe 1970 die Newton North Highschool abgeschlossen und werde diesen Tag nie vergessen.« Es bestätigte mir, was ich am Spelman College gelernt hatte: Erziehung wird dann ergiebig und lebendig, wenn sie sich der Realität moralischer Konflikte in der Welt stellt.

In jenen Tagen wurde ich an die Tufts University eingeladen, um mit dem bekannten konservativen Schriftsteller und Kolumnisten William F. Buckley zu debattieren. Mir wurden 300 Dollar geboten, was mich beeindruckte, da ich daran gewöhnt war, nichts für diese Art von Tätigkeit zu bekommen. (Später erfuhr ich, dass Buckley 3000 Dollar bekommen hatte, doch ich unterdrückte meinen Ärger.) Die Turnhalle der Tufts University war an jenem Abend mit tausenden von Studenten voll besetzt, und tausende mussten draußen bleiben. Sie waren offensichtlich nicht wegen mir, sondern wegen des berühmten Buckley gekommen.

Als wir von einem Tufts-Professor der Philosophie vorgestellt wurden, schien der Beifall für uns ziemlich gleich zu sein. Im Fortgang der Debatte nahm der Applaus für Buckley jedoch ab, während der für mich lauter wurde. Ich wusste, dass dies nicht wegen meiner besseren Debattierfähigkeiten geschah, sondern weil meine Argumente den Studenten, die selbst zu dem Schluss gekommen waren, dass der Krieg falsch ist, eher einleuchteten.

An einem bestimmten Punkt blickte ich zu Buckley hinüber, der den Ruf höflicher Coolness besaß, und sah, dass er schwitzte. Bevor die letzten Fragen gestellt werden konnten, stand er auf und sagte, er müsse gehen. In einer Kolumne, die er nach der Debatte schrieb, formulierte er, wie entsetzt er darüber gewesen sei, dass amerikanische Studenten einer derartigen Opposition gegen die eigene Regierung Beifall zollen konnten, wie er es an jenem Abend gehört hatte. Buckley verstand offenbar nicht, dass die schonungslose Kritik an der Regierung ein wesentliches Element einer demokratischen Gesellschaft ist.

Im ganzen Land wurden Gegenveranstaltungen zu den Abschlusszeremonien organisiert. Ich sprach an meiner Alma mater, der Columbia University, bei solch einer Veranstaltung, während der Historiker, der meiner Dissertationsverteidigung vorgestanden hatte, Richard Hofstadter, in einem Uni-Gebäude in der Nähe die offizielle Abschlussrede hielt. Bei einer anderen Veranstaltung dieser Art sprachen außer mir auch zwei meiner Helden, der Historiker Steele Commager, der mich an der Columbia unterrichtet, und William Sloane Coffin, mit dem ich über die Jahre Freundschaft geschlossen hatte.

Es war eine Zeit äußerster Wut und Verzweiflung, wurden doch die an dem vietnamesischen Volk begangenen Gräuel mehr und mehr bekannt, die Leichname zehntausender junger Amerikaner nach Hause überstellt. Vielleicht war diese Verzweiflung besonders groß, weil *wir* uns in gewisser Weise verantwortlich fühlten. Seit dem Ende des Zweiten Weltkrieges war immer wieder über die Verantwortlichkeit des deutschen Volkes für die Nazi-Verbrechen gesprochen worden. Jetzt wurden jedoch Verbrechen in Vietnam begangen, zweifellos auf beiden Seiten, doch die massivste Feuerkraft war unsere, die ausländische Präsenz in jenem Land war die unsere. Das Massaker von My Lai war nur eines der vielen schrecklichen Dinge, die unsere Soldaten anrichteten; wir hatten den Krieg nicht stoppen können und waren daher verantwortlich und mussten handeln.

Für einige Leute war es unerträglich. Norman Morrison, Pazifist und Vater von drei Kindern, verbrannte sich selbst und gab sein Leben, um gegen den Krieg zu protestieren, wie auch eine Frau namens Alice Herz. (Später traf ich in Nordvietnam Bauern, deren einzige englische Wörter »Norman Morrison, Norman Morrison« waren.)

Eines Abends erhielt ich in Boston von einem meiner Studenten, dessen Wut über den Krieg ihm deutlich anzusehen war, als wir nach dem Unterricht miteinander gesprochen hatten, einen Anruf aus Washington. Er hatte sich an jenem Tag auf den Stufen des Capitols mit Benzin übergossen, war dann aber festgenommen worden, bevor er seine Aktion fortsetzen konnte. Bis heute höre ich etwa einmal im Jahr von ihm, der offenbar immer noch äußerst beunruhigt ist. Er schreibt Gedichte, hat Angst vor der Polizei und dem FBI: ein sanfter Mensch, der weiterhin die ihn umgebende Gewalt in der Welt als Qual empfindet.

Für die meisten von uns war die Bewegung jedoch aufbauend. Unter hunderttausend anderen bei Demonstrationen und Kundgebungen zu wissen, dass man mit dem Gefühl der Hilflosigkeit gegenüber der Macht der Regierung nicht allein ist, dass im ganzen Land Leute jeden Alters, Schwarze und Weiße, Arbeiter und Mittelständler, genauso denken wie man selbst, hieß so bewegt zu sein, dass es mit Worten nicht zu fassen war.

Bob Dylan, Joan Baez, Country Joe und die Beatles zu hören, Künstler und Schriftsteller auf seiner Seite zu haben, zu lesen, dass Eartha Kitt während einer Party auf dem Rasen des Weißen Hauses die Anwesenden aufbrachte, weil sie ihre Stimme gegen den Krieg erhob, zu sehen, dass Mohammed Ali sich den Autoritäten widersetzte, obwohl es ihn den Weltmeistertitel kostete, zu hören, wie Martin Luther King sich gegen den Krieg aussprach, zu sehen, wie kleine Kinder an der Seite ihrer Eltern liefen und Schilder mit der Aufschrift »Rettet die Kinder von Vietnam« mit sich führten, ließ uns spüren, dass die besten Menschen für unsere Sache kämpften.

Als kampfbereite Minderheit war es aufregend, sich vorzustellen, dass die beeindruckende Menschlichkeit so vieler Leute, auf die wir in der Bewegung trafen – abgesehen von ihren Dogmatikern, Bürokraten, den nach Macht Strebenden und Humorlosen –, die Zukunft darstellte. Es schien so, als könnte es eines Tages eine Welt mit nur solchen Menschen geben, Menschen, mit denen man arbeiten, alles teilen, mit denen man Spaß haben, denen man sein Leben anvertrauen kann.

Oft lasen wir in der Presse oder hörten es von irgendjemandem, dass die Kriegsgegnerschaft Sache von jungen Leuten sei, die ihre eigene Haut retten wollten. Das entsprach natürlich überhaupt nicht der Wahrheit; Millionen von Menschen protestierten gegen den Krieg, nicht weil ihr eigenes Leben auf dem Spiel stand, sondern weil sie sich wirklich *um das Leben anderer* sorgten, um das Leben von Vietnamesen und von amerikanischen Mitbürgern.

Es konnte kein besseres Argument gegen die Behauptung des Eigeninteresses und keine größere Inspiration zur Fortsetzung des Kampfes für ein Ende des Krieges geben als die Beteiligung von GIs, von denjenigen, die sich weigerten, ins Feld zu ziehen, die desertierten (vermutlich hunderttausend), die vor ein Kriegsgericht gestellt und ins Gefängnis gesteckt wurden, die aus dem Krieg zurückkehrten und sich an die Umzäunung der Veterans Administration ketteten, die auf Krücken, mit künstlichen Gliedmaßen, in Rollstühlen an Demonstrationen teilnahmen, um lauthals gegen das sinnlose Gemetzel anzugehen.

Auf Armee-, Marine- und Luftwaffenbasen in den USA schlossen sich Soldaten, die darauf vorbereitet wurden, nach Vietnam entsandt zu werden, den Rückkehrern an und forderten ein Ende des Krieges. Sie veröffentlichten ihre Antikriegszeitungen und kamen in die Kaffeehäuser der Bewegung, die in der Nähe von Militärstützpunkten eröffnet worden waren, wo sie Musik hören, sich unterhalten und Alternativen zu den Bars und dem Macho-Militarismus finden konnten, den sie pflegen sollten. Das erste dieser Kaffeehäuser, genannt U.F.O., wurde in Columbia (South Carolina) eröffnet, und unser Sohn Jeff, kaum aus der Highschool, stieß dort als Musiker zum Personal.

Ich reiste nach Mountain Home in Idaho – diesen Besuch hat das FBI registriert –, um mich mit dort stationierten Luftwaffensoldaten zu treffen, die eine Antikriegszeitung mit dem Titel *Helping Hand* herausgaben. Wir sprachen miteinander, hörten Musik und fuhren dann spätabends in die Berge, um bei Mondschein nackt in den heißen Quellen zu baden.

Im Frühjahr 1971 fuhr ich nach Detroit, um den »Winter Soldier«-Anhörungen beizuwohnen, bei denen Vietnamveteranen Aussagen über Verbrechen machten, deren Zeugen sie waren oder an denen sie teilgenommen hatten, Taten, die sie wiederum bewogen hatten, sich gegen den Krieg zu stellen. Dort kam es zu der ersten von mehreren Begegnungen mit Jane Fonda. Sie wurde zur Zielscheibe patriotischen »Gifts«. Ich habe stets ihre Bereitschaft bewundert, aus ihrem Leben als Superstar herauszutreten und Position gegen den Krieg zu beziehen.

Bei dieser Gelegenheit traf ich auch den Schauspieler Donald Sutherland, der bald in einem Film mitspielen sollte, der auf dem Buch *Johnny zieht in den Krieg* basierte, geschrieben von Dalton Trumbo, einem der auf der schwarzen Liste stehenden Hollywoodautoren. Dieses Buch, vielleicht der stärkste Antikriegsroman, der je geschrieben wurde, hatte mich als Jugendlicher tief beeindruckt und wesentlich zu meiner späteren Ablehnung jeglichen Krieges beigetragen. Als ich anfing zu unterrichten, habe ich das Buch oftmals meinen Studenten zur Lektüre empfohlen. Ich gab ihnen auch *Geboren am 4. Juli* zu lesen, die Erinnerungen von Ron Kovic. Das Arbeiterkind Kovic ging mit siebzehn zu den Marines und mit neunzehn wurde er durch eine Granate in Vietnam an der Wirbelsäule verletzt. Von der Taille abwärts gelähmt, kam er im Rollstuhl nach Hause und schloss sich den Antikriegsprotesten an. In seinem Buch schildert er, wie er, zurück aus Vietnam, Donald Sutherland aus *Johnny zieht in den Krieg* lesen hörte und sich dadurch seine eigene Haltung herauskristallisierte.

Diese Kette von Zusammenhängen ließ mich darüber nachdenken, wie Verbindungen hergestellt werden – du liest ein Buch, du begegnest jemandem, du machst eine einzige Erfahrung, und schon hat sich dein Leben in gewisser Weise verändert. Kein Handeln, und sei es auch noch so gering, sollte daher abgetan oder ignoriert werden.

In den achtziger Jahren bekam ich in Boston eines Tages einen Anruf; Ron Kovic befand sich in der Stadt, hatte Texte von mir gelesen und wollte mich treffen. Ich fragte ihn, ob er nicht in meinen Unterricht kommen wolle, die Studenten würden begeistert sein. Er kam, jedoch nicht, um vor den 400 Studenten im Hörsaal einen Vortrag zu halten. Stattdessen fuhr er mit seinem Rollstuhl im Gang hin und her und stellte *ihnen* Fragen, vermittelte auf seine Weise, wie sehr er eine Welt ohne Krieg, ohne Gewalt herbeisehnte.

Nach vierjährigen Verhandlungen in Paris, 55 000 toten Amerikanern und über einer Million vietnamesischen Todesopfern, nach der massivsten Bombardierung durch eine Führungsmacht, der ein so winziges Land in der Geschichte ausgesetzt war, nach dem Scheitern eines militärischen Sieges unterzeichneten die USA Anfang 1973 ein Abkommen zur Beendigung des Krieges und zur Wiederherstellung des Friedens mit Nordvietnam und verpflichteten sich zum Abzug ihrer Truppen. Der Krieg zwischen den südvietnamesischen Truppen und denen Nordvietnams sowie der Nationalen Befreiungsfront ging weiter, und die USA setzten ihre Militärhilfe an Saigon fort, doch durch eine nordvietnamesische Offensive wurden die demoralisierten südvietnamesischen Streitkräfte im März 1975 geschlagen.

Im April 1975 wurde an der Brandeis University in der Nähe von Boston ein Teach-in organisiert, um eine Einstellung der US-Militärhilfe an Saigon zu fordern. Wie so viele Male während des Krieges befand ich mich auf dem Podium, diesmal zusammen mit Noam Chomsky, der einer der ersten amerikanischen Intellektuellen und zweifellos der einflussreichste war, der sich gegen den Krieg ausgesprochen hatte. Sein 1967 in der *New York Review of Books* erschienener Artikel ›Die Verantwortung der Intellektuellen‹ war ein strikt rational gehaltenes historisches Dokument und ein eloquenter Aufruf an andere, sich gegen die amerikanische Politik in Vietnam zu wenden.

Noam und ich waren uns erstmals im Sommer 1965 begegnet, als eine Delegation nach Mississippi flog, um gegen die dortige Inhaftierung von Bürgerrechtlern zu protestieren. Die Antikriegsbewegung hat uns näher zusammengebracht, und Noam, seine Frau Carol, Roz und ich wurden Freunde. Von all den Leuten in der Bewegung, die ich kannte, verband keiner solch außergewöhnliche intellektuelle Fähigkeiten mit einem derartigen Einsatz für soziale Gerechtigkeit.

Jene Brandeis-Versammlung von 1975 wurde mittendrin unterbrochen. Ich habe vergessen, wer gerade am Mikrofon war. Ein Student kam den Gang entlanggerannt und winkte mit einem Stück Papier. Er gehörte zu den Herausgebern der Campuszeitung, bei der gerade die Neuigkeit eingetroffen war: Saigon hatte kapituliert, der Krieg war zu Ende. Im Hörsaal standen alle auf und jubelten. Wir schüttelten uns die Hände, umarmten uns. Ich empfand große Freude, doch vielleicht mehr als alles andere ein Gefühl der Erleichterung, dass das Töten aufgehört hatte. Es war vermutlich das letzte Teach-in des Krieges.

Es herrschte zudem das erhabene Gefühl von Stolz, von Ehrfurcht gar, hatten doch, wie der große Anarchist und Journalist I. F. Stone sagt, Menschen einer technologischen Macht gegenübergestanden und gewonnen. Es war ein aufregender Gedanke, dass scheinbar machtlose Menschen, sowohl in unserem Land wie in Vietnam, der Furcht einflößenden Macht der US-Regierung entgegengetreten waren und einen schrecklichen Krieg zu Ende gebracht hatten. Es gibt jedoch noch mehr über die Antikriegsbewegung zu sagen – über Priester und Nonnen, über Reisen nach Hanoi, darüber, was es heißt, Teil des Untergrunds zu sein, festgenommen zu werden, über Gefängnisse und Gerichtssäle, über das Problem der Gesetzestreue und der Unterwürfigkeit gegenüber der Regierung.

10. Entschuldigung, liebe Freunde, für die Störung der guten Ordnung

Am 30. Januar 1968 hielt ich ein Seminar in politischer Theorie an der Boston University, als jemand den Raum betrat, sich für die Unterbrechung entschuldigte und sagte, ich würde dringend am Telefon verlangt.

»Hat das nicht Zeit, bis ich hier fertig bin?«, fragte ich.

»Der Anrufer sagt, er müsse jetzt sofort mit Ihnen sprechen.«

Ich bat die Studenten zu warten und eilte ins Büro, um den Anruf entgegenzunehmen.

An der Strippe war David Dellinger, einer der Anführer der Antikriegsbewegung, den ich 1966 in Hiroshima getroffen hatte. Er erzählte mir, er habe ein Telegramm von der nordvietnamesischen Regierung in Hanoi erhalten, mit der Mitteilung, man beabsichtige, drei gefangene amerikanische Piloten freizulassen, als Friedensgeste anlässlich des traditionellen Tet-Neujahrstages. Die Regierung frage an, ob die Friedensbewegung einen »verantwortlichen Repräsentanten« nach Hanoi schicken könne, um die Piloten in Empfang zu nehmen.

Dave und andere führende Antikriegsaktivisten waren der Ansicht, es sei gut, wenn zwei Leute die Reise antreten würden. Sie hatten bereits Father Daniel Berrigan gefragt, von dem ich vage gehört hatte, ein katholischer Priester und hervorragender Dichter. Er hatte den berühmten Lamont-Preis für Poesie erhalten und unterrichtete zu jener Zeit an der Cornell University. Berrigan war gegen den Krieg und erklärte sich bereit, nach Hanoi zu reisen. (Die Vietnamesen hatten um einen »verantwortlichen Repräsentanten« gebeten. Waren Berrigan und ich, beide halb verantwortlich, zusammen das, was sie wollten?)

»Nun, Howard«, fragte Dave, »würdest du fahren?«

»Wann und für wie lange?«

»Morgen. Für eine Woche, vielleicht zwei.« Ich überlegte kurz. Der Unterricht – den könnten Kollegen übernehmen. Roz – sie würde wollen, dass ich fahre. Ich sagte zu, dass ich mich am nächsten Morgen in einer Wohnung in Manhattan einfinden würde.

Ich kehrte in mein Seminar zurück und erzählte meinen Studenten, worum es in dem Telefonat gegangen war. Sie waren ganz aufgeregt: Ich fuhr in die Hauptstadt des »Feindes«, um drei Kriegsgefangene nach Hause zu holen.

Am nächsten Tag traf ich in einer Wohnung in Downtown Manhattan Daniel Berrigan – schlank, dunkelhaarig, leise Stimme, schwarze Hosen, schwarzer Rollkragenpullover, Turnschuhe, um den Hals ein Kettchen mit einem Silbermedaillon. Er hatte etwas Spitzbübisches. Ich war erleichtert. Ich wollte nicht allzu viel der knappen Zeit mit jemandem verbringen, der glaubt, dass Spaß etwas Bürgerliches ist. Dave Dillinger und Tom Hayden waren ebenfalls da. Letzteren kannte ich bereits seit ein paar Jahren. Beide gehörten zu den wenigen Amerikanern, die Nordvietnam während des Krieges besucht hatten. Sie sollten Dan Berrigan und mich auf unsere Reise vorbereiten.

Als wir miteinander sprachen, klopfte es an der Tür. Draußen stand ein gut gekleideter Herr. Vom Außenministerium. Dort habe man, wie er sagte, »durch Geheimdienstberichte« von unserer beabsichtigten Reise erfahren, das hieß, sie hatten den Artikel in der *New York Times* gelesen, der am Morgen über uns veröffentlicht worden war. Er fuhr fort, er wolle mit uns reden. Wolle unsere Pässe stempeln, um unsere Reise zu legalisieren. Nordvietnam stand auf der Liste der kommunistischen Länder, in die eine Reise illegal war. Nein, antworteten wir, wir wollten keine offizielle Erlaubnis für unsere Reise von einer Regierung, gegen die wir wegen ihres Vorgehens in Vietnam entschieden Opposition betrieben.

Während unseres 28-stündigen Fluges kam bei allen Zwischenstopps – Kopenhagen, Frankfurt, Teheran, Kalkutta, Bangkok – jeweils ein gut gekleideter Herr an Bord des Flugzeugs.

»Ich bin von der US-Botschaft und möchte Ihre Pässe abstempeln.« Nein, danke. Darin waren Dan Berrigan und ich uns einig.

Es hatte mit »Father Berrigan« begonnen, ich ging jedoch bald zu »Dan« über, nachdem ich die aus meiner Kindheit stammende Hemmung überwunden hatte, in Priestern unnahbare Männer in Schwarz zu sehen. Wir waren uns bis zu dem Tag unseres Abfluges von New York nach Vietnam noch nie begegnet, sollten jedoch drei Wochen unter außergewöhnlichen Umständen miteinander verbringen.

Dan entstammte einer Arbeiterfamilie aus dem Norden des Bundesstaates New York und war zum Jesuitenpriester geweiht worden. In den frühen sechziger Jahren hatte er auf die Bürgerrechtsbewegung in einer Weise reagiert, die die eher konservativen Kirchenväter bewogen hatte, ihn nach Lateinamerika zu schicken. Eine falsche Entscheidung, sagte Dan lächelnd. In der Polizeistaatsatmosphäre von Lateinamerika provozierte die Armut, die er sah, noch mehr den Wunsch, kompromisslos im Namen von Frieden und Gerechtigkeit zu handeln.

Als ich seine Gedichte entdeckte, war ich sehr bewegt von ihrer Einfachheit, ihrer Leidenschaft. Wie etwa von dem Gedicht, das er Roz und mir Jahre später schickte, als Mitch Snyder, der Held der Obdachlosen, in Washington starb. Es war denen gewidmet, die »standen und standen und standen« und jenen, »die liefen und liefen und liefen«:

Warum steht ihr
wurden sie gefragt, und
Warum lauft ihr?

Wegen der Kinder, sagten sie, und
wegen des Herzens und
wegen des Brotes.

Weil
die Sache
der Herzschlag ist
und die geborenen Kinder
und das aufgegangene Brot.

Gleichzeitig mit unserer Ankunft in Vientiane, Laos, sollte ein weiteres Flugzeug eintreffen – eine klapprige Maschine aus dem Zweiten Weltkrieg, die der Internationalen Kontrollkommission gehörte. Mehr oder weniger war das das Einzige, was von den gescheiterten Genfer Abkommen des Jahres 1954 geblieben war, mit denen der französische Indochinakrieg beendet wurde. Das Flugzeug flog viermal im Monat – von Saigon nach Phnom Penh, Kambodscha, nach Vientiane, Laos und nach Hanoi. Unsere Reise war zeitlich so organisiert, dass wir Anschluss an einen dieser Flüge haben sollten.

Im Februar 1968 war in Vietnam allerdings die Tet-Offensive in vollem Gang. Der Vietcong, angeblich auf der Flucht und von der enormen Waffenstärke der Vereinigten Staaten überwältigt, war plötzlich überall in Südvietnam mit Überraschungsangriffen in Erscheinung getreten, sogar in Saigon, wo von Vietcong-Kämpfern die US-Botschaft gestürmt worden war. Zudem hatten sie dort auch den Flughafen Tan San Hut lahmgelegt, so dass unsere Maschine nicht eintraf.

Dan und ich verbrachten daher eine seltsame Woche in Vientiane, in einem schäbigen alten Hotel am Mekong, gegenüber von Thailand. Vientiane wirkte wie Casablanca während des Zweiten Weltkrieges, eine Stadt der Spione, Drogen und internationalen Machenschaften. In Vientiane verfügte jede größere Macht der Welt über eine Botschaft, und nach der Arbeit trieben sich die Attachés in den düsteren Cafés herum, in denen Gras geraucht wurde.

An dem Tag, als wir eintrafen, kam in der Lobby des Hotels ein Asiate (Laote? Thai? Chinese?) auf uns zu, sprach uns auf Französisch an und erklärte, er arbeite für die französische Nachrichtenagentur Agence France-Press und würde gerne ein Interview über unsere Hanoi-Mission mit uns führen. Wir vertrösteten ihn auf später und bezogen unsere Zimmer. Zwei Stunden später sprach uns in der Lobby erneut ein Mann auf Französisch an: »Ich bin von Agence France-Press und würde gerne mit Ihnen über Ihre Reise sprechen.« Wir sagten ihm, dass uns bereits einer seiner Kollegen angesprochen habe. Er antwortete: »Das ist ja interessant, ich bin der einzige Vertreter von Agence France-Press in Vientiane.«

In jener Woche liefen wir endlos durch die Straßen von Vientiane und am Ufer des Mekong entlang, warteten und warteten, dass unser Flugzeug aus Phnom Penh eintraf. Eines Morgens wurden wir durch einen Anruf von der Hotelrezeption geweckt. Ein Mann mit amerikanischem Akzent sagte, er würde gerne mit uns reden. Wir gingen nach unten und trafen auf einen großen jungen Mann in schwarzen Hosen, wie sie die laotischen Bauern tragen. Es war Fred Branfman, der mit dem Friedenscorps in Tansania gewesen war und Julius Nyerere bewunderte, den ungewöhnlichen Präsidenten dieses Landes. Branfman war in die USA zurückgekehrt und hatte sich als Gegner des Vietnamkrieges dem International Volunteer Service angeschlossen. Durch die Arbeit in Übersee, zumeist in ländlichen Gegenden, konnte man vom Militärdienst befreit werden.

Fred lebte bei einer armen Familie in einem in der Nähe

von Vientiane gelegenen Dorf. Er sei glücklich dort, sagte er, dieser Bursche aus einem gutbürgerlichem Haus auf Long Island. Er führte uns zu einer kleinen, auf Pfählen stehenden Hütte und stellte uns »seinen Eltern« vor. Auf dem Weg dorthin hatte er angehalten, um etwas Fleisch zu kaufen. Als das Essen zubereitet war, setzten wir uns alle in einem Kreis auf den Boden und aßen mit den Fingern das Fleisch und den Reis, wobei Fred unser Gespräch mit dem Paar mittleren Alters dolmetschte. Nach dem Essen zog sich der Mann in eine Ecke zurück, in der sich ein kleiner buddhistischer Schrein befand.

»Er betet für euch«, sagte Fred, »betet für eure sichere Reise.«

Der Mann gesellte sich zu uns und knotete ein Bändchen um Dan Berrigans linkes Handgelenk, dann eines um meines.

Fred erklärte: »Das dient der Abwehr von Gefahren.«

Als wir aufbrachen und uns verneigten, sagte der Mann etwas zu uns. Fred dolmetschte: »Sie möchten euch sagen, dass sie euch lieben.«

Ich hatte das Bändchen noch lange nach meiner Reise am Handgelenk, bis es schließlich ganz ausgewaschen war, ausfaserte und zerfiel.

Schließlich erhielten wir die Nachricht, dass das Flugzeug auf dem Weg sei. Wir würden am späten Nachmittag aufbrechen. Am Flughafen versammelten sich Reporter und Fotografen, um uns zu verabschieden. Als wir im Begriff waren, an Bord zu gehen, trat ein Mann in Anzug und Krawatte aus der Menge auf uns zu.

»Ich bin von der US-Botschaft. Ich sorge gerne dafür, dass Sie gültige Pässe haben.«

Wir lächelten und schüttelten den Kopf. Er zögerte. »Nicht einmal mündlich?« Nein, danke.

Wir flogen durch die Nacht, in einer bestimmten Höhe, auf einer bestimmten Route, wie mit der nordvietnamesischen Regierung vereinbart, so dass das ICC-Flugzeug nicht für einen US-Bomber gehalten wurde. Eine Maschine war irrtümlich abgeschossen worden. Zur Vorsicht bekamen wir Flakhelme. Doch es war ein ruhiger Flug, die Maschine war vor allem mit Diplomaten besetzt, die auf ihre Posten nach Hanoi zurückflogen.

Wir flogen über den Roten Fluss und sahen die Pontonbrücke, die immer wieder bombardiert und mit großer Erfindungsgabe immer wieder repariert worden war. Nach der Landung wurden wir mit freundlichem Lächeln und Blumen begrüßt, dann fuhren wir im Auto durch das nächtliche Hanoi, vorbei an ausgebombten Gebäuden, in der Dunkelheit kauernden Luftabwehrtrupps, vorbei an einem endlosen Strom von Leuten, die auf der Straße zu Fuß oder auf dem Fahrrad unterwegs waren. Wir wurden zu einem alten französischen Hotel gebracht. Dort saßen Dan und ich allein im Speisesaal, und livrierte Kellner, die aussahen wie Relikte der französischen Kolonialzeit, servierten uns Omeletts.

Sie zeigten uns die nebeneinanderliegenden sauberen und komfortablen Zimmer. Neben den Betten standen kleine Tabletts mit Süßigkeiten, Gebäck und Zigaretten. Wir waren beide todmüde, doch Dan Berrigan hielt mich davon ab, gleich in mein Zimmer zu eilen. Er griff in seinen kleinen Rucksack, der sein einziges Gepäckstück war – ich dachte, kennt Gott wie die Fluglinien ein Gewichtslimit für Gepäck? –, holte eine Flasche Cognac heraus, und wir tranken ein paar Schluck, bevor wir zu Bett gingen. Dies sollte während unseres Hanoi-Aufenthaltes unser abendliches Ritual werden.

Nach einer Stunde wurden wir durch Sirenengeheul geweckt. Ein Luftangriff. Als wir überlegten, was wir tun sollten, klopfte es an der Tür. Eine junge Frau gab uns Zeichen, dass wir ihr folgen sollten, und führte uns in den Luftschutzraum unter dem Hotel, wo für die nächste Stunde verschlafene Gäste aus aller Herren Länder in verschiedenen Stadien der Entkleidung saßen, während Hanoi bombardiert wurde.

Es war eine neue Erfahrung für mich – ein Bombenschütze, auf den die Luftwaffe, der er einst angehörte, nun Bomben abwarf. Ich hatte ein flaues Gefühl im Magen, das ich von meinen Einsätzen im Zweiten Weltkrieg kannte – Angst. Vermutlich hast du es verdient, dachte ich. Alle schwiegen. Wir lauschten zwei verschiedenen Geräuschen: den dumpfen Bombendetonationen, bei denen wir uns jedes Mal fragten, ob sie näherkämen, ob sie lauter wurden, und dem Knattern der Flugabwehrgeschütze. Dann kehrte Stille ein, die Entwarnungssirene heulte, und wir gingen in unsere Zimmer zurück, um zu schlafen.

Am nächsten Morgen zeigte mir Dan Berrigan das Gedicht, das er geschrieben hatte, bevor er zu Bett gegangen war. Solange wir in Hanoi waren, präsentierte Dan jeden Morgen ein spät in der Nacht geschriebenes Gedicht. Ich liebte diese Gedichte.

Während unseres einwöchigen Aufenthaltes wurden jeden Tag Luftangriffe geflogen, heulten vier-, fünfmal am Tag die Sirenen. Wo immer wir uns aufhielten, egal mit wem, stets wurden wir schnell und ruhig in den nächstgelegenen Luftschutzraum geleitet. Auf den Straßen stießen wir häufig auf Unterstände für nur eine Person, zylindrische Löcher, in denen Fußgänger Schutz suchen konnten. Ich hatte Fotos davon gesehen, von dem *Life*-Fotografen Lee Lockwood, dem es gelungen war, sich nach Hanoi durchzuschlagen und der später ein guter Freund von mir wurde.

Wir versuchten zu begreifen, dass die Menschen um uns herum schon drei Jahre lang beim Heulen der Sirenen Schutz suchen mussten. Ich brauchte eine Weile, um zu bemerken, dass Hanoi eine Stadt ohne Kinder war, da man sie zum Schutz vor den Bomben fast alle aufs Land evakuiert hatte. Einmal besuchten wir den Zoo; das Affen-Gehege war leer – die Affen waren ebenfalls zur Sicherheit aufs Land gebracht worden.

Fünf Tage lang erkundeten wir mit vier jungen, freundlichen vietnamesischen Begleitern die Stadt. Drei unserer Stadtführer sprachen Englisch, einer Französisch. Abends kehrten wir ins Hotel zurück und nahmen mit ihnen einen Drink, bevor wir Gute Nacht sagten. Die Gefangenen, die wir abholen sollten, wurden mit keinem Wort erwähnt, so dass wir uns langsam Sorgen machten. Wir fragten uns, ob der Deal geplatzt war und ob sie glatt vergessen hätten, warum wir da waren?

Eines Abends sagte unser Begleiter namens Oanh, ein Musiker und Komponist: »Bitte beeilen Sie sich mit dem Abendessen. In einer Stunde treffen wir die drei Gefangenen.«

Wir fuhren durch dunkle Straßen zum Gefängnis, das aussah wie eine alte französische Villa, die man dem neuen Zweck angepasst hatte. Dort fand zur Begrüßung die übliche Teezeremonie statt. Dann las der Gefängniskommandant die Angaben zu den drei Gefangenen vor: Major Norris Overly, 39, Frau und zwei Kinder in Detroit; Captain John Black, 30, Frau und drei Kinder in Tennessee; Lieutenant Junior Grade David Methany, 24, ledig. Danach erschienen die drei Gefangenen, verbeugten sich vor dem Kommandanten und setzten sich.

Einer unserer Führer flüsterte uns zu: »Ob Sie Ihnen die Hand geben oder nicht, ist Ihre Sache.« Dan und ich gingen hinüber, reichten ihnen die Hand und redeten mit ihnen.

»Ihr seht gut aus.«

Ja, sie sahen gut aus. Hatte man sie für die Vorführung besonders gut behandelt?

»Aus welcher Stadt stammen Sie? ... Oh ja, ich kenne jemanden in Des Moines...«

Und so weiter. Angesichts der Umstände eine vielleicht seltsame Unterhaltung.

Am nächsten Tag folgte unter Anwesenheit des gesamten internationalen Pressecorps eine förmliche Zeremonie, bei der wir die Gefangenen »in Empfang nahmen«. Die Vietnamesen gaben eine Erklärung ab, Dan Berrigan sprach für uns beide, und Lieutenant Methany dankte im Namen der Gefangenen der nordvietnamesischen Regierung.

Dann kehrten wir ins Hotel zurück, wo nur für uns und die drei Freigelassenen ein Abendessen vorbereitet war. Das von einer ganzen Mannschaft von Kellnern servierte Essen ließ nichts zu wünschen übrig: heiße Suppen, kalte Platten, Huhn, Brot, Bier. Wir unterhielten uns freundlich, sprachen jedoch nicht über den Krieg. Die drei Männer sagten, sie hätten zunächst ein wenig Angst vor uns gehabt, gehörten wir doch zur berüchtigten »Friedensbewegung«, das habe sich nun aber gelegt. Dazu hatte vermutlich beigetragen, dass es sich bei den Personen, die sie abholten, um einen Priester und einen Ex-Soldaten der Air Force handelte.

Der Flug von Hanoi nach Vientiane verlief ruhig; die Stewardess servierte Süßigkeiten und Aperitifs, und wir waren alle entspannt. Ich saß zwischen Major Overly und Captain Black. Dan Berrigan saß neben Methany. Overly schilderte mir seine Erlebnisse in der Gefangenschaft. Sie waren abgeschossen und dann in einem 28 Tage dauernden Treck unter Militärbewachung nach Hanoi gebracht worden. Unterwegs waren sie von wütenden Dorfbewohnern, von denen viele durch die Bombardements ihre Kinder, Eltern und Liebsten verloren hatten, bedroht und geschlagen worden und mussten von ihren Bewachern oftmals geschützt werden.

»Es war merkwürdig. Erst wollte mich einer umbringen, und im nächsten Augenblick kam mir ein anderer Vietnamese mit einem solchen Mitleid zu Hilfe, dass ich völlig verblüfft war. Ich hatte eine schlimme Infektion am Rücken und große Schmerzen. Sie gaben mir Sulfa, und nach einiger Zeit war ich geheilt.« Im Gefängnis, so Overly weiter, sei das Schlimmste vorüber gewesen – keine Misshandlung, keine Indoktrination, lediglich ein paar Bücher über die Geschichte Vietnams, genug zu essen, medizinische Betreuung.

In Laos kam der US-Botschafter und verfrachtete sie rasch in eine Militärmaschine. Wir haben sie nie wieder gesehen, und sie haben sich nie wieder bei uns gemeldet. In den USA zurück, lasen wir später, dass Overly durchs Land reiste und von Misshandlungen und Folter im Gefängnis berichtete. Das überraschte mich, hatte er doch auf dem Flug nach Vientiane keinen Grund gehabt, mir Lügen über seinen Gefängnisaufenthalt aufzutischen.

Was immer auch die Wahrheit über Overlys Behandlung sein mag, die Berichte über Folter und Misshandlungen in den Gefangenenlagern, die nach dem Krieg bekannt wurden, kann ich nicht anzweifeln. Brutalität ist nicht auf die eine oder andere Seite der ideologischen Kriege beschränkt – sie ist überall Teil des Gefängniswesens, und es ist wichtig, jeden einzelnen Fall zu verurteilen.

Dan Berrigan und ich traten die lange Rückreise in die USA an, wo wir bei unserer Ankunft völlig übermüdet vor unzähligen Mikrofonen und Kameras standen, bevor wir uns voneinander verabschiedeten. Unsere Reise nach Hanoi führte zu einer lebenslangen Freundschaft, die noch intensiver wurde, als ich ihm dabei helfen musste, unterzutauchen.

Im Herbst 1967 hatte Dan Berrigans Bruder, Phil Berrigan, im Zweiten Weltkrieg Soldat und mittlerweile Priester, auf dramatische Weise gegen den Vietnamkrieg demonstriert. Er war mit drei weiteren Friedensaktivisten in Baltimore in ein

Einberufungsbüro eingedrungen, sie hatten Einberufungsunterlagen aus den Akten entnommen und sie mit Blut übergossen, um gegen die Auslöschung von Menschenleben in Vietnam zu protestieren. Sie wurden festgenommen und zu Haftstrafen verurteilt. Ihre Aktion war jedoch nur der Auftakt.

Kurz nach unserer Rückkehr aus Hanoi erschütterte Dan Berrigan der Tod eines katholischen Jugendlichen, der in Syracuse, New York, eine Kathedrale betreten und sich aus Protest gegen den Krieg mit Kerosin übergossen und angezündet hatte. Ein paar Monate später drangen Dan und sein Bruder Phil – der gegen Kaution auf freiem Fuß war – mit sieben weiteren Leuten, darunter zwei Frauen, die Maryknoll-Nonne Marjorie Melville sowie die Krankenschwester Mary Moylan, in Catonsville bei der Einberufungsbehörde ein, entwendeten Akten und setzten selbst hergestelltes Napalm ein, um Einberufungsbescheide in Brand zu setzen. Sie wurden festgenommen.

Die Catonsville Nine folgten also dem Beispiel der Baltimore Four. Danach stieg die Zahl der Aktionen gegen Einberufungsbüros – durch die Milwaukee Fourteen, die Boston Two, die Camden Twenty-Eight und ein halbes Dutzend Gruppen mehr. Alle wurden vor Gericht gestellt und verurteilt, doch nicht, bevor sie den Geschworenen lange und offen erklärt hatten, warum sie sich entschlossen hatten, gegen das Gesetz zu verstoßen. Eigentlich machten sie dem Krieg den Prozess.

Vor der Aktion schrieb Dan Berrigan: »Entschuldigung, liebe Freunde, für die Störung der guten Ordnung, Entschuldigung dafür, dass wir statt Kinder Papier verbrannt haben … Gott stehe uns bei, wir konnten nicht anders handeln. Denn wir sind zu Tode betrübt, der Gedanke an das Land der brennenden Kinder lässt uns nicht los … Wir bitten all unsere Mitchristen, sich von ganzem Herzen des Problems anzunehmen, das uns seit Kriegsbeginn Tag und Nacht quält. Wie viele müssen sterben, bevor unsere Stimmen erhört werden, wie viele müssen gefoltert, vertrieben werden, wie viele verhungern, verrückt werden? ... Wann, an welchem Punkt, werdet ihr Nein sagen zu diesem Krieg?«

Sie wurden zu zwei bis drei Jahren Haft verurteilt, blieben jedoch gegen Kaution auf freiem Fuß, solange die Berufungsverfahren liefen. Diese zogen sich eineinhalb Jahre hin. Die Berufungen wurden sämtlich verworfen, und bald erging die Order, die Angeklagten festzusetzen. Drei von ihnen blieben unauffindbar – Mary Moylan, Philip und Daniel Berrigan –, trotz der fieberhaften Suche durch das FBI. Über die Stimmung, die beim FBI während dieser intensiven Fahndung herrschte, konnte ich nur Vermutungen anstellen.

Anfang 1970 wurde ich telefonisch gebeten, nach Ithaca, New York zu kommen, um über den Krieg zu sprechen. Einzelheiten wurden mir nicht mitgeteilt. Es war in jenen Jahren üblich, nicht zu viele Fragen zu stellen. Als ich in Ithaca ankam, wurde ich von dem außergewöhnlichen anarchistischen Intellektuellen Paul Goodman empfangen, der mir von der großen Antikriegskundgebung berichtete, die gerade an der Cornell University stattgefunden hatte.

Einem Gerücht zufolge sollte Dan Berrigan eine Rede halten, und Dutzende von FBI-Agenten hatten sich unter die Menge gemischt, bereit, sich auf ihn zu stürzen. Auf der Bühne wurde in Anlehnung an das Pessach-Fest eine Art Friedenszeremonie abgehalten. Beim Pessach ist es üblich, dass eine Tür für den Propheten Elijah offen gelassen wird. Eine Tür öffnete sich, und Dan Berrigan kam herein und betrat die Bühne. Die FBI-Agenten stürzten auf ihn zu, doch alle Lichter gingen aus.

Als sie wenig später wieder angingen, war Berrigan verschwunden. Er hatte sich auf der Bühne in einer großen Puppe des berühmten Bread and Puppet Theatre versteckt und wurde mit anderen Riesenpuppen nach draußen auf einen wartenden LKW getragen.

Für meine Rede am Ithaca College hatten die Antikriegsstudenten mir 1000 Dollar zugesagt. Diese sollten in einen Fonds zur Unterstützung von Dan Berrigan fließen, während er sich im Untergrund befand.

Ein paar Tage später wurde ich erneut angerufen. (Es ist leicht zu verstehen, warum das Abhören von Telefongesprächen für die Polizei so wichtig ist.) Ich sollte nach New York kommen, um in einer katholischen Kirche auf der Upper West Side von Manhattan über den Krieg zu reden. Der dortige Priester, mein Freund Eqbal Ahmad, ein entschiedener Gegner der Intervention in Vietnam und ein in der Bewegung sehr aktiver pakistanischer Intellektueller, sollte ebenfalls reden.

Am Flughafen LaGuardia wurde ich von einer jungen Nonne abgeholt. Damals hatte ich mich bereits an Nonnen gewöhnt, die normale Straßenkleidung trugen, oder an Priester, die heirateten. Ich entwickelte eine große Sympathie für diese wunderbaren Männer und Frauen, die nicht nur die Regierung der Vereinigten Staaten herausforderten, sondern auch ihre eigene religiöse Hierarchie. Die Nonne erzählte mir, dass Philip Berrigan am Nachmittag in der kirchlichen Unterkunft des Gemeindepfarrers entdeckt worden sei. Das FBI hatte die Tür eingeschlagen und ihn festgenommen.

Das FBI ging natürlich davon aus, dass sich Dan Berrigan in der Nähe aufhielt und bei der Versammlung in der Kirche auftauchen könnte. Dort wimmelte es am Abend unter den etwa 500 Besuchern von Agenten, die im Publikum und um das Podium herumschlichen – Trenchcoats und Schlapphüte, die berühmte FBI-Garderobe.

Ich saß auf dem Podium zusammen mit Eqbal und Liz McAlister, der Nonne, die Philip Berrigan später heiraten sollte. Mit ihren drei Kindern lebten sie dann in Baltimore in einer Friedenskommune, deren Mitglieder abwechselnd wegen Antikriegs- und Antimilitarismusprotesten ins Gefängnis kamen. Liz und ich waren gute Freunde geworden, und während der Versammlung reichte sie mir einen Zettel, auf dem sie mitteilte, sie wolle Eqbal und mich hinterher in einem spanisch-chinesischen Restaurant am Broadway, in der Nähe der Columbia University treffen.

Eqbal und ich machten uns auf den Weg. Unter Aufbietung aller Tricks, die wir aus Verfolgungsszenen in Hollywood-Filmen gelernt hatten, hatten wir versucht, eventuelle Beobachter abzuschütteln. Im Restaurant trafen wir auf Liz und Schwester Joques Egan, eine hervorragende katholische Pädagogin, die einst Präsidentin des Marymont College war und die, weil sie sich geweigert hatte, vor einem Geschworenengericht auszusagen, das Antikriegsaktivitäten untersuchte, 40 Tage im Gefängnis gesessen hatte. Die beiden Frauen verrieten uns, Dan Berrigan halte sich in einem Haus in New Jersey versteckt, das jedoch keine sichere Unterkunft sei. Sie gaben uns die Adresse; wir sollten zu ihm fahren und versuchen, ihn anderswo unterzubringen. Am nächsten Morgen liehen wir uns einen Wagen, fuhren nach New Jersey, fanden Dan und besprachen mit ihm die Situation. Er sagte, er müsse dringend von dort weg – gegenüber wohne ein FBI-Agent. Wir beschlossen, dass er nach Boston kommen solle, wo ich für eine sichere Unterbringung sorgen könnte.

Wir fanden jemanden, der ihn nach Boston fahren würde, und am nächsten Abend kam er zum letzten Mal zu uns, wussten wir doch, dass ich ganz oben auf der Liste seiner verdächtigen Freunde stand. Bei unserer Strategiesitzung an jenem Abend gingen wir die Namen der Leute durch, die auf keiner FBI-Liste als Freunde von Dan geführt würden – Leute, die bereit sein könnten, ihn eine Weile zu beherbergen, während er sich im Untergrund aufhielt. Niemand hatte eine Vorstellung, für wie lange dies sein müsste.

Wir wussten, dass denjenigen, die einem Flüchtigen halfen, Gefängnisstrafen drohten. Doch keiner von denen, die wir fragten, ob sie Dan aufnehmen könnten – ein junger Lektor, eine Künstlerin und ihre Familie, die Familien von zwei College-Professoren – weigerte sich. Dan hielt sich mal hier, mal dort auf und passte sich den jeweiligen Gegebenheiten an. Ein halbes Dutzend von uns erklärte sich zu seinem Unterstützungskomitee. Wir brachten ihn von Ort zu Ort und berieten darüber, was er ohne Risiko tun oder nicht tun konnte, doch er hatte oft seine eigenen Vorstellungen und weigerte sich, unseren »Anweisungen« zu folgen.

Er las, schrieb Gedichte, wollte aber gerne auch ins Kino gehen und am Charles River entlanglaufen. Wir beschlossen, sein Aussehen zu verändern. Jemand brachte eine Perücke, mit der er nur grotesk aussah und in jeder Menschenmenge sofort aufgefallen wäre. Wir hatten viel Spaß, als Dan sie eines Abends in verschiedenen Posen aufprobierte.

Einmal musste er sich einen Zahn behandeln lassen. Ich vereinbarte mit meinem Zahnarzt einen Termin für einen »Mr. McCarthy«, der bei mir zu Besuch sei. Als wir im Wartezimmer saßen, lag auf dem Tisch vor uns ein Exemplar des *Time*-Magazins. Es war aufgeschlagen und zwar auf den Seiten mit einem Artikel und einem Foto unter der Überschrift: »Der flüchtige Father Daniel Berrigan.« Der Zahnarzt war jedoch ahnungslos. Jahre später erzählte ich ihm die Wahrheit, und er antwortete: »Sie hätten es mir sagen sollen; ich wäre stolz darauf gewesen, helfen zu dürfen.«

Als Dan Berrigan in jenem Frühjahr abgetaucht war, unterrichtete ich Politische Theorie an der Boston University. In einem zwei Jahre zuvor veröffentlichten Buch (*Disobedience and Democracy*) hatte ich die Frage behandelt, ob eine Person, die sich des zivilen Ungehorsams schuldig gemacht hat, sich einem Strafverfahren stellen sollte. Meiner Auffassung nach gab es eine solche Verpflichtung nicht – sich einer Gefängnisstrafe zu entziehen, hieß, den zivilen Ungehorsam sowie den Protest fortzusetzen.

In meinem Seminar lasen wir Platons *Kriton.* In diesem Werk weigert sich Sokrates, aus dem Gefängnis zu fliehen und seiner Todesstrafe zu entkommen, und begründet seine Entscheidung mit der Pflicht, das zu tun, was der Staat ihm vorschreibt. Ich argumentierte dagegen, in dem ich das Beispiel des abgetauchten und weiterhin gegen einen ungerechten Krieg kämpfenden Dan Berrigan anführte. Meine Studenten waren sich natürlich nicht bewusst, dass er sich in Boston aufhielt.

Dan war vier Monate im Untergrund. Mit Ausnahmen. Von Zeit zu Zeit tauchte er auf und verschwand schnell wieder, was das FBI wohl ein wenig verrückt machte. Wir vereinbarten einen geheimen Interviewtermin mit dem Moderator eines wichtigen Nachrichtensenders: Dan hielt die Sonntagspredigt in einer Kirche in Philadelphia und stand Lee Lockwood für dessen Dokumentation *The Holy Outlaw* zur Verfügung. Zur Zeit der Invasion in Kambodscha und der Todesschüsse von Kent State richtete er Botschaften an die US-Bürgerinnen und -Bürger.

Wir waren stolz, dass wir ihm Sicherheit bieten konnten. Doch die sollte nicht ewig währen. Dan bestand gegen unser Veto darauf, zwei seiner alten Freunde zu besuchen, die Dichter William Stringfellow und Anthony Towne, die ein Haus auf Block Island im Süden des US-Bundesstaates Rhode Island besaßen, ein schönes Sommerdomizil. Ein an seinen inhaftierten Bruder Phil gerichteter Brief, in dem er seinen Plan schilderte, wurde einem Überbringer anvertraut, der sich als FBI-Informant entpuppte. Eines Morgens wachte Dan auf und bemerkte in den Büschen rund ums Haus überraschend viele Männer.

Bill Stringfellow ging nach draußen, um zu fragen, was sie dort zu suchen hatten. »Wir sind Vogelbeobachter«, erklärten sie. Der Vogel, den sie beobachteten, war Father Daniel Berrigan. Sie nahmen ihn fest und brachten ihn auf einem Motorboot an Land. Das Meer war aufgewühlt, und die ihn begleitenden FBI-Männer wurden seekrank. Es existiert ein lustiges Foto von Dan in Handschellen, wie er wieder Land betritt, links und rechts von ihm ein FBI-Agent. Der Gefangene grinst übers ganze Gesicht; seine Häscher machen einen ziemlich mitgenommenen Eindruck.

Teil III: Schauplätze und Veränderungen

11. Im Gefängnis: Wir leben in einer verkehrten Welt

Eine Begegnung mit der Polizei, auch nur eine Nacht im Gefängnis, ist ein intensives und einmaliges Lernerlebnis. Ich kenne die genaue Zahl der Leute nicht, die während der sechziger und siebziger Jahre bei Bürgerrechts- oder Antikriegsaktivitäten festgenommen wurden, doch es müssen zwischen 50 000 und 100 000 gewesen sein. 13 000 wurden allein an einem einzigen Tag in Washington, D.C., festgenommen, tausende in Birmingham und tausend im kleinen Albany in Georgia usw. Das heißt, Lernerlebnisse gab es viele.

Man kann etwas über die Natur des Rechtssystems in einer liberalen Demokratie erfahren, nämlich, dass sie nicht so liberal, nicht so demokratisch ist, wie sie sich gibt. Aber man kann auch etwas über die Bereitschaft von Menschen lernen, ihre Freiheit für Frieden und Gerechtigkeit aufs Spiel zu setzen sowie über deren Fähigkeit, sich für andere zu opfern, wenn die Qual der Inhaftierung die Konzentration auf die eigenen Bedürfnisse erfordert. Zu diesem Schluss komme ich durch das, was ich im Süden und in der Antikriegsbewegung erlebte und auch durch meine eigenen bescheidenen Festnahme- und Gefängnis-Erfahrungen.

Ein berühmter Wissenschaftler wurde einmal gefragt: »Wie viele Beispiele benötigen Sie, um verallgemeinern zu können?« Er antwortete: »Zwei sind gut, aber eines reicht auch.«

Die Emotionen wegen des Krieges hatten sich gegen Ende Mai 1970 geradezu unerträglich intensiviert. In Boston beschlossen etwa hundert unserer Leute, sich vor die örtliche Armeebasis zu setzen, um die Straße zu blockieren, auf der die Eingezogenen in Bussen zum Militärdienst gefahren wurden. So dumm, zu glauben, wir könnten den Strom der nach Vietnam entsendeten Soldaten aufhalten, waren wir nicht. Es war ein symbolischer Akt, eine Bekundung, ein Guerillatheaterstück. Wir wurden alle festgenommen und in wunderlicher alter Gesetzessprache angeklagt, »herumlungernd und -schlendernd« den Verkehr behindert zu haben.

Vor Gericht erklärten sich die meisten Demonstranten für schuldig, wurden zu geringen Geldstrafen verurteilt und gingen nach Hause. Acht von uns bestanden darauf, vor ein Geschworenengericht gestellt zu werden, obwohl Geschworene, die »den Angeklagten gleich« sind, zu den Mythen des Rechtssystems gehören. Eine Gruppe von Geschworenen stellt stets eine Gruppe dar, deren Auffassung orthodoxer ist als die eines jeden Angeklagten, der sich vor ihnen zu verantworten hat; für Schwarze ist die Gruppe gewöhnlich weißer, für Arme wohlhabender.

Unser Prozess fand ungefähr sechs Monate später statt, im November 1970. Wir verteidigten uns selbst und sprachen direkt zu den Geschworenen über den Krieg und darüber, was er in Vietnam und im amerikanischen Volk anrichtete. Wir führten aus, dass das politische System Amerikas sich nicht in der Lage zeige, den Krieg zu beenden, und dass dies sowohl verfassungswidrig wie unmoralisch sei. Daher seien Akte des zivilen Ungehorsams in der großen Tradition der Boston Tea Party* und der Antisklaverei-Aktionen notwen-

* Boston Tea Party ist die Bezeichnung für einen Akt zivilen Ungehorsams in Boston am 16. Dezember 1773. An diesem Tag warfen als Mohawk verkleidete Bostoner Bürger im Hafen Tee-Ladungen der

dig, um die Öffentlichkeit und die Regierung in dramatischer Weise anzusprechen.

Ein Richter erklärte gegenüber den Geschworenen, es ginge nur darum, *ob* wir den Verkehr behindert hätten, aus welchem Grund wir das getan hätten oder nicht, spiele keine Rolle. Und wir erhielten eine weitere Lektion über das Justizwesen, nämlich die, wie der Richter die Geschworenen beeinflusste, indem er ihnen Richtlinien vorgab und so ihr unabhängiges Urteil einschränkte.

Wir wurden für schuldig befunden, zu sieben Tagen Haft oder zu einer Geldstrafe in Höhe von 21 Dollar verurteilt. Fünf der Angeklagten entschieden sich für die Geldstrafe. Ich wollte mich ihnen anschließen – ich wollte nicht im Gefängnis sitzen. Doch zwei aus unserer Gruppe, eine Frau aus Wellesley namens Vaneski Genouves und ein junger Stipendiat aus Cambridge, Eugene O'Reilly, sagten, sie würden ihre Strafe absitzen. Ich hatte das Gefühl, sie nicht im Stich lassen zu können und weigerte mich ebenfalls, die Geldstrafe zu zahlen. Der Richter schien zu zögern, uns einsperren zu wollen, und räumte uns dreien 48 Stunden Bedenkzeit ein. Danach sollten wir wieder vor Gericht erscheinen und entweder die Strafe zahlen oder inhaftiert werden.

In der Zwischenzeit war ich eingeladen worden, an der John Hopkins University mit dem Philosophen Charles Frankel über die Frage des zivilen Ungehorsams zu debattieren. Würde ich wie vorgesehen vor Gericht erscheinen, versäumte ich die Debatte. Für mich, einen Befürworter des zivilen Ungehorsams, wäre es jedoch heuchlerisch gewesen,

englischen East India Trading Company von drei dort vor Anker liegenden Schiffen ins Hafenbecken. Die Tea Party markierte den Anfang einer Reihe ähnlicher Aktionen, mit denen den britischen Kolonialherren begegnet wurde und die schließlich zur offenen Auflehnung gegen die Kolonialmacht und zum Unabhängigkeitskrieg von 1775/76 führten. (Anm. d. Ü.)

mich der Anordnung des Gerichts artig zu beugen und dadurch eine Möglichkeit zu versäumen, zu hunderten von Studenten über zivilen Ungehorsam zu sprechen.

An dem Tag, als ich in Boston vor Gericht erscheinen sollte, flog ich also nach Baltimore und stellte mich am Abend der Debatte mit Charles Frankel. Ich war ein Bewunderer seiner Schriften, doch an diesem Abend zögerte er, zivilen Ungehorsam zu befürworten, und zollte seinen Respekt eher der Regierung.

Nicht der zivile Ungehorsam, so führte ich vor meiner Zuhörerschaft aus, stelle ein Problem dar, wenn auch einige Leute warnten, er sei eine Bedrohung für die gesellschaftliche Stabilität und führe zu Anarchie. Die größte Gefahr, so argumentierte ich, sei der zivile *Gehorsam*, die Unterwerfung des individuellen Gewissens unter die Regierungsautorität. Solcher Gehorsam führe in totalitären Staaten zu den Gräueln und in liberalen Staaten zur Akzeptanz des Krieges durch die Öffentlichkeit, wann immer auch die sogenannte demokratische Regierung beschließe, Krieg zu führen.

Meine ersten Worte lauteten: »Ich beginne mit der Behauptung, dass wir in einer verkehrten Welt leben. ... Daniel Berrigan ist im Gefängnis – ein katholischer Priester, ein Dichter, der sich gegen den Krieg stellt. J. Edgar Hoover hingegen befindet sich auf freiem Fuß. David Dellinger, schon lange Kriegsgegner, ... ist in Gefahr, ebenfalls ins Gefängnis zu müssen. Den für das Massaker von My Lai Verantwortlichen wird nicht der Prozess gemacht; sie sitzen in Washington in den Regierungsabteilungen, die für die Entfachung der Massaker verantwortlich sind. Finden die Massaker statt, täuschen sie Überraschung vor.«

In einer solchen Welt, fuhr ich fort, garantiert das Recht, dass alles so bleibt, wie es ist. Um den Veränderungsprozess einzuleiten, den Krieg zu beenden und für Gerechtigkeit zu sorgen, kann es daher notwendig sein, gegen das Gesetz zu verstoßen und zivilen Ungehorsam zu leisten, wie es die Schwarzen im Süden und die Kriegsgegner getan haben.

Am nächsten Morgen war ich früh auf dem Flughafen von Washington, um nach Boston zurückzukehren. Ich wollte um elf Uhr mein Seminar abhalten. Ich rief Roz an, die mir erklärte: »In den Radionachrichten hieß es, man wisse nicht, wo du dich aufhältst, es sei Haftbefehl gegen dich ergangen.« Wieder wäre ich mir lächerlich vorgekommen, mich dem Gericht zu beugen und mein Seminar über »Recht und Gerechtigkeit in den USA« ausfallen zu lassen, in dem ziviler Ungehorsam zu unseren Diskussionsthemen gehörte. Ich war stets davon überzeugt, dass Lehrende mehr durch das vermitteln, was sie *tun*, als durch das, was sie sagen. Ich dachte, ich werde nichts Heroisches tun, nicht in den Untergrund gehen, doch wenn die Behörden mich haben wollen, dann sollen sie mich holen.

Vom Bostoner Flughafen fuhr ich direkt zu meinem Seminar. Die Studenten machten große Augen. »Sie werden von der Polizei gesucht! Wäre es nicht besser, Sie würden sich stellen?« Ich antwortete: »Ja, aber erst nach dem Seminar.« Das erübrigte sich dann auch, da vor dem Seminarraum bereits zwei Detectives sowie ein Universitätsverwalter sichtlich nervös auf mich warteten.

Ich wurde dem Richter vorgeführt, der mir erklärte, ich könnte eine Geldstrafe zahlen. Ich weigerte mich, wurde sofort in Handschellen gelegt und in das Charles-Street-Gefängnis gebracht. Dort wurden Leute inhaftiert, die auf ihren Prozess warteten oder Kurzstrafen absitzen mussten – ein altes Verlies, das längst als für die Unterbringung von Gefangenen untaugliche Haftanstalt klassifiziert worden war. Ich teilte mir die Zelle mit einem Jugendlichen, ein verschlossener Bursche, der wegen eines Drogendelikts einsaß.

In jener Nacht in der Zelle fand ich nicht viel Schlaf. Im Zellentrakt wurde geredet, manchmal auch gerufen und gebrüllt, das Licht brannte die ganze Nacht, die Kakerlaken sausten über mein Bett und Stahltüren schepperten. Ich kam zu dem Schluss: nicht noch eine Nacht. Ich würde die Geldstrafe zahlen und das Gefängnis verlassen. Zudem dachte mein Zellengenosse, dass mit mir etwas nicht stimmte, als er erfuhr, dass ich ein paar Dollar hätte zahlen sollen und von der Haft verschont geblieben wäre, mich aber anders entschieden hatte. Außerdem sollte ich in Oregon über den Krieg sprechen. Aber vielleicht waren der Hauptgrund – die Kakerlaken!

Am nächsten Morgen durften wir unsere Zellen verlassen und auf dem Gang so etwas wie ein Frühstück einnehmen. Wir saßen an langen Tischen und andere Gefangene servierten uns ein Zeug, das aussah wie gelb gestrichene Sperrholzquadrate. Es waren »Arme Ritter«. Dazu gab es eine kaffeeähnliche Brühe.

Während ich aß, hörte ich, wie ein Wärter meinen Namen rief. Ich schaute auf. »Zinn, wir haben ein Telegramm für Sie.« Die anderen Gefangenen schauten ebenfalls auf. Ins Gefängnis in der Charles Street bekommt man keine Telegramme. Leicht verlegen nahm ich es an mich. Es war von zwei Leuten unterschrieben, deren Namen mir geläufig waren, die meiner neuen Nachbarn. Sie hatten gerade das Haus neben dem Zweifamilienhaus gekauft, in dem wir im obersten Stockwerk zur Miete wohnten. Sie stammten aus dem mittleren Westen, »Middle America«, ein Rechtsanwalt und ein Künstler. Wir wussten nicht viel über sie. Die Nachricht lautete: »Beste Grüße. Wir sind auf Ihrer Seite.« Das war eine Wiedergutmachung für die »Armen Ritter«.

Als die USA im August 1965 den Krieg in Vietnam erstmals verschärften, befürworteten noch 61 Prozent der amerikanischen Bevölkerung die US-Intervention. Bis zum Frühjahr 1971 hatte sich die öffentliche Meinung dramatisch verändert; nun waren 61 Prozent der Auffassung, dass der Krieg falsch sei. Ende April 1971 versammelten sich mehrere tausend Antikriegsveteranen in Washington, um dort zu campieren und Lobbyarbeit zu betreiben. Einer von ihnen erklärte: »Zum ersten Mal in der Geschichte unseres Landes kommen Kriegsveteranen nach Washington und fordern ein sofortiges Ende dieses Krieges.«

Die Veteranen, etwa tausend an der Zahl, viele davon im Rollstuhl oder auf Krücken, beendeten ihre Belagerung, indem sie ihre Orden über den Zaun warfen, den die Polizei um die Stufen des Capitols gezogen hatte. Dabei gaben sie persönliche Erklärungen ab. Einer von ihnen sagte: »Ich bin nicht stolz auf diese Orden. Ich bin nicht stolz auf das, wofür ich sie bekommen habe. Ich war ein Jahr lang in Vietnam und ... wir haben nicht einen Gefangenen gemacht.« Ein Soldat der Luftwaffe erklärte, er habe seinem Land einen schlechten Dienst erwiesen. »Was mich betrifft, so diene ich jetzt meinem Land.«

Am Tag danach fand in Washington eine riesige Antikriegsdemonstration statt, an der schätzungsweise 500 000 Menschen teilnahmen. Die Demonstration verlief völlig friedlich und verursachte keine Störungen.

Kaum wieder zu Hause, kehrten 20 000 Demonstranten ein paar Tage später wieder nach Washington zurück, bereit, den Verkehr zu behindern. Einige ließen verlauten, man werde »die Stadt lahmlegen«. Alle spürten, dass mehr getan werden musste, als Reden zu halten, um den Krieg zu beenden. Es wurden Bezugsgruppen aus jeweils um die zwölf Personen gebildet, die sich kannten und einander vertrauten. Eine zentralisierte, bürokratische Organisation sollte vermieden werden; die Mitglieder der jeweiligen Bezugsgruppe sollten selbst entscheiden, welche Rolle sie in der Gesamtstrategie spielen wollten.

Von unserer Gruppe hätte man sicher nicht gedacht, dass sie für Guerillaaktionen auf den Straßen von Washington geeignet wäre: Noam Chomsky; Dan Ellsberg, ein Ex-Marine und Regierungsbeamter, dessen Rolle bei der Veröffentlichung der streng geheimen Pentagon-Papiere noch nicht bekannt war; Marilyn Young, eine Historikerin; Zee Gamson, die an der University of Michigan unterrichtete; Fred Branfman, der aus Laos zurück war und sich ganz den Antikriegsaktivitäten widmete; Mark Ptashne, Harvard-Professor und Biologe; Cynthia Frederick, Organisatorin; Mitch Goodman, Schriftsteller und Mitangeklagter von Dr. Ben Spock beim Prozess gegen die Boston Five.

Wir trafen zu spät ein, um am langen Marsch zum Pentagon teilzunehmen, und statt uns zu beeilen und uns ihm noch anzuschließen, beschlossen wir, auf eigene Faust zu handeln und auf einer Hauptstraße den Verkehr zu blockieren. Wir saßen mitten auf dieser Straße eng nebeneinander und sahen, wie die Polizei auf uns zukam. Wir wussten damals nicht, wie viel Mann die Regierung mobilisiert hatte: 5000 Polizisten, 1500 Nationalgardisten und 15 000 Soldaten, darunter Fallschirmjäger. Sie feuerten Tränengasgranaten ab, und bald waren wir in eine Gaswolke gehüllt. Wir rannten weg, versammelten uns erneut und blockierten eine andere Straße. Das ging eine Weile so weiter. Symbolische Aktionen sind immer etwas seltsam. Wir haben mit unseren Straßenblockaden nichts erreicht.

Als wir uns an einer Ecke wieder gruppierten, sprachen wir mit einem Passanten, der wissen wollte, was vor sich ging. Da tauchte plötzlich ein Polizist auf und sprühte zunächst Dan Ellsberg, dann mir Tränengas direkt ins Gesicht und verschwand wieder. Dan und ich konnten zehn Minuten lang nichts sehen. Wir erholten uns, doch unsere Aktion war damit beendet.

Ich verbrachte die Nacht in Washington bei einem

Freund. Als ich am nächsten Morgen erwachte, war die Stadt militärisch besetzt. Ich lief zum DuPont Circle, an dem es von GIs der 101st Airborne Division wimmelte. Ich ging weiter. Überall standen Polizisten.

Direkt vor mir lief eine kleine Gruppe von Jugendlichen mit langen Haaren und in schäbigen Klamotten. Es war unverkennbar, dass sie sich an den Antikriegsaktionen in der Stadt beteiligten. Sie schlenderten fröhlich weiter und sangen »America the Beautiful«. Plötzlich fielen Polizisten über sie her, erklärten, sie seien festgenommen, und drückten sie, die Arme und Beine gespreizt, gegen das Polizeifahrzeug.

Es war klar, dass sie nicht festgenommen wurden, weil sie etwas getan hatten, sondern dafür, wer sie waren und wie sie aussahen. Ohne nachzudenken und nur meiner spontanen Entrüstung folgend, blieb ich stehen und fragte den Polizisten, der sich über einem der jungen Burschen aufgebaut hatte: »Warum nehmen Sie die jungen Leute fest?« Ich wusste, dass meine Frage naiv war und folgenlos bleiben würde, konnte jedoch dem Geschehen nicht schweigend zusehen. Der Polizist drehte sich blitzschnell zu mir um: »Sie sind ebenfalls festgenommen. Los, hier rüber!«

Als ich gegen ein Polizeiauto gedrückt wurde, kam ein junger Mann mit einer Kamera des Weges und versuchte, den Vorgang zu fotografieren. Auch er wurde gepackt und festgenommen. Wir wurden alle in einen Gefangenentransporter gestoßen und weggefahren. Die Nacht verbrachte ich zusammen mit zehn jungen Männern in einer winzigen Zelle. Die meisten von ihnen waren erst achtzehn oder neunzehn und stammten aus Wisconsin, Kalifornien, Georgia und Tennessee. In jenen ersten Maitagen wurden in Washington 14 000 Menschen festgenommen, weil sie gegen den Vietnamkrieg protestierten.

Ich kehrte rechtzeitig nach Boston zurück, um bei einer Kundgebung im Stadtpark vor 50000 Leuten reden zu können. Ich sprach über die Notwendigkeit des zivilen Ungehorsams, weil die regulären Regierungsmechanismen – Wahlen, Kongress, Oberster Gerichtshof – sich als untauglich erwiesen hatten, den Krieg zu beenden. Ziviler Ungehorsam sei ein dramatisches Vorgehen, um der intensiven Antikriegsstimmung bei einem Großteil der Bevölkerung Ausdruck zu verleihen. Daher, so fuhr ich fort, sei er, auch wenn dadurch in einem technischen Sinne Gesetze übertreten würden, ein äußerst *demokratischer* Akt, der sich auf den Artikel der Bill of Rights stützen könne, wonach die Bürger das Recht haben, »die Regierung zu ersuchen, Missstände abzustellen«.

Am folgenden Tag setzten sich tausende von uns in einem Kreis um das J. F. K. Federal Building. Das Polizeiaufgebot war gewaltig. Ein Polizist rief mir etwas zu – eine freundliche Begrüßung. Der joviale Mann mittleren Alters hatte kurz zuvor meinen Vortrag über Polizeibrutalität gehört, den ich an der Northeastern University vor Polizisten gehalten hatte. Über die Jahre lernte ich, dass Polizisten wie Soldaten normalerweise verträgliche Leute sind, die jedoch Teil einer Kultur des Gehorsams und der Befehle sind und durchaus brutal gegen jeden vorgehen, der als »Feind« deklariert wurde – in diesem Fall die Antikriegsbewegung.

Es war ein sonniger Frühlingstag. Wir saßen in einem großen Kreis und riefen immer wieder Antikriegsparolen. Plötzlich stürmte die Polizei in den Kreis und zerrte gezielt Demonstranten aus der Menge ins Gebäude, auch mich. Sie schubsten mich ein wenig herum, zerrten an meiner Kleidung, warfen mich zusammen mit weiteren Demonstranten in einen Aufzug, brachten uns nach oben und erklärten uns für festgenommen. Ich habe noch die Notizen, die ich mir damals machte: »Steven Bertolino, der neben seiner Frau saß, aufs Bein geknüppelt, in die Hoden getreten. ... Mann neben ihm, O'Brien, tat nichts und wurde auf den Kopf geknüppelt. Mike Ansara, der neben mir auf dem Boden saß, wurde von einem Cop geschlagen, blutige Lippe.«

Die Festgenommen wurden später in eine Zelle hinter dem Gericht gesperrt, wo sie auf die Anklageerhebung warten mussten. Ein Mann namens John White holte eine kleine Flöte aus seiner Tasche und spielte einen irischen Jig, während zwei Leute tanzten.

In den folgenden Jahren wurde ich noch ein paar Mal festgenommen. Einmal weigerte sich eine Gruppe von uns, den Rasen des Weißen Hauses zu verlassen, wo wir uns versammelt hatten, um gegen die US-Unterstützung für die mörderische Regierung in El Salvador zu protestieren. Die Gruppe bestand hauptsächlich aus religiösen Pazifisten, die Gewaltlosigkeit auf ihre Fahne geschrieben hatten, doch polizeiliches Vorgehen kennt keine Ausnahmen. Wir wurden festgenommen, unsere Hände hinter dem Rücken mit Plastikschnüren gefesselt und in einen Gefangenentransporter verfrachtet, in dem wir kaum Luft bekamen, und das bei der erdrückenden Hitze des frühen Juli. Im Nu waren wir in Schweiß gebadet, und es wurde immer schwerer, überhaupt noch zu atmen. Ein Mann fiel in Ohnmacht, und wir fingen an, laut zu schreien; ein Polizist öffnete die Wagentür, um etwas Luft hineinzulassen.

Im Transporter befand sich auch ein junger Schwarzer mit langen, geflochtenen Haaren, ein Mathematikstudent an der Princeton University und, wie sich herausstellte, eine Art Entfesselungs- und Zauberkünstler in der Tradition von Harry Houdini. Seine Hände waren zwar hinter dem Rücken gefesselt, doch mit zwei schnellen, wundersamen Bewegungen hatte er die Hände vorne und lockerte mit seinen Zähnen die Plastikfesseln. Als wir uns am nächsten Tag in Handschellen in einem anderen Transporter befanden, um vom

Gefängnis zum Gericht gefahren zu werden, streckte er seine Hände hoch, damit wir sehen konnten, dass die Handschellen verschwunden waren. Er sprach nicht viel, und ich vermute, dass er nur damit beschäftigt war, sich neue Tricks auszudenken.

Die Nacht im D.C.-Gefängnis war lang. Mein Zellengenosse war ein kleiner, dünner Schwarzer, etwas über sechzig Jahre alt, der sein Essen nicht anrührte. Wie er mir erklärte, war er festgenommen worden, weil er sich mit einem Freund wegen Geldschulden heftig gestritten hatte. Am Knie hatte er eine große Knochenwucherung, weil er sein Leben lang kniend Baumwolle in North Carolina gepflückt hatte.

Ich legte mich auf mein Bett und dachte an die Menschen, die ich liebe, und daran, wie viel Glück ich doch hatte, weiß, nicht arm zu sein und nur kurz ein System durchlaufen zu müssen, das für so viele die permanente Hölle ist. Roz, die am Pentagon bei einer Antikriegsdemonstration von Frauen festgenommen worden war, erzählte mir, sie habe nachts in der Zelle ähnliche Gedanken gehabt – wie privilegiert sie doch sei im Vergleich zu anderen Gefangenen, die meisten nicht weiß und alle arm.

Die wenigen kurzen Gefängnisaufenthalte sollten Folgen für den Rest meines Lebens haben. Sie ermöglichten mir einen winzig kleinen Einblick in das Leid der Langzeitgefangenen, die ich kannte.

Einer von diesen war Jimmy Barrett, den ich jede Woche besuchte, während er in den frühen siebziger Jahren im Charles-Street-Gefängnis einsaß. Er war ein Bostoner Straßenkind und hatte einen Sexualstraftäter umgebracht, der ihn missbraucht hatte. Jimmy wurde zu lebenslanger Haft verurteilt und saß in den schlimmsten Gefängnissen, ließ sich davon jedoch nicht kleinkriegen. Er las viel und wurde ein bemerkenswerter Schriftsteller. Unter den Gefängnisinsassen organisierte er Proteste gegen den Vietnamkrieg sowie ein Fasten, um Nahrungsmittel an Hungernde in Afrika zu spenden. Jedes Mal, wenn ich ihn besuchte, begrüßte er mich mit einem großen Lächeln und voller Überschwang.

Ich denke auch an Tiyo Attalah Salah-el, ein Schwarzer und begnadeter Musiker, der im Gefängnis mehrere Studien abschloss und an seiner Autobiografie schrieb. Nachdem wir mehrere Jahre miteinander korrespondiert hatten, besuchte ich ihn im Staatsgefängnis von Pennsylvania. Er sprang von seinem Sitz auf und umarmte mich, um mir zu erzählen, womit er sich beschäftigte. Er habe sich zwar damit abgefunden, den Rest seines Lebens hinter Gittern verbringen zu müssen, werde aber nicht kapitulieren, sondern weiterhin Musik machen, schreiben und die Abschaffung der Gefängnisse zu seiner Sache machen.

Ich wurde Zeuge der Sitzung am Berufungsgericht, bei der es um die Wiederaufnahme von Jimmy Barretts Verfahren ging, mit absehbarem Ergebnis. Die Richter und Mitglieder der Bewährungsausschüsse widmen sich kurz den Akten und Bewährungsunterlagen und ignorieren völlig die Menschen, um die es in diesen Unterlagen geht.

Über die Jahre habe ich häufig Gefangene besucht. Ich verbrachte auch einen Tag in Block Neun, dem Hochsicherheitstrakt des berüchtigten Walpole-Gefängnisses in Massachusetts. Ich habe in mehreren Gefängnissen unterrichtet. Ich bin überzeugt davon, dass die Gefängnisse dazu dienen, den Schein zu erwecken, dass das Kriminalitätsproblem gelöst wird. Den Kriminalitätsopfern ist damit nicht geholfen. Das Prinzip der Vergeltung wird so perpetuiert, an der Gewaltspirale wird weitergedreht. Das Gefängnis ist ein grausamer und untauglicher Ersatz für die Beseitigung der Ursachen der meisten Verbrechen, die *bestraft* werden – Armut, Arbeitslosigkeit, Verzweiflung, Rassismus, Gier.

Die Verbrechen der Reichen und Mächtigen bleiben meist straflos.

Es ist ein Beispiel unbeugsamer Haltung, dass Frauen und Männer, wenn es auch nicht besonders viele sein mögen, die Hölle des Gefängnissystems überleben und an ihrer Menschlichkeit festhalten.

12. Vor Gericht: Der Kern der Sache

Ich habe im Laufe der Zeit in Dutzenden von Gerichtssälen gesessen, manchmal als Angeklagter, doch meistens als Zeuge in Prozessen gegen andere. Ich habe dabei viel gelernt. Der Gerichtssaal ist ein Beispiel für die Tatsache, dass in unserer Gesellschaft, die oberflächlich betrachtet im weitesten Sinne liberal und demokratisch sein mag, die Klassenzimmer, Arbeitsplätze, die Führungsetagen der Unternehmen, die Gefängnisse und Militärkasernen offenkundig undemokratischer Natur sind und von einer Person oder einer winzigen Machtelite dominiert werden.

Im Gerichtssaal haben die Richter die absolute Macht über das Prozedere. Sie entscheiden, welche Beweismittel zugelassen, welche Zeugen gehört, welche Fragen gestellt werden dürfen. Zudem ist der Richter aller Wahrscheinlichkeit nach aus politischen Gründen berufen oder von einer Partei bestimmt worden, er ist ein ziemlich wohlhabender Weißer aus privilegierten Verhältnissen, dessen Auffassungen gemäßigt konservativ oder gemäßigt liberal sind.

Der amerikanische Gerichtssaal ist jedoch auch ein Ort, an dem Leute, allen Widrigkeiten zum Trotz, die ihnen mit Gefängnis drohende Autorität herausfordern können, an dem Rechtsanwälte, Richter und Geschworene sich durchaus von ihren Kollegen unterscheiden und ihrem Gewissen folgen. Daher agierte die Bewegung gegen den Vietnamkrieg nicht nur auf den Straßen, in Auditorien, in Kirchen sowie auf dem Schlachtfeld selbst, sondern auch in den Gerichtssälen des Landes.

1968 wurde ich kurz nach der Rückkehr aus Vietnam nach Milwaukee geladen, um im Prozess gegen die Milwaukee Fourteen als Zeuge auszusagen. Die 14 Priester, Nonnen und Laien waren in ein Einberufungsbüro eingedrungen und hatten in einem Akt des symbolischen Protestes gegen den Krieg tausende von Dokumenten verbrannt.

Sie wurden verhaftet und wegen Diebstahl und Brandstiftung angeklagt. Ich wurde von der Verteidigung als »Sachverständiger« benannt, um die Aktion in ihrem Kontext zu würdigen, um vor dem Richter sowie vor den Geschworenen darzulegen, dass die Aktion der Angeklagten in einer langen Tradition des zivilen Ungehorsams in der amerikanischen Geschichte stand. Dass sie kein gewöhnliches »Verbrechen« war, sondern eine Form des vom Gewissen geleiteten Protestes angesichts des Versagens traditioneller Handlungsmöglichkeiten, Falsches richtigzustellen.

Ein Sachverständiger muss zunächst einmal dem Gericht seine Legitimation unter Beweis stellen. Der Rechtsanwalt der Milwaukee Fourteen befragte mich zur Prüfung meiner »Qualifikation« also zunächst über meine Ausbildung sowie über meine Veröffentlichungen.

Er bat mich, das Prinzip des zivilen Ungehorsams zu erläutern. Ich sprach über die Unabhängigkeitserklärung, in der es heißt: »wenn eine Regierung zerstörend auf diese Endzwecke einwirkt« (in der Erklärung heißt es, »alle Menschen« sind gleich, also nicht nur Amerikaner, so dass die Menschenrechte der vietnamesischen Bauern ebenfalls unsere Sache sind), es das Recht des Volkes sei, »sie zu verändern oder abzuschaffen«. Und wenn das Volk die Regierung nicht verändern oder abschaffen kann, so kann es doch zivilen Ungehorsam gegen sie üben, wie es die Angeklagten getan hatten. Ich führte Henry David Thoreaus Entscheidung an, aus Protest gegen die Invasion Mexikos im Jahre 1846 gegen das Gesetz zu verstoßen, und begann mit einer kurzen Darstellung der Geschichte des zivilen Ungehorsams in den Vereinigten Staaten.

Richter Larsen hatte genug. Er klopfte mit seinem Hammer und sagte: »Das können Sie nicht erörtern. Es führt in die Grundsätze!«

Er hatte Recht. Gerichtssäle sind nicht der Ort, wo es einem erlaubt ist, zu den Grundsätzen zu kommen.

Der Rechtsanwalt der Milwaukee Fourteen stellte weitere Fragen.

»Herr Dr. Zinn, können Sie den Geschworenen erklären, was der Unterschied zwischen Recht und Gerechtigkeit ist?«

Das war eine gefährliche Frage, denn wie könnte man näher zum »Kern der Sache« kommen? Der Staatsanwalt erhob auch sogleich Einspruch.

»Stattgegeben«, sagte der Richter.

Es folgten weitere Fragen über zivilen Ungehorsam.

Jedes Mal: »Einspruch.«

Jedes Mal: »Stattgegeben.«

Ich war frustriert. Das Auftreten als Sachverständiger vor Gericht war oft trivial und langweilig. Je grundsätzlicher die Sache wurde, desto weniger wahrscheinlich war es, dass sie zur Sprache kommen durfte. Obwohl ich wusste, dass es einem Sachverständigen nicht zustand, wandte ich mich an den Richter, schließlich sollte ich etwas zur Unzulänglichkeit der Demokratie sagen.

Ich erhob meine Stimme, so dass alle Anwesenden mich hören konnten, und fragte: »Warum darf ich nichts Wichtiges ausführen? Warum dürfen die Geschworenen nichts Wichtiges zu hören bekommen?«

Der Richter wurde wütend und sagte: »Es ist Ihnen nicht erlaubt, so zu reden. Im Wiederholungsfall werde ich Sie wegen Ungebühr vor Gericht ins Gefängnis stecken lassen.«

Ich antwortete: »Eine IBM-Maschine könnte diese Entscheidung treffen, wenn es nur darum ginge, ob sie es getan haben.«

Der Richter klopfte erneut mit seinem Hammer, diesmal kräftiger. Ich hätte vermutlich fortfahren und wie die Angeklagten meinen zivilen Ungehorsam unter Beweis stellen können, doch mein Mut verließ mich. Ich muss gestehen, dass mein revolutionärer Eifer oft durch den Wunsch gebremst wurde, zu meiner Frau und meinen Kinder zurückkehren zu können.

Der Richter sagte zu den Geschworenen: »Gegenstand des Verfahrens sind Brandstiftung und Diebstahl.« Er wollte nicht zulassen, dass die Geschworenen hören, *warum* diese Leute Einberufungsakten verbrannt hatten. Er wollte nicht, dass sie etwas über den Vietnamkrieg hören. Er wollte, dass die Geschworenen die Angeklagten wie gewöhnliche Kriminelle behandeln, die sich aus mysteriösen Gründen entschlossen hatten, Regierungsdokumente zu zerstören. Die in ihrer Entscheidungsfindung durch den Richter eingeschränkten Geschworenen befanden die Angeklagten für schuldig. Sie wurden zu mehreren Jahren Haft verurteilt.

Der Richter hatte, wie es das Strafrecht vorsieht, den Angeklagten erlaubt, zu ihrem »Geisteszustand« zur Tatzeit Stellung zu nehmen. Dadurch gelang es einigen von ihnen, den Geschworenen ihre moralischen Beweggründe für den Gesetzesbruch darzulegen. Ein junger Priester, Father Bob Cunnane, den ich flüchtig aus Boston kannte, erklärte, wie ihn die Lektüre des Buches *Die deutschen Katholiken und Hitlers Kriege* von Gordon Zahn beeinflusst hatte. »Ich stünde nicht hier, hätte ich nicht dieses Buch gelesen. SS-Soldaten sind in die Messe gegangen und haben danach Juden abgeholt.«

Der Staatsanwalt erhob Einspruch, dem der Richter stattgab. »Hitlers Behandlung der Juden tut hier nichts zur Sache.«

»Aber darum *bin ich* doch hier«, erwiderte Cunnane.

Auf dem Rückflug nach Boston begann ein kleiner, kräftiger Mann mittleren Alters neben mir ein Gespräch. Er erzählte mir, dass er Hafenarbeiter in den Docks von Boston gewesen sei und mich im Gerichtssaal gesehen habe. Was er dort gewollt habe, fragte ich.

»Mein Sohn war einer der Angeklagten.«

Bei seinem Sohn handelte es sich um Jim Harney, ein Priester und einer der Milwaukee Fourteen.

Er fuhr fort: »Ich bin stolz, dass er getan hat, woran er glaubt.«

Zwanzig Jahre später und lange aus dem Gefängnis entlassen, reiste Jim Harney regelmäßig nach El Salvador, um mit Bauern zu arbeiten, die den Todesschwadronen Widerstand leisteten.

Während der Vietnamkrieg weiterging und sich die öffentliche Meinung mehr und mehr gegen den Krieg wandte, wurden die Geschworenen unabhängiger, und die Richter räumten ihnen mehr Freiheiten ein, sich mit den Hintergründen der Aktionen gegen den Krieg zu befassen. Auch die Camden Twenty-Eight vernichteten Einberufungsakten, doch ihr Prozess 1973 in New Jersey verlief ganz anders.

Viele von ihnen waren junge Katholiken aus Arbeitervierteln Philadelphias. Sie entschieden sich für Anwälte aus der Bewegung als Berater, verteidigten sich aber selbst – eine Verteidigung »pro se«.

Sie riefen einen Armeemajor in den Zeugenstand, der früher das Einberufungszentrum von New Jersey geleitet hatte. Er schilderte detailliert, wie durch das Einberufungssystem die Armen, die Schwarzen und diejenigen, die wenig Bildung genossen hatten, systematisch diskriminiert wurden, und wie andererseits die Söhne der Wohlhabenden aus medizinischen Gründen freigestellt wurden. Als der Staatsanwalt ihn fragte, ob er der Auffassung sei, dass Bürger das Recht hätten, in Gebäude einzudringen, um Einberufungsakten zu vernichten, antwortete er: »Würden sie heute noch eine solche Aktion planen, würde ich mich ihnen wahrscheinlich anschließen.«

Eine der Angeklagten, Kathleen (Cookie) Ridolfi, die vielleicht 21 Jahre alt war, rief mich an und fragte, ob ich nach Camden kommen würde, um für sie auszusagen. Sie hatte mein Buch *Disobedience and Democracy* gelesen und wollte, dass der Richter und die Geschworenen meine Ansichten hörten.

Der Richter ließ mich auf ihre Bitte hin zu den Geschworenen über den Vietnamkrieg reden. Ich konnte lange Zitate aus den einst geheimen Pentagon-Papieren anführen, um zu zeigen, wie die Regierung die amerikanische Bevölkerung über die Natur des Krieges getäuscht hatte. Ich stellte die öffentlichen Erklärungen von Regierungsvertretern, die US-Streitkräfte seien nach Vietnam entsandt worden, um »Freiheit« und »Demokratie« zu schützen, den geheimen Memoranden des Nationalen Sicherheitsrates gegenüber, in denen die Bedeutung Südostasiens hervorgehoben wurde und immer wieder drei Wörter unterstrichen wurden: Zinn, Kautschuk, Öl.

Als ich 17 Jahre später, irgendwann im Jahre 1990, in einer Stadt des mittleren Westens sprach, kam ein Mann zu mir und sagte, wir wären uns schon einmal begegnet. Es war Bob Good, einer der Camden Twenty-Eight. Er erzählte mir, dass seine Mutter während meiner Ausführungen im Gerichtssaal einen Zusammenbruch erlitten habe und aus dem Saal hatte geführt werden müssen. Am Tag nach meinem

Auftritt sei sie für die Camden Twenty-Eight in den Zeugenstand getreten. Bob Good überreichte mir eine Abschrift ihrer Aussage vor Gericht.

Elizabeth Good hatte erklärt, dass sie und ihr Gatte, ein Zimmermann, auf einer Farm lebten, zehn Kinder großzogen und einen Sohn bei einem Autounfall verloren hatten. Als ihr Sohn Paul eingezogen wurde, sei sie, eine gläubige Katholikin, davon überzeugt gewesen, dass Gott ihr nicht auch noch ein zweites Kind nehmen würde. Eines Tages habe sie jedoch gesehen, wie ein Armeeoffizier die Auffahrt zu ihrem Haus hochkam. Da habe sie gewusst, dass ihr Sohn tot war.

Danach, so fuhr sie fort, habe sich ihr Sohn Bob »mehr Gedanken über diesen Krieg gemacht als wir alle. ... Und ich habe immer noch versucht, auch noch bis letzten Freitag, daran zu glauben, dass mein Sohn für sein Land gestorben ist. Doch als Mr. Zinn im Zeugenstand war und von ›Zinn, Kautschuk, Öl‹ sprach, erlitt ich einen Zusammenbruch. ... Die Angehörigen meiner Familie, die gestorben sind – meine Schwestern und Brüder – starben an Krebs. 100 000 Dollar werden für die Krebsforschung ausgegeben, doch 70 Milliarden für Verteidigung. Wo liegen unsere Prioritäten? Ich glaube nicht, dass es im Umkreis von 500 Meilen jemanden gab, der so antikommunistisch war wie ich. ... Jedes Mal, wenn die Jungs etwas sagen wollten, verwies ich auf den Kommunismus. So waren wir alle. ... Ich verstehe einfach nicht, was wir dort drüben zu suchen haben. Wir sollten abziehen. Doch keiner von uns, nicht ein Einziger hat irgendetwas dagegen unternommen. Wir haben es diesen Leuten überlassen«, sie deutete auf die Angeklagten, »etwas zu tun. Und nun klagen wir sie dafür an. Mein Gott!«

Die Angeklagten hatten genau das getan, was der Staatsanwalt ihnen vorwarf: Sie waren nächtens illegal in ein Bundesgebäude eingedrungen und hatten Einberufungsakten vernichtet. Doch die Geschworenen befanden sie für nicht schuldig, und einer von ihnen gab für die Angeklagten eine Party.

Ebenfalls im Jahre 1973 wurde ich nach Los Angeles gebeten, um in einem weiteren Verfahren auszusagen, in dem es um den Krieg ging – in dem Prozess gegen Daniel Ellsberg und Anthony Russo wegen der Pentagon-Papiere.

Ich hatte Dan Ellsberg vier Jahre zuvor bei einem Antikriegstreffen kennengelernt, bei dem wir beide eine Rede hielten. Noam Chomsky hatte mir von ihm erzählt: »Ein interessanter Mann.« Ellsberg hatte in Harvard in Ökonomie promoviert und war danach bei den Marines, im Außen- und im Verteidigungsministerium gewesen. Seine Erfahrungen in Vietnam hatten ihn zum Kriegsgegner werden lassen. Er war nun Forschungsstipendiat am Massachusetts Institute of Technology (M.I.T.).

In den folgenden Monaten wurden er und seine Frau Pat, Roz und ich Freunde. Als wir eines Abends in ihrer Wohnung am Harvard Square in Cambridge Kaffee tranken, sagte Dan, er müsse uns etwas streng Vertrauliches mitteilen. Als er bei der Rand Corporation, einer »Denkfabrik« des Verteidigungsministeriums, gewesen sei, habe er geholfen, einen Geheimbericht zu erstellen, eine offizielle Geschichte des Vietnamkrieges.

Bei der Durchsicht der internen Dokumente sei ihm klar geworden, dass die Regierung der Vereinigten Staaten das amerikanische Volk immer wieder belogen habe. Er sei zu dem Schluss gekommen, dass die Öffentlichkeit ein Recht darauf habe, diese Papiere zu kennen. Als einem der Spitzenwissenschaftler des Projekts wurde ihm die Erlaubnis erteilt, die Papiere mit nach Hause zu nehmen. Er versicherte sich der Hilfe eines Freundes, des früheren Rand-

Forschers Anthony Russo, den kühnen Plan umzusetzen und die 7000 Seiten, die alle den Stempel STRENG GEHEIM trugen, zu fotokopieren und öffentlich zu machen.

Sie fanden einen Freund, der eine Werbeagentur betrieb und über einen Fotokopierer verfügte. Wenn in der Agentur um 17 Uhr Feierabend war, gingen Dan und Tony an die Arbeit und fertigten zahlreiche Kopien der später als Pentagon-Papiere bekannt gewordenen Dokumente an. Manchmal halfen Dans Kinder Robert und Mary, die im jugendlichen Alter waren, systematisch auf jeder Seite den Stempel STRENG GEHEIM unkenntlich zu machen. Es war im Herbst 1969 und sie arbeiteten wochenlang bis spät in die Nacht. Einmal kam ein Polizist, der sah, dass im Büro noch Licht brannte, nach oben. Sie erklärten ihm, sie würden fotokopieren. Er verschwand wieder.

Kopien der Pentagon-Papiere wurden an ausgewählte Senatoren und Kongressmitglieder geschickt, von denen bekannt war, dass sie gegen den Vietnamkrieg waren. Sie wurden gebeten, die Papiere zu veröffentlichen. Doch keiner folgte dieser Bitte. Die Begriffe »Verschlusssache« und »Streng Geheim« waren in der nahezu hysterischen Atmosphäre des Kalten Krieges und nun in einem tatsächlichen Krieg zu etwas Heiligem geworden.

»Möchtest du ein paar der Papiere sehen?«, fragte Dan. Er ging zu einem Schrank und reichte mir einen Stapel Dokumente. In den nächsten Wochen versteckte ich sie in meinem Büro und las sie, wann immer ich ungestört war. Ich hatte gedacht, ich wüsste längst einiges über die Geschichte der US-Politik in Vietnam, doch hier stieß ich auf überraschende Enthüllungen, auf Fakten, deren Richtigkeit wir in der Friedensbewegung behauptet hatten, die sich jedoch erst jetzt durch diese Dokumente, durch die Regierung selbst belegen ließen.

Dan hatte eine Kopie Neil Sheehan gegeben. Den Reporter der *New York Times* kannte er aus Vietnam. Es waren Monate vergangen, und nichts war passiert.

An einem Sonntagabend im Juni 1971 wollten Dan, Pat, Roz und ich ins Kino gehen. Als Dan und Pat bei uns in Newton eintrafen, war Dan sichtlich aufgeregt. Er hatte gerade jemanden von der *New York Times* (nicht Neil Sheehan) wegen irgendeiner Sache angerufen. Sein Gesprächspartner hatte ihm erklärt, die Zeit für ein Gespräch sei nicht günstig, weil gerade etwas Seltsames vor sich gehe: die *New York Times* ließe das ganze Gebäude bewachen, und die Druckmaschinen liefen auf Hochtouren, damit die Sonntagsausgabe, die ein streng geheimes Regierungsdokument enthalte, fertig würde.

»Du solltest dich freuen«, sagten wir zu Dan, »endlich drucken sie die Papiere.«

»Ja, aber ich bin stinksauer, sie hätten mich vorab informieren können.«

Am nächsten Morgen erschien die *New York Times* mit einer riesengroßen Schlagzeile, die sich über vier Spalten erstreckte: VIETNAM-ARCHIV: PENTAGON-STUDIE ZEICHNET 3 JAHRZEHNTE WACHSENDER US-VERSTRICKUNG NACH. Die Geschichte umfasste sechs Seiten Dokumente und Kommentare. Woher das Material stammte, wurde nicht erwähnt, und es dauerte einige Tage, bis das FBI auf Dan Ellsberg kam. Der war jedoch bei Freunden in Cambridge abgetaucht und gab Kopien der Pentagon-Papiere an die *Washington Post* und den *Boston Globe*, während die Regierung Nixon mit dem Hinweis auf die »nationale Sicherheit« die Bundesgerichte anwies, eine weitere Veröffentlichung zu verhindern.

Zwölf Tage später stellte sich Dan Ellsberg am Post Office Square in Boston, wo sich viele Unterstützer, Journalisten und Neugierige versammelt hatten und Zeuge wurden, wie ihn das FBI, das verärgert war, weil es ihn nicht selbst hatte finden können, festnahm, als er aus einem Wagen stieg.

Zwei Wochen nach dem Bericht der *New York Times* verwarf der Oberste Gerichtshof die letzte Berufung der Regierung Nixon. Die Mehrheit der Richter war der Auffassung, dass durch den 1. Zusatzartikel zur Verfassung eine »vorherige Zurückhaltung«, das heißt, das Verbot einer Zeitung vor einer Veröffentlichung, ausgeschlossen sei. Einige Richter betonten jedoch, dass eine Strafverfolgung *nach* einer Veröffentlichung möglich sei. Also ging die Regierung an die Arbeit.

Dan Ellsberg wurde von einer Grand Jury (Anklagejury) in Los Angeles wegen elf verschiedener Vergehen angeklagt, darunter Diebstahl und Verletzung des Spionagegesetzes – er habe unautorisierten Personen Dokumente überlassen, deren Veröffentlichung eine Gefahr für die nationale Verteidigung darstelle. Die Gesamtstrafe belief sich auf 130 Jahre Haft. Gegen Tony Russo wurde in drei Punkten ebenfalls Anklage erhoben, die Gesamtstrafe: 40 Jahre.

Der Prozess gegen sie fand Anfang 1973 vor einem Bundesgericht in Los Angeles statt. Die Regierung legte zum Beweis 18 Ordner mit Pentagon-Papieren vor und ließ hochrangige Militärs und Regierungsbeamte in den Zeugenstand berufen, die bekräftigen sollten, dass die Geheimhaltung dieser Papiere für die nationale Sicherheit von höchster Bedeutung war.

Ellsberg und Russo wurden von einem außergewöhnlichen Team von Rechtsanwälten vertreten: Leonard Boudin, ein exzellenter Bürgerrechtsanwalt, der bereits in der McCarthy-Ära politische Dissidenten verteidigt hatte; Leonard Weinglass, ein Anwalt der Bewegung, der 1968 die Angeklagten vertreten hatte, die wegen der Proteste anlässlich der Democratic National Convention in Chicago der Verschwörung beschuldigt wurden; und Charles Nesson, ein junger Professor von der Harvard Law School.

Sie beschlossen, zwei Gruppen von Zeugen in den Zeugenstand zu rufen, zunächst frühere Regierungsbeamte und Akademiker, deren Respektabilität außer Zweifel stand – Arthur Schlesinger, Theodore Sorenson, McGeorge Bundy, John Kenneth Galbraith. Sie sollten über technische Fragen Auskunft geben, darüber, ob die in den Pentagon-Papieren enthaltenen Informationen die nationale Verteidigung beeinträchtigen könnten.

Zweitens würden sie »Sachverständige« anhören lassen, die selbst gegen den Krieg aktiv gewesen waren, und versuchen, den Geschworenen die *moralischen* Implikationen zu vermitteln. Sie wollten die Pentagon-Papiere nutzen, um gegenüber den Geschworenen über die Natur des Krieges zu sprechen: Noam Chomsky; Richard Falk, ein Experte für Internationales Recht an der Princeton University; Tom Hayden; Don Luce, der neun Jahre lang als Zivilist in Vietnam mit Bauern gearbeitet hatte und ich.

Es wurde beschlossen, dass ich als erster Zeuge auftreten sollte, und daher flog ich nach Los Angeles. Ich verbrachte die folgende Woche damit, die ersten fünf der von der Regierung vorgelegten 18 Ordner zu lesen und meine Aussage vorzubereiten. Ich wohnte in dem am Meer gelegenen Haus des Anwalts Len Weinglass, unternahm lange Spaziergänge am Strand, aß chinesisch mit Dan und Tony und verbrachte einen Abend in einem örtlichen Club, um zwei meiner Lieblingsjazz- und Bluesmusiker zu hören, Sonny Terry und Brownie McGee.

Ein paar Tage bevor ich in den Zeugenstand berufen werden sollte, luden die Verteidiger Professor Arthur Kinoy von der Rutgers University Law School zu einer Strategiebesprechung ein. Kinoy war eine Art Vaterfigur für die Anwälte der Bewegung in den sechziger Jahren, ein brillanter juristischer Taktiker und Veteran vieler Bürgerrechtskämpfe, der einmal aus einer Anhörung des Komitees für unamerikanische Aktivitäten gezerrt worden war, während er tapfer einen Klienten verteidigte.

Ich nahm an dieser Strategiesitzung teil und lernte viel. Die Anwälte befassten sich mit den technischen Aspekten der Anklage: Wie würden sie beweisen, dass die Inbesitznahme der Pentagon-Papiere rechtlich kein Diebstahl war? Kinoy, ein kleiner, drahtiger, ruheloser Dynamo von einem Mann, winkte ab.

»Nein! Nein! Vergesst die technischen Aspekte!« Er ballte die Faust. »Ihr müsst nur eines tun, nämlich die zwölf Geschworenen davon überzeugen, dass das, was Dan Ellsberg und Tony Russo getan haben, *richtig* war.«

Als ich an einem Freitagnachmittag in den Zeugenstand trat, lagen vor mir fünf Ordner mit den Pentagon-Papieren, die ich studiert hatte.

»Würden Sie bitte den Geschworenen den Inhalt dieser Ordner erläutern?«, bat Len Weinglass.

Die Geschworenen saßen ein paar Schritte von mir entfernt. Zehn der zwölf waren Frauen, davon mindestens drei schwarz, und eine Geschworene war eine Immigrantin aus Australien. Von den beiden Männern war einer schwarz, ein Vertreter der örtlichen Automobilgewerkschaft. Der zweite war ein Veteran des Vietnamkrieges, ein Soldat der Marines, der im Krieg verwundet worden war.

Ich wandte mich den Geschworenen zu und antwortete auf die Frage von Len Weinglass mit einem zweistündigen Vortrag über die Geschichte des Vietnamkrieges. Es war, als dozierte ich an der Universität, wobei jedoch sehr viel mehr auf dem Spiel stand.

Meine Aufgabe bestand darin, die Geschichte der US-Kriegsführung vom Zweiten Weltkrieg bis 1963 nachzuzeichnen. In jenem Jahr hatte die US-Regierung, die zu der Erkenntnis gekommen war, dass der südvietnamesische Führer Ngo Dinh Diem eine Rebellion des Volkes nicht unterdrücken konnte, einen Militärputsch unterstützt. Diem wurde gestürzt und hingerichtet. Die Pentagon-Papiere belegten die Beteiligung der USA an diesem Putsch, doch Henry Cabot Lodge, damals US-Botschafter in Saigon, der mit den Putschisten ständig in Kontakt gestanden hatte, erklärte später vor Reportern: »Wir hatten nicht das Geringste damit zu tun.«

»Sind Sie fertig?«, fragte Len Weinglass.

»Ja.«

»Würden Sie, nachdem Sie diese Ordner studiert haben, bitte den Geschworenen sagen, ob durch die Veröffentlichung ihres Inhalts die nationale Verteidigung Schaden genommen hat oder nicht?«

Ich erklärte, dass die Papiere nichts von militärischer Bedeutung beinhalteten, das dazu dienen könnte, die Verteidigung der Vereinigten Staaten zu beeinträchtigen. Die darin enthaltenen Informationen seien für die Regierung einfach nur *ärgerlich*, weil durch die zwischen ihren verschiedenen Ressorts ausgetauschten Memoranden deutlich werde, dass sie die Öffentlichkeit belogen habe.

Ich sprach über den Begriff der »nationalen Verteidigung« und schlug als geeignete Definition die der Verteidigung des Volkes und nicht der Sonderinteressen vor. Die aus den Pentagon-Papieren enthüllten Geheimnisse mögen Politiker verärgern und den Profiten der Unternehmen abträglich sein, die in fernen Ländern auf Zinn, Gummi und Öl aus seien. Doch dies sei nicht gleichzusetzen mit der Verletzung einer Nation oder des Volkes.

Der Staatsanwalt verzichtete darauf, mich wegen der Dokumente ins Kreuzverhör nehmen zu lassen. Er wollte nur zeigen, dass ich ein Freund von Daniel Ellsberg war. Er hielt den Geschworenen ein Polizeifoto hin und bat mich um eine Erläuterung. Das Foto war 1971 während einer Demonstration vor einem Bundesgebäude aufgenommen worden und zeigte Dan Ellsberg und mich, wie wir zusammen unter den Demonstranten saßen.

»Keine weiteren Fragen.«

In jener Woche folgten weitere Zeugenaussagen, dann die Plädoyers und die Rechtsbelehrung der Geschworenen durch den Richter. Die Geschworenen berieten Tage später noch immer, als der Richter sie wieder in den Gerichtssaal bat. Die Watergate-Affäre wurde publik. Auf Geheiß der Regierung Nixon waren illegal Abhörwanzen installiert worden. Bei Daniel Ellsbergs Therapeuten hatte sie einbrechen lassen, um diskreditierendes Material zu finden. Und sie hatte sogar Männer damit beauftragt, ihn während einer Rede bei einer Antikriegsdemonstration zusammenzuschlagen. Aufgrund dieses illegalen Vorgehens erklärte der Richter einen Fehlprozess. Das Verfahren wegen der Pentagon-Papiere wurde eingestellt.

Danach wurden einige der Geschworenen interviewt, und es wurde klar, dass Dan Ellsberg und Tony Russo nicht verurteilt worden wären.

In den achtziger Jahren – der Vietnamkrieg war zu Ende, die Presse erklärte, die sechziger Jahre seien vorbei, die Antikriegsbewegung sei tot – setzten entschlossene Aktivisten den zivilen Ungehorsam bei Protesten gegen die Militärhilfe für El Salvador und andere Diktaturen, gegen die steigenden Militärausgaben sowie gegen die immense Anhäufung von Nuklearwaffen fort.

Ich trat in einigen Prozessen jener Zeit als Zeuge auf. Die Prozesse ermutigten mich. Richter ließen die Geschworenen die tatsächlichen Gründe für Akte des zivilen Ungehorsams hören und waren bereit, Zeugen »zum Kern der Sache« kommen zu lassen. Geschworene kamen oft zu überraschenden Entscheidungen.

1984 sagte ich bei einem Prozess in Burlington, Vermont aus. Dort hatten die Winooski Fourty-Four sich in den Korridor vor Senator Staffords Büro gesetzt und geweigert, das Gebäude zu verlassen. Sie protestierten gegen dessen Unterstützung der Militärdiktatur in El Salvador. Richter Mahady gestattete mir, über zivilen Ungehorsam zu reden und darüber, dass dadurch in der Geschichte der USA wichtige Veränderungen bewirkt wurden. Er ließ die Aussage von zwei Frauen aus El Salvador zu, deren Familien und Freunde von Todesschwadronen der Regierung ermordet worden waren. Der ehemalige CIA-Agent John Stockwell durfte darlegen, wie die CIA die amerikanische Politik in Zentralamerika so steuerte, dass eine Demokratie nicht mehr möglich war.

Die Geschworenen befürworteten einen Freispruch aller Angeklagten. Einer der Geschworenen sagte später: »Es war mir eine Ehre, zu diesen Geschworenen zu gehören. Ich fühlte mich als Teil der Geschichte.«

Zweifellos stehen die Chancen von Dissidenten gegenüber dem Justizwesen, gleich welcher Nation, schlecht. Doch Menschen sind keine Maschinen und trotz des auf ihnen lastenden Konformitätsdrucks so sehr bewegt durch das, was sie als ungerecht erachten, dass sie es wagen, ihre Unabhängigkeit zu erklären. In dieser historischen Möglichkeit liegt Hoffnung.

13. Klassenbewusst aufwachsen

Ich war dreizehn, als ich dieses Gedicht schrieb:

> Geh, besuche deinen Onkel Phil
> Und sag Hallo!
> Wer liefe heute derart weit,
> Um Hallo! zu sagen,
> Die Stadt frostig und zugeschneit?

Phil hatte einen Zeitungskiosk
Unter dem schwarzen El.
Dort saß er auf einer Holzkiste
Bei Hitze und bei Kälte.
Gegenüber drei kleine Zimmer.

Verschwunden war die Holzkiste heute,
Am Kiosk eingerollt Onkel Phil,
Ein Skelett in einem Armeemantel.
Er lächelte und gab mir ein Kaugummi,
Die Finger steif, rot und taub.

Geh, besuche heute deinen Onkel Phil,
Sagte meine Mutter im Juni wieder.
In meinen brandneuen Turnschuhen
Lief ich die Meile, um Guten Tag zu sagen,
Der Geruch der Stadt fast lieblich.

Mit Brettern vernagelt und ruhig
Der Zeitungskiosk in der Sonne.
Onkel Phil lag kalt, schlafend
Unter dem schwarzen El, in einer Holzkiste,
In einem der drei kleinen Zimmer gegenüber.

Ich zitiere diese Zeilen gewiss nicht als ein Beispiel für »Poesie«, sondern weil sie etwas aus meiner Kindheit in den Slums von Brooklyn der dreißiger Jahre in Erinnerung rufen, als meine Eltern sich in Momenten der Verzweiflung an Menschen wandten, die sie aus einer Notlage retteten: der Krämer an der Ecke, der Kredit einräumte, indem er die Tageseinkäufe auf einer Papierrolle notierte; der nette Arzt, der jahrelang kostenlos meine Rachitis behandelte; Onkel Phil, dem sein Militärdienst eine Lizenz für einen Zeitungskiosk eingebracht hatte und der uns Geld lieh, wenn wir die Miete nicht zahlen konnten.

Phil und mein Vater waren zwei von vier Brüdern, jüdische Emigranten aus Österreich, die vor dem Ersten Weltkrieg in die USA auswanderten und in New Yorker Fabriken arbeiteten. Phils Kollegen fragten ihn immer wieder: »Zinn, Zinn – was ist das denn für ein Name? Hast du ihn geändert? Es ist kein jüdischer Name.« Phil sagte, der Name sei nicht geändert worden, er laute Zinn und damit basta. Er wurde die Fragerei aber leid und änderte eines Tages seinen Namen ganz legal in Weintraub, wie fortan dieser Familienzweig hieß.

Mein Vater wollte der Fabrik entkommen und wurde Kellner, bei Hochzeiten zumeist, manchmal auch in Restaurants. Er trat der Kellnergewerkschaft, Ortsgruppe 2, bei. Die Gewerkschaft übte eine starke Kontrolle aus, doch am Silvesterabend, wenn zusätzliche Kellner benötigt wurden, durften die Söhne von Mitgliedern, die »Juniors« genannt wurden, mit ihren Vätern arbeiten.

Auch ich kellnerte, hasste aber das Ganze: den von meinem Vater geborgten, schlecht sitzenden Smoking an meinem schlaksigen Körper, die Ärmel absurd kurz (mein Vater war 1,62 Meter, ich mit sechzehn 1,82 Meter groß); die Art, wie die Chefs die Kellner behandelten, denen ein paar Hähnchenflügel zugestanden wurden, bevor sie losmarschierten, um den Gästen Roastbeef und Filet Mignon zu servieren; die Kostüme und albernen Hüte der Gäste, die zum Jahresbeginn »Auld Lang Syne« sangen, während ich in meiner Kellnerkleidung herumstand, zusah, wie mein Vater mit erschöpftem Gesicht die Tische abräumte, und mich nicht auf das neue Jahr freuen konnte.

Als ich zum ersten Mal auf ein Gedicht eines gewissen e. e. cummings stieß, verstand ich nicht, warum es mich so sehr berührte, wusste aber, dass es irgendein verborgenes Gefühl ansprach:

> mein vater durchlief die schicksale der liebe
> jene des seins und der gaben des gebens,

jeden morgen aus jeder nacht singend
mein vater aus tiefen sich schwingend ...

Sein Name war Eddie. Er zeigte seinen vier Jungen stets seine Zuneigung und lachte gern. Er hatte ausgeprägte Gesichtszüge, einen muskulösen Körper und Plattfüße, die eine Folge der langen Kellnertätigkeit waren, wie behauptet wurde, doch wer konnte sich dessen schon sicher sein. Seine Kellnerfreunde nannten ihn »Charlie Chaplin«, weil er beim Laufen die Füße nach außen drehte – er meinte, er könne so die Tabletts besser balancieren.

In den Jahren der Depression fielen die Hochzeitsfeiern weg, es gab wenig Arbeit, und mein Vater wurde es leid, im Gewerkschaftshaus herumzuhängen, Karten zu spielen und auf einen Job zu hoffen. Er arbeitete als Fensterputzer, fliegender Händler, Straßenverkäufer von Krawatten oder als Arbeiter der Work Projects Administration im Central Park. Als Fensterputzer riss ihm einmal der Haltegurt, und er fiel von der Leiter auf die Betonstufen eines Eingangs zur U-Bahn. Ich war vielleicht zwölf und erinnere mich noch daran, wie er blutend in unsere kleine Wohnung gebracht wurde. Er war schwer verletzt und meine Mutter verbot ihm, weiter Fenster putzen zu gehen.

Mein Vater hat sein ganzes Leben lang hart gearbeitet und sehr wenig verdient. Ich habe mich stets gegen die blasierten Behauptungen von Politikern, Medienkommentatoren und Unternehmensvorständen gewandt, in Amerika könne man reich werden, wenn man nur hart genug arbeite. Dieser Behauptung zufolge war der Arme arm, weil er nicht hart genug arbeitete. Ich wusste, dass dies eine Lüge war, eine Lüge über meinen Vater und über Millionen andere, Männer und Frauen, die härter arbeiteten als sonst jemand, härter als die Herren der Finanzwelt und der Politik, härter als *sonst jemand*, wenn man zugibt, dass es eine Schufterei ist, einer unangenehmen Arbeit nachzugehen.

Meine Mutter Jenny arbeitete und arbeitete, ohne überhaupt entlohnt zu werden. Sie war eine rundliche Frau mit einem hübschen, ovalen russischen Gesicht – wirklich eine Schönheit. Sie war im sibirischen Irkutsk aufgewachsen. Während mein Vater *seine* Stunden ableistete, musste sie Tag und Nacht arbeiten, sich um die Familie kümmern, dafür sorgen, dass etwas auf den Tisch kam, putzen und die an Masern, Ziegenpeter, Keuchhusten, Mandelentzündung oder an was auch immer leidenden Kinder zum Arzt oder ins Krankenhaus bringen. Und sie musste sich um die Finanzen kümmern. Mein Vater war nur vier Jahre zur Schule gegangen und konnte nicht besonders gut lesen oder rechnen. Meine Mutter hatte die siebte Klasse absolviert, doch ihre Intelligenz hätte für weit mehr gereicht. Sie war der geistige Kopf der Familie und deren Stütze.

Einmal saßen Roz und ich mit ihr zusammen in unserer Küche. Sie war bereits über siebzig und sprach über ihr Leben, vor sich auf dem Tisch einen Kassettenrekorder. Sie erzählte von der arrangierten Ehe ihrer Mutter in Irkutsk: »Sie brachten einen Jungen mit nach Hause, einen jüdischen Soldaten, der in Irkutsk stationiert war, und sagten: ›Den wirst du heiraten.‹«

Sie emigrierten nach Amerika. Jennys Mutter starb, gerade mal Mitte dreißig, nachdem sie drei Jungen und drei Mädchen zur Welt gebracht hatte. Ihr Vater, auf den sie ihr ganzes Leben lang wütend war, verließ die Familie. Jenny, die Älteste, selbst noch eine Jugendliche, wurde zur Ersatzmutter, kümmerte sich um ihre Geschwister und arbeitete in Fabriken, bis ihre Geschwister erwachsen waren und ebenfalls Arbeit fanden.

Eddie lernte sie durch seine Schwester kennen, die mit ihr in der Fabrik arbeitete. Ihre Ehe war stets von leidenschaftlicher Liebe geprägt. Eddie starb im Alter von 77 Jahren. Bis zuletzt servierte er bei Hochzeiten oder in Restaurants noch Speisen, weil er nie genug Geld verdient hatte, um sich zur Ruhe setzen zu können. Er erlag schließlich einem Herzschlag. Ich erfuhr die Nachricht in Atlanta, wohin Roz und ich kurz zuvor umgezogen waren. Ich erinnerte mich an unsere letzte Zusammenkunft, bei der mein Vater sich sehr darüber aufgeregt hatte, dass unsere kleine Familie so weit weg zog. Doch als wir uns verabschiedeten, sagte er nur: »Viel Glück. Passt auf euch auf.«

Meine Mutter überlebte ihn um viele Jahre. Sie lebte allein und legte großen Wert auf ihre Unabhängigkeit. Sie strickte für alle Pullover, hütete ihre Einkaufsgutscheine und spielte mit ihren Freundinnen Bingo. Schließlich erlitt sie einen Schlaganfall und musste in einem Pflegeheim untergebracht werden.

Als Kind faszinierte mich ein gerahmtes Foto, das an der Wand hing und einen Jungen mit einem zarten Gesicht, sanften braunen Augen und einem braunen Haarschopf zeigte. Eines Tages erklärte mir meine Mutter, es sei ihr Erstgeborener, mein älterer Bruder, der im Alter von fünf Jahren an spinaler Meningitis starb. Auf unserem Tonband sagt sie, als er starb, seien sie auf einem kurzen, billigen Landurlaub gewesen, und sie und Vater hätten während der langen Zugfahrt nach New York City seine Leiche im Arm gehalten.

Wir lebten in verschiedenen Mietwohnungen, mal mit vier, mal mit drei Zimmern. Während einiger Winter wohnten wir in einem zentral beheizten Haus, dann wieder in sogenannten Kaltwasserwohnungen, in denen es keine Heizmöglichkeit gab, außer einem Kohleherd in der Küche, kein warmes Wasser, außer wenn wir es auf diesem Herd erhitzten.

Es war stets ein Kampf, Rechnungen zu begleichen. Einmal kam ich im Winter, als die Sonne um vier Uhr unterging, aus der Schule und fand das Haus dunkel vor – die

Elektrizitätsgesellschaft hatte den Strom abgeschaltet. Meine Mutter saß da und strickte bei Kerzenlicht.

Wir hatten keinen Kühlschrank, sondern nur eine Eisbox. Wir mussten zum »Eis-Dock« gehen und für fünf oder zehn Cent ein Stück Eis kaufen. Im Winter stand eine Holzkiste draußen auf der Fensterbank, wir nutzten die Natur, um Sachen kühl zu halten. Eine Dusche gab es nicht, das Waschbecken in der Küche war unsere Badewanne.

Wir hatten lange Zeit kein Radio, bis mein Vater mich eines Tages auf einen langen Spaziergang durch die Stadt mitnahm, um ein gebrauchtes Radio zu finden. Triumphierend trug er es auf seiner Schulter nach Hause, während ich neben ihm her trottete. Wir konnten im Süßwarenladen unseres Wohnblocks angerufen werden und gaben dem Kind, das die Treppe heraufgerannt kam, um uns einen Anruf zu melden, zwei Pennystücke oder ein Fünfcentstück. Manchmal drückten wir uns selbst in der Nähe des Telefons herum, um auf einen Anruf zu warten und loszurennen und ein Fünfcentstück einzuheimsen.

Und ja, die Kakerlaken. In keiner unserer Wohnungen fehlten sie. Kamen wir nach Hause, tummelten sie sich auf dem Küchentisch und verschwanden, sobald wir Licht machten. Ich habe mich nie an sie gewöhnen können.

Ich erinnere mich nicht daran, jemals Hunger gelitten zu haben. Die Miete mochte nicht bezahlt worden sein – wir zogen oft kurz vor dem Rauswurf um –, Rechnungen mochten liegen geblieben sein, der Krämer mochte auf sein Geld warten müssen, doch meine Mutter war äußerst einfallsreich und sorgte dafür, dass stets Essen auf den Tisch kam. Am Morgen gab es immer warmen Brei, am Abend eine heiße Suppe, stets Brot, Butter, Eier, Milch, Nudeln und Käse, Sauerrahm, Hühnerfrikassee.

Meine Mutter scheute sich nicht, Englisch zu sprechen, das sie ihren Zwecken anpasste. Wir hörten, wie sie ihrer

Freundin von dem Problem mit ihren »verrenkten Venen« oder von »ihren Krückenschmerzen« erzählte. Im Milchgeschäft fragte sie nach »Monsterkäse«. Hatte mein Vater etwas vergessen, sagte sie zu ihm: »Eddie, versuche dich zu erinnern, senge deinen Grips an.«

Meine Brüder – Bernie, Jerry, Shelly – und ich hatten immer viel Spaß, wenn wir uns über sie unterhielten. Sie unterschrieb die Briefe an uns mit den Worten: »Eure Mutter, Jenny Zinn.« Wir lachten über diese Erinnerungen, selbst als wir an ihrem Krankenbett standen. Sie lag im Koma, »am Leben« erhalten durch ein Gewirr von Schläuchen, ihr Gehirn bereits unheilbar geschädigt. Kurz nachdem wir die furchtbare Anweisung »Keine künstliche Lebensverlängerung« unterschrieben hatten, hustete sie noch einmal in den Beatmungsschlauch und starb. Sie war neunzig Jahre alt.

Wir vier Brüder sind zusammen aufgewachsen, schliefen zu zweit oder zu dritt in einem Bett, die Zimmer dunkel und wenig einladend. Ich verbrachte daher viel Zeit auf der Straße oder auf dem Schulhof, spielte Hand-, Fuß-, Soft- oder Stickball oder nahm Boxunterricht bei einem Boxer aus der Nachbarschaft, der es bis in die Endrunde der Amateurboxer (*Golden Gloves*) geschafft hatte und der unter uns als Berühmtheit galt.

Wenn ich mich in der Wohnung aufhielt, las ich. Seit meinem achten Lebensjahr las ich alle Bücher, die ich in die Finger bekam. Das erste Buch hatte ich auf der Straße gefunden. Die Anfangsseiten waren herausgerissen, doch das war egal. Es handelte sich um das Buch *Tarzans Schatz von Opar*, und von da an war ich ein Fan von Edgar Rice Burroughs, nicht nur seiner Tarzan-Bücher, sondern auch seiner Fantasy-Romane. *The Chessmen of Mars* handelte von den Kriegen, die von den Marsbewohnern geführt wurden, wobei die Krieger, ob zu Fuß oder zu Pferde, Schachzügen folgten. In *The Earth's Core* beschreibt Burroughs eine seltsame Zivilisation im Erdinnern.

Bei uns zu Hause gab es keine Bücher. Mein Vater hatte nie ein Buch gelesen, und meine Mutter bevorzugte Liebesheftchen. Beide lasen Zeitung. Von Politik wussten sie nicht sehr viel, außer dass Roosevelt ein guter Mann war, weil er den Armen half.

Als ich klein war, las ich keine Kinderbücher. Meine Eltern kannten solche Bücher nicht, doch als ich zehn war, bot die *New York Times* die gesammelten Werke von Charles Dickens an, von dem ich natürlich noch nie gehört hatte. Man konnte einen Coupon aus der Zeitung ausschneiden und für wenig Geld jede Woche einen Band bekommen. Meine Eltern entschieden sich dafür, weil sie wussten, dass ich gerne las. Und so las ich also Dickens in der Reihenfolge, in der wir die Bücher bekamen. *David Copperfield* folgten *Oliver Twist, Große Erwartungen, Die Pickwickier, Eine Geschichte aus zwei Städten* und so weiter, bis die Coupons ebenso erschöpft waren wie ich.

Ich wusste nicht, welche Rolle Dickens in der modernen Literatur spielte. Mir war nicht bekannt, dass er Mitte des 19. Jahrhunderts vermutlich der populärste Romanschriftsteller der englischsprachigen Welt – oder der Welt überhaupt – und zudem ein großartiger Schauspieler war, zu dessen Lesungen die Zuhörer in Scharen strömten. Ich wusste auch nicht, dass er 1842 im Alter von dreißig Jahren die USA besucht hatte. Er hielt sich zunächst in Boston auf, und einige seiner Leser kamen aus dem 2000 Meilen entfernten Westen angereist, um ihn zu sehen.

Dickens weckte in mir starke Emotionen, zunächst eine Wut auf die Willkür der im Wohlstand schwimmenden und vom Gesetz geschützten Mächtigen, vor allem aber ein tiefes Mitleid mit den Armen. Ich begriff mich nicht als arm in der Weise, in der Oliver Twist arm war. Ich erkannte nicht, dass mich seine Geschichte so berührte, weil sein Leben Töne des meinen anschlug.

Dickens hat seine Leser klug Armut und Grausamkeit erleben lassen, indem er das Schicksal von Kindern beschrieb, die noch nicht das Alter erreicht hatten, in dem die selbstgerechten und in Komfort lebenden Klassen ihnen vorwerfen konnten, sie seien selbst für ihre Misere verantwortlich.

Wenn ich heute blasse, verkrampfte Romane über »Beziehungen« lese, erinnere ich mich daran, wie schamlos Dickens Gefühle aufgewühlt hat, an seine äußerst lustigen Charaktere, seine heldenhaften Szenen – von Hunger und Niedergang gekennzeichnete Städte, Länder zu Zeiten der Revolution, der Kampf um Leben und Tod, nicht nur für eine Familie, sondern für tausende.

Literatursnobs werfen Dickens Sentimentalität, Melodramatik, Parteinahme, Übertreibung vor. Angesichts des Zustandes der Welt ist fiktionale Übertreibung in der Tat überflüssig, eine Parteinahme hingegen lebensnotwendig. Erst Jahre nach meiner Dickens-Lektüre verstand ich, was er geleistet hatte.

Zu meinem 13. Geburtstag kauften mir meine Eltern, die wussten, dass ich viele Gedanken und Erlebnisse in Notizbüchern festhielt, eine gebrauchte Underwood-Schreibmaschine. Dazu bekam ich eine Anleitung, um Tippen zu lernen, und bald hämmerte ich Besprechungen von allen Büchern, die ich las, in die Maschine und bewahrte sie in meiner Schublade auf. Ich habe sie nie jemandem gezeigt. Es bereitete mir einfach nur Freude und Stolz zu wissen, dass ich diese Bücher gelesen hatte und über sie schreiben konnte – auf einer Schreibmaschine.

Seit meinem 14. Lebensjahr arbeitete ich nach der Schule oder während der Sommerferien, lieferte für eine Reinigung Kleidungsstücke aus oder diente auf einem Golfplatz in Queens als Caddy. Ich half auch in einer Reihe von Süßwarenläden aus, die meine Eltern in dem verzweifelten Versuch übernommen hatten, genug Geld zu verdienen, damit mein Vater nicht mehr als Kellner arbeiten musste. Die Läden erwiesen sich sämtlich als Misserfolg, doch solange es sie gab, konnten meine drei jüngeren Brüder und ich viele Milkshakes trinken, Eis und Süßigkeiten essen.

Ich erinnere mich noch an die letzte und typische Situation in einem dieser Läden. Wir lebten zu sechst in einer 4-Zimmer-Wohnung über dem Laden, in einem heruntergekommenen, fünfgeschossigen Wohnblock in der Bushwick Avenue, Brooklyn. Auf der Straße war immer viel Leben, besonders im Frühjahr und im Sommer, wenn sich offenbar alle im Freien aufhielten – Alte saßen auf Stühlen, Mütter hielten ihre Babys auf dem Arm, Jugendliche spielten Fußball, die älteren Jungs »machten den dicken Max« und alberten mit Mädchen herum.

Ich erinnere mich besonders an jene Zeit, weil ich siebzehn war und mich gerade für Weltpolitik zu interessieren begann. Ich las Bücher über den Faschismus in Europa. In *Sawdust Caesar* beschrieb George Seldes Mussolinis Machtergreifung. Das Buch faszinierte mich. Mir ging der Mut des sozialistischen Abgeordneten Matteotti, der Mussolini trotzte, nicht aus dem Kopf. Er wurde von sechs der verbrecherischen Schwarzhemden aus seiner Wohnung gezerrt und ermordet.

Ich las das *Braunbuch über Reichstagsbrand und Hitlerterror*, in dem beschrieben wurde, was unter Hitler in Deutschland geschah. Es war ein Drama jenseits der Vorstellungskraft eines Bühnen- oder Romanschriftstellers. Und nun besetzte die Nazi-Maschinerie das Rheinland, Österreich und die Tschechoslowakei. In den Zeitungs- und Radioredaktionen herrschte größte Aufregung: Chamberlains Treffen in München mit Hitler; der ebenso plötzliche wie erstaunliche Nichtangriffspakt zweier Erzfeinde, der Sowjetunion und Deutschlands. Und schließlich der Überfall auf Polen und der Beginn des Zweiten Weltkrieges.

Der Bürgerkrieg in Spanien, der gerade mit dem Sieg des faschistischen Generals Franco beendet worden war, schien uns von allen Ereignissen am nächsten zu sein, da einige tausend amerikanische Radikale – Kommunisten, Sozialisten, Anarchisten – den Atlantik überquert hatten, um auf der Seite der demokratischen Regierung Spaniens zu kämpfen. Ein Junge, der mit uns auf der Straße Fußball spielte, klein, dünn und der Schnellste in unserem Viertel, verschwand. Monate später erfuhren wir, dass er nach Spanien gegangen war, um gegen Franco zu kämpfen.

In der Bushwick Avenue gab es unter den Basketballspielern und Rednern einige junge Kommunisten, die ein paar Jahre älter waren als ich. Sie hatten Arbeit, verteilten nach Feierabend im Viertel jedoch marxistische Literatur und diskutierten mit allen, die es interessierte, über Politik.

Ich gehörte zu denen, die es interessierte. Ich las, was in der Welt passierte, und diskutierte mit den jungen Kommunisten, vor allem über die russische Invasion in Finnland. Sie beharrten darauf, dass es für die Sowjetunion notwendig sei, sich vor zukünftigen Angriffen zu schützen, doch für mich handelte es sich um einen brutalen Akt der Aggression gegen ein kleines Land, und keine ihrer sorgfältig ausgearbeiteten Rechtfertigungen konnte mich überzeugen.

Dennoch war ich an vielen Punkten mit ihnen einer Meinung. Sie waren überzeugte Antifaschisten und über die Unterschiede zwischen Arm und Reich in den USA ebenso empört wie ich. Ich bewunderte sie – sie schienen so viel über Politik, Ökonomie und das Weltgeschehen zu wissen. Und sie waren mutig. Ich hatte gesehen, wie sie sich einem örtlichen Polizisten widersetzten, der versucht hatte, sie an der Verbreitung ihrer Literatur zu hindern und ihre Diskussionsrunde aufzulösen. Ansonsten waren sie ganz normale Burschen und gute Athleten.

An einem Sommertag fragten sie mich einmal, ob ich mit

ihnen zu »einer Demonstration« käme, die am Abend auf dem Times Square stattfinden würde. Bis zu diesem Tag war ich noch nie bei so etwas gewesen. Ich erfand gegenüber meinen Eltern eine Ausrede und fuhr in einer kleinen Gruppe mit der U-Bahn zum Times Square.

Dort ging es zu wie an jedem Abend, auf den Straßen herrschte reger Verkehr, die Lichter funkelten. »Wo ist denn die Demonstration?«, fragte ich meinen Freund Leon. Er war groß, blond und eigentlich der ideale »Arier«-Typ, doch Sohn deutscher Kommunisten, die zudem Naturfreunde waren und zu einer kleinen Landkolonie gesundheitsbewusster deutscher Sozialisten in New Jersey gehörten.

»Warte, bis es zehn Uhr ist«, sagte er. Wir schlenderten weiter umher. Um Punkt zehn änderte sich die Szene. Transparente wurden entrollt, und vielleicht tausend Menschen stellten sich mit Transparenten und Schildern in Reihen auf, riefen Parolen für Frieden und Gerechtigkeit sowie ein Dutzend weitere, die damals an der Tagesordnung waren. Es war aufregend und hatte nichts Bedrohliches. Die Demonstranten liefen in ordentlichen Reihen friedlich auf dem Bürgersteig und blockierten nicht den Verkehr am Times Square. Mein Freund und ich gingen hinter zwei Frauen her, die ein Transparent trugen. Er sagte: »Komm, wir lösen sie ab.« Also trugen wir das Transparent, der eine links, der andere rechts. Ich kam mir ein bisschen vor wie Charlie Chaplin in *Moderne Zeiten,* wo er sich lässig eine rote Signalflagge schnappt und plötzlich tausend Leute mit erhobenen Fäusten hinter sich marschieren sieht.

Plötzlich ertönte Sirenengeheul, und ich vermutete zunächst, dass es irgendwo brannte. Doch dann hörte ich Schreie und sah, wie hunderte von Polizisten, zu Pferde und zu Fuß, gegen die Demonstranten vorgingen und sie mit ihren Knüppeln traktierten. Ich war erstaunt, bestürzt. Dies war Amerika, ein Land, in dem, was immer auch seine Fehler sein mochten, Leute ohne Furcht reden, schreiben, sich versammeln und demonstrieren konnten. Das wurde durch die Verfassung und die Bill of Rights garantiert. Wir waren eine *Demokratie*.

Ich nahm die Ereignisse sekundenschnell in mich auf, meine Gedanken rasten, als ich von einem ziemlich großen Mann, der mich an der Schulter packte und mir einen harten Schlag verpasste, herumgeschleudert wurde. Ich nahm ihn nur verschwommen wahr. Ich wusste nicht, ob es mit einem Knüppel, mit der Faust oder mit einem Totschläger geschah, doch ich wurde ohnmächtig geschlagen.

Eine halbe Stunde später kam ich in einem Hauseingang wieder zu mir. Ich hatte keine Ahnung, wie viel Zeit unterdessen vergangen war, doch die Szenerie, die ich vorfand, war gespenstisch. Von einer Demonstration oder von Polizisten keine Spur. Mein Freund Leo war verschwunden, und auf dem Times Square tummelten sich wie an jedem Samstagabend die Nachtschwärmer – alles so, als sei nichts geschehen, als sei alles nur ein Traum gewesen. Ich wusste aber, dass es kein Traum war; ich hatte eine schmerzhafte Beule am Kopf.

Wichtiger war jedoch, dass mir ein schmerzhafter Gedanke durch den Kopf ging: Diese jungen Kommunisten hatten Recht! Der Staat und seine Polizei waren keine neutralen Schiedsrichter in einer Gesellschaft widerstreitender Interessen. Sie standen auf der Seite der Reichen und Mächtigen. Meinungsfreiheit? Beruf dich darauf, und die Polizei wird mit ihren Pferden, Knüppeln und Pistolen zur Stelle sein und dich eines Besseren belehren.

Von diesem Augenblick an war ich kein Liberaler mehr, glaubte ich nicht mehr an die Selbstkorrektur der amerikanischen Gesellschaft. Ich war ein Radikaler, davon überzeugt, dass etwas grundsätzlich falsch war in diesem Land. Es betraf nicht nur die schreckliche Behandlung der Schwarzen, das Ganze war verrottet bis in die Wurzel. Es mussten nicht nur ein neuer Präsident oder neue Gesetze her, sondern die alte Ordnung musste beseitigt, eine neue Gesellschaft begründet werden – kooperativ, friedlich, egalitär.

Vielleicht übertreibe ich die Bedeutung dieser einen Erfahrung, doch eigentlich glaube ich das nicht. Denn ich bin zu dem Schluss gekommen, dass durch ein kleines, gleichwohl bedeutendes Ereignis unser Leben eine Wendung nehmen kann, wir zu einer anderen Denkweise kommen können. Das kann erschreckend oder ermunternd sein, je nachdem, ob man über das Ereignis lediglich nachdenkt oder ihm *Taten* folgen lässt.

Die Jahre nach dieser Erfahrung auf dem Times Square lassen sich als »meine kommunistischen Jahre« bezeichnen, was jedoch leicht missverstanden werden kann, beschwört doch das Wort »kommunistisch« Josef Stalin, den Gulag des Todes und der Folter herauf, das Verbot, sich frei zu äußern, die in der Sowjetunion geschaffene Atmosphäre der Angst und des Zitterns, die hässliche Bürokratie, die siebzig Jahre währte und vorgab, Sozialismus zu sein.

Nichts von alldem dachten oder beabsichtigten die jungen Arbeiter, die ich kannte und die sich selbst Kommunisten nannten. Und ich trug mich gewiss nicht mit solchen Gedanken. Über die Sowjetunion war wenig bekannt, es existierte lediglich ein romantisierendes Bild, für dessen Verbreitung Leute wie der englische Theologe Hewlett Johnson, der Dekan von Canterbury, sorgten. In seinem Buch *Ein Sechstel der Erde*, das durch die kommunistische Bewegung weite Verbreitung fand, lieferte er vom Kapitalismus desillusionierten Idealisten die Vision, nach der sie sich sehnten, die Vision von einem Land, das dem Volk gehörte, wo jeder Arbeit und Anspruch auf freie medizinische Versorgung hatte, wo Frauen die gleichen Möglichkeiten wie Männer hatten und hundert verschiedene ethnische Gruppen mit Respekt behandelt wurden.

Die weit entfernte Sowjetunion wurde romantisch verklärt. Näherliegend und sichtbar war, dass Kommunisten im ganzen Land eine führende Rolle bei der Organisierung der Arbeiter spielten. Sie waren die Mutigsten, riskierten Festnahme und Prügel, um Automobilarbeiter in Detroit, Stahlarbeiter in Pittsburgh, Textilarbeiter in North Carolina, die Arbeiter in Pelz- und Lederfabriken von New York und die Hafenarbeiter an der Westküste zu organisieren. Sie waren nicht nur die ersten, die ihre Stimme erhoben, sondern auch die ersten, die demonstrierten. Sie ketteten sich an Fabriktore und an den Zaun des Weißen Hauses, als Schwarze im Süden gelyncht, als die »Scottsboro Boys« per Eisenbahn nach Alabama ins Gefängnis gebracht wurden.

Nicht einem sowjetischen Bürokraten entsprach mein Bild von »einem Kommunisten«, sondern dem Vater meines Freundes Leon, ein Taxifahrer, der eines Tages grün und blau geschlagen und blutend von der Arbeit kam, verprügelt von den Streikbrechern – ja, dieses Wort gehörte bald zu meinem Vokabular – seines Chefs, weil er sich für eine gewerkschaftliche Organisierung der Taxifahrer eingesetzt hatte.

Jedermann wusste, dass die Kommunisten die ersten Antifaschisten waren, die gegen Mussolinis Invasion in Äthiopien und Hitlers Verfolgung der Juden protestierten. Besonders beeindruckend war jedoch, dass tausende von Kommunisten sich freiwillig meldeten, um mit der Abraham Lincoln Brigade in Spanien zu kämpfen, sich Freiwilligen aus der ganzen Welt anzuschließen, um Madrid und das spanische Volk gegen die Armee von Francisco Franco zu verteidigen, die mit Waffen und Flugzeugen aus Deutschland und Italien unterstützt wurde.

Darüber hinaus hatten einige der besten Leute im Land in irgendeiner Weise Kontakt zur kommunistischen Bewegung, Helden und Heldinnen, die man bewundern konnte. Da war

Paul Robeson, der fabelhafte Sänger, Schauspieler und Athlet, der mit seiner hervorragenden Stimme den Madison Square Garden füllte, Rassendiskriminierung und Faschismus anprangerte. Es gab Schriftsteller (waren nicht Theodore Dreiser und W. E. B. DuBois Kommunisten?) und talentierte Schauspieler, Drehbuchautoren und Direktoren Hollywoods mit sozialem Bewusstsein, wie zum Beispiel die Hollywood Ten, die vor dem Komitee für unamerikanische Aktivitäten erscheinen mussten und die von Humphrey Bogart und vielen anderen Unterstützung erhielten.

Am Beispiel der kommunistischen Bewegung wie an dem anderer Bewegungen konnte man sehen, wie Rechtschaffenheit zum Dogmatismus führte, der in sich geschlossene Kreis von Ideen undurchdringlich wurde für Kritik, die Beteiligten, zunächst die besonders verfolgten Dissidenten, Intoleranz gegenüber Dissens entwickelten. Wie unvollkommen jedoch bestimmte Politikformen und bestimmte Aktionen waren, es blieb die Reinheit des Ideals, repräsentiert durch die Theorien von Karl Marx und edle Vorstellungen vieler weniger bedeutsamer Denker und Autoren.

Ich erinnere mich, wie ich das erste Mal *Das Kommunistische Manifest* las, das Marx und Engels als junge Radikale verfassten; Marx war 30, Engels 28 Jahre alt. »Die Geschichte aller bisherigen Gesellschaft ist die Geschichte von Klassenkämpfen.« Das ließ sich nicht bestreiten und durch jede historische Lektüre verifizieren. Es stimmte ganz sicher für die Vereinigten Staaten, trotz aller Versprechungen der Verfassung (»Wir, das Volk der Vereinigten Staaten …« und »kein Staat … soll den gleichen Schutz der Gesetze versagen«).

Die Kapitalismusanalyse von Marx und Engels machte Sinn: der Kapitalismus als Geschichte der Ausbeutung, seine Hervorbringung der Extreme von Wohlstand und Armut, selbst in der liberalen »Demokratie« dieses Landes. Und ihre sozialistische Vision galt nicht einer Diktatur oder einer

Bürokratie, sondern einer freien Gesellschaft. Ihre »Diktatur des Proletariats« sollte eine Übergangsphase sein, das Ziel eine klassenlose Gesellschaft wirklicher Demokratie, wirklicher Freiheit. Ein vernünftiges und gerechtes ökonomisches System würde einen kurzen Arbeitstag ermöglichen und allen die Freiheit und Zeit geben, das zu tun, was sie möchten – Gedichte schreiben, in der Natur sein, Sport treiben, wahrhaft menschlich sein. Nationalismus gehörte der Vergangenheit an. Die Menschen auf der ganzen Welt, egal welcher Hautfarbe, egal von welchem Kontinent, würden friedlich und kooperativ zusammenleben.

Diese Ideen wurden von einigen der besten Schriftsteller Amerikas, deren Bücher ich in meiner Jugend las, lebendig gehalten. Ich widmete mich Upton Sinclairs *Der Dschungel*. Die Arbeit auf den Schlachthöfen von Chicago war das Musterbeispiel für kapitalistische Ausbeutung, und die auf den letzten Seiten von Sinclairs Buch entworfene Vision einer neuen Gesellschaft ist packend. John Steinbeck wandte sich in *Früchte des Zorns* eindrucksvoll gegen Bedingungen, unter denen Arme entbehrlich sind; deren Versuchen, eine Änderung herbeizuführen, wurde mit dem Polizeiknüppel begegnet.

Mit achtzehn Jahren – ich war arbeitslos und meine Familie dringend auf Hilfe angewiesen – bewarb ich mich um eine der groß ausgeschriebenen Stellen auf der Navy-Werft in Brooklyn. 30 000 junge Männer (Bewerberinnen waren undenkbar) unterzogen sich einer Prüfung und konkurrierten um einen der wenigen hundert Arbeitsplätze. Man schrieb das Jahr 1940, die Programme des New Deal hatten für eine Abschwächung, doch nicht für ein Ende der Depression sorgen können. Als die Ergebnisse bekannt gegeben wurden, hatten 400 Bewerber ein Resultat von 100 Prozent und würden eine Arbeitsstelle bekommen. Einer davon war ich.

Für meine Familie und mich war dies ein Triumph. Mein Lohn belief sich auf 14,40 Dollar für eine 40-Stunden-Woche. Ich konnte meiner Familie zehn Dollar geben und den Rest für mein Mittagessen und für andere Dinge behalten.

Es bedeutete auch den Eintritt in die neue Welt der Schwerindustrie. Die nächsten drei Jahre sollte ich eine Ausbildung zum Schiffsausrüster machen. Ich arbeitete draußen auf dem »Helgen«, einer riesigen Schrägfläche am Rande des Hafens, wo das Schlachtschiff *USS Iowa* gebaut wurde. Viele Jahre später trat ich auf Staten Island als Zeuge in einem Prozess gegen Pazifisten auf, die gegen die Ausrüstung eines dort vor Anker liegenden Schlachtschiffes protestiert hatten – die *USS Iowa*.

Ich hatte keine Vorstellung von den Ausmaßen eines Schlachtschiffes. Hochgestellt, wäre es fast so hoch gewesen wie das Empire State Building. Der Kiel war gerade erst gelegt worden, und unsere Aufgabe – wir waren tausende – bestand darin, das innere Stahlgerippe zu bauen, eine harte, dreckige und mit Gestank verbundene Arbeit. Der beim Schneiden von galvanisiertem Stahl mit einem Acetylengerät entstehende Gestank ist unbeschreiblich – erst Jahre später erfuhren wir, dass das dabei frei werdende Zink auch Krebs verursacht.

Im Winter fegten eiskalte Winde vom Meer über das Gelände. Wir trugen dicke Handschuhe und Helme und konnten uns hin und wieder an den kleinen Feuern, in denen die Nieten zum Glühen gebracht wurden, aufwärmen. Die Nieten wurden dann aus der Flamme gezogen und mit einem Luftdruckhammer in die Stahlplatten des Schiffsrumpfes getrieben. Der Lärm war ohrenbetäubend.

Im Sommer schwitzten wir in unseren Overalls und in unseren mit Stahlkappen versehenen Stiefeln und schluckten Salzpillen, um einer Erschöpfung durch die Hitze vorzubeugen. Wir krochen viel in den engen Stahlkammern des »Innenbodens« herum, in denen die Gerüche und Geräusche hundertfach verstärkt wurden. Wir maßen und hämmerten, schnitten und schweißten, benutzten »Brenner« und »Fräsen«.

Arbeiterinnen gab es nicht. Die Facharbeiterstellen hatten Weiße inne, die in den Gewerkschaften der American Federation of Labor organisiert waren. Dort waren Schwarze nicht erwünscht. Die wenigen Schwarzen, die auf der Werft arbeiteten, mussten die schwersten Arbeiten verrichten, wie etwa das Nieten.

Was mir die Arbeit erträglich machte, war der regelmäßige Lohn und die damit verbundene Würde, ein Arbeiter zu sein, der wie mein Vater Geld nach Hause brachte. Hinzu kam der Stolz, etwas zu den Kriegsanstrengungen beizutragen. Am wichtigsten war mir allerdings, dass ich ein paar Freunde fand, die ebenfalls Auszubildende waren, einige Schiffsausrüster wie ich, andere Schiffbauer, Maschinisten, Rohrleger, Blechschlosser, junge Radikale, entschlossen, etwas zu tun, um die Welt zu verändern. Nicht weniger als das.

Den Gewerkschaften der qualifizierten Arbeiter durften wir nicht beitreten, so dass wir beschlossen, eine Lehrlingsgewerkschaft ins Leben zu rufen, eine Assoziation. Wir gingen gemeinsam vor, um unsere Arbeitsbedingungen zu verbessern sowie Lohnerhöhungen durchzusetzen, und pflegten eine Kameradschaft während und nach der Maloche, damit etwas Spaß in unser Arbeitsleben kam.

300 junge Arbeiter beteiligten sich an diesem erfolgreichen Prozess, der für mich den Beginn meines wirklichen Engagements in einer Arbeiterbewegung markierte. Wie die Arbeiter vor uns, organisierten wir eine Gewerkschaft, schufen uns Freiräume für Kultur und Freundschaft, um die Mühsal der Arbeit selbst wettzumachen.

Mit vier meiner Kollegen, die zu Funktionären der Apprentice Association gewählt wurden, freundete ich mich besonders an. Wir trafen uns einmal in der Woche abends, um Bücher über Politik, Ökonomie und Sozialismus zu lesen und über das Weltgeschehen zu reden. In jenen Jahren waren Jungen in unserem Alter auf dem College, doch wir hatten das Gefühl, eine gute Ausbildung zu bekommen.

Dennoch war ich froh, als ich die Werft verließ und zur Air Force ging. Während meiner Luftkampfeinsätze in Europa nahm mein politisches Denken eine entscheidende Wende, weg von der Romantisierung der Sowjetunion, die so viele Radikale – und auch andere – betrieben, besonders während des Zweiten Weltkrieges und angesichts der erstaunlichen Erfolge der Roten Armee gegen die Nazi-Invasoren. Der Grund für diese Wende lag in meiner bereits beschriebenen Bekanntschaft mit einem Bombenschützen einer anderen Crew, der sich die Frage stellte, ob die Ziele der Alliierten – England, Frankreich, die USA und die Sowjetunion – wirklich antifaschistisch und demokratisch seien.

Ein Buch, das er mir gab, hat meine jahrelang gehegten Vorstellungen für immer erschüttert: Arthur Koestlers *Der Jogi und der Kommissar*. Koestler war Kommunist gewesen, hatte in Spanien gekämpft und war zu der Überzeugung gelangt, dass die Behauptung der Sowjetunion, sie sei ein sozialistischer Staat, unhaltbar sei. Die von ihm vorgelegten Belege waren überzeugend, seine Logik nicht zu erschüttern. Nach dem Krieg las ich den Sammelband *Ein Gott, der keiner war*, in dem Schriftsteller, deren Integrität und Eintreten für Gerechtigkeit außer Frage standen – unter anderem Richard Wright, André Gide, Ignazio Silone und auch Arthur Koestler – beschreiben, wie sie den Glauben an die kommunistische Bewegung und an die Sowjetunion verloren hatten.

Doch die Desillusionierung über die Sowjetunion minderte nicht meinen Glauben an den Sozialismus, genauso wenig wie die über die Regierung der Vereinigten Staaten meinen Glauben an die Demokratie abschwächte. Sie berührte ganz sicher nicht mein Bewusstsein von der *Klasse*, meine Wahrnehmung des Unterschiedes zwischen Arm und Reich in den USA, des Scheiterns der Gesellschaft, die grundlegenden biologischen Notwendigkeiten für Millionen von Menschen zu garantieren – Nahrung, Wohnung, medizinische Versorgung.

Als ich im Army Air Corps Second Lieutenant wurde, bekam ich seltsamerweise einen Eindruck davon, wie die privilegierten Klassen lebten – ich erhielt fortan bessere Kleidung, besseres Essen, mehr Geld und genoss einen höheren Status als im Zivilleben.

Nach dem Krieg kehrte ich mit ein paar hundert Dollar Entlassungsgeld, meiner Uniform und den Orden wieder zu Roz zurück. Wir waren ein junges, glücklich verheiratetes Paar, trotzdem wir nur eine Souterrainwohnung in Bedford-Stuyvesant finden konnten, in der sich die Ratten tummelten. Dies ist durchaus wörtlich zu nehmen, sah ich doch eines Tages auf der Toilette, wie eine große Ratte auf der Wasserleitung nach oben rannte und in der Decke verschwand.

Ich gehörte wieder zur Arbeiterklasse, benötigte aber einen Job. Ich versuchte es erneut in Brooklyn auf der Navy-Werft. Die Arbeit war jedoch hassenswert und bot nicht die Entschädigungen von früher. So arbeitete ich als Kellner, hob Gräben aus, verdingte mich in einer Brauerei und bezog zwischendurch Arbeitslosengeld. In der Zwischenzeit wurde unsere Tochter Myla geboren. Durch diese Erfahrungen konnte ich später die Gefühle der Veteranen des Vietnamkrieges sehr gut verstehen, die als Soldaten *wichtig* waren, nach ihrer Rückkehr aber keine Arbeit und keine Perspektive hatten und im Gegensatz zu den Veteranen des Zweiten Weltkrieges auch keinen Ruhm genießen konnten, so dass ihr Selbstwertgefühl sank.

Im Alter von 27 Jahren – ein zweites Kind war auf dem Weg – begann ich mein Studium an der New York University. Die GI Bill of Rights garantierte mir ein vierjähriges gebührenfreies Universitätsstudium, und ich erhielt zudem 120 Dollar im Monat. Roz arbeitete halbtags, Myla und Jeff gingen in den Kindergarten und ich ging nach der Uni zur Nachtschicht, so dass wir überleben konnten.

Immer wenn ich höre, die Regierung solle ihren Bürgern *nicht* helfen, man müsse alles Privatunternehmen überlassen, denke ich an die GI Bill und deren imponierende unbürokratische Effizienz. Es existieren gewisse Notwendigkeiten – Wohnung, medizinische Versorgung, Ausbildung –, um die sich kein Privatunternehmen schert. Die Gewährung dieser Notwendigkeiten an die Armen ist nicht profitabel, und ein Privatunternehmen unternimmt nichts, wenn es keinen Profit einbringt.

Als ich mein Studium aufnahm, zogen wir aus der elenden Souterrainbleibe nach Downtown Manhattan in ein Wohnhaus für Einkommensschwache am East River um. Die Wohnung hatte vier Zimmer, die Energie- und Wasserkosten waren in der Miete enthalten, es gab keine Ratten, keine Kakerlaken, dafür aber ein paar Bäume und einen Spielplatz sowie am Fluss einen Park. Wir waren glücklich.

Während meines Studiums an der New York und an der Columbia University arbeitete ich in Manhattan von 16 Uhr bis Mitternacht Schicht im Keller eines Lagerhauses, lud schwere Kisten mit Kleidung auf LKWs, mit denen diese ins ganze Land transportiert wurden.

Wir Lagerarbeiter waren ein bunter Haufen – ein Schwarzer, ein Immigrant aus Honduras, zwei geistig ein wenig Zurückgebliebene und ein weiterer Kriegsveteran, der verheiratet war, Kinder hatte und sein Blut verkaufte, um seinen geringen Lohn aufzustocken. Eine Zeit lang arbeitete auch ein junger Mann namens Jeff Lawson mit uns zusammen, dessen Vater der Hollywoodautor John Howard Lawson war, einer der Hollywood Ten. Ein anderer junger Mann, Student am Columbia College, trug den Namen seines Großvaters, dem sozialistischen Arbeiterführer Daniel DeLeon. Ihn habe ich Jahre später kennengelernt. Es ging ihm psychisch sehr schlecht, und dann hörte ich, er habe sich in der Garage unter sein Auto gelegt und sich mit Kohlenmonoxid umgebracht.

Wir gehörten alle der Gewerkschaft an (District 65), die als »links« galt. Wir Lagerarbeiter standen allerdings links von dieser Gewerkschaft, die zögerte, sich der Ladearbeiten in diesem Lagerhaus anzunehmen.

Die Arbeitsbedingungen machten uns wütend, mussten wir doch die LKWs im Freien beladen, ohne bei Regen oder Schnee über entsprechende Schutzkleidung zu verfügen. Wir baten das Unternehmen immer wieder um Schutzkleidung, doch vergeblich. Als es eines Abends zu schütten begann, stellten wir die Arbeit ein und verkündeten, sie erst wieder aufzunehmen, wenn uns verbindlich Regenkleidung zugesagt würde.

Der Lagerleiter war außer sich. Der LKW müsse noch am selben Abend beladen werden, damit der Termin eingehalten werden könne. Er sei nicht befugt, uns Versprechungen zu machen. Wir antworteten: »Pech! Wir lassen uns nicht patschnass regnen, damit der Termin eingehalten werden kann.« Nervös rief er einen Unternehmensleiter zu Hause an und störte dessen Dinnerparty. Nach dem Telefonat sagte er: »Okay, ihr bekommt eure Regenkleidung.« Als wir am nächsten Tag zur Arbeit erschienen, fanden wir neue Regenmäntel und -hüte vor.

Dies war meine Welt in den ersten 33 Jahren meines Lebens – die Welt der Arbeitslosigkeit oder der miesen Jobs. Meine Frau und ich ließen unsere zwei und drei Jahre alten Kinder in der Obhut anderer, während wir zur Uni gingen oder arbeiteten. Wir wohnten in beengten und unschönen Verhältnissen und zögerten den Arzt zu holen, wenn die Kinder krank waren, weil wir dessen Rechnung nicht bezahlen konnten. Die Kinder wurden schließlich im Krankenhaus behandelt. So lebt ein Großteil der Bevölkerung, selbst in diesem, dem reichsten Land der Erde. Als ich, ausgestattet mit ordentlichen Abschlüssen, diese Welt verließ und Professor am College wurde, habe ich dies nie vergessen. Ich habe nie aufgehört, klassenbewusst zu sein.

Unsere politischen Führer vermeiden solche Ausdrücke. »Er beruft sich auf Klassenfeindschaft ... er setzt Klasse gegen Klasse« scheint der schlimmste Vorwurf zu sein, den ein Politiker einem anderen machen kann. In der Lebensrealität ist seit langer Zeit Klasse gegen Klasse gesetzt worden, und die Wörter werden erst dann verschwinden, wenn die Realitäten der Ungleichheit verschwunden sind.

Es wäre närrisch von mir zu behaupten, dass Klassenbewusstsein einfach nur das Ergebnis davon sei, dass ich in armen Verhältnissen aufwuchs, das Leben eines armen Kindes und dann das eines unter starkem Druck stehenden jungen Ehemannes und Vaters führte. Ich bin vielen Menschen mit einem ähnlichen Hintergrund begegnet, die völlig andere Vorstellungen von der Gesellschaft entwickelt haben, und vielen anderen, die unter ganz anderen Bedingungen groß wurden als ich, deren Weltsicht aber der meinen ähnlich ist.

Als ich die Geschichtsfakultät am Spelman College leitete und über die Macht verfügte (selbst ein wenig Macht kann Leuten zu Kopf steigen!), ein oder zwei Leute anzustellen, bat ich Staughton Lynd, einen brillanten jungen Historiker, ans Spelman College zu kommen. Wir waren einander zuvor bei einem Historikertreffen in New York vorgestellt worden, und Staughton hatte den Wunsch geäußert, an einem schwarzen College zu unterrichten.

In dem Sommer, bevor Staughton Lynd in den Süden kam, trafen wir uns in New England und beschlossen, zusammen in New Hampshire einen Berg, den Mount Monadnock, zu besteigen. So lernten wir uns näher kennen. Meine beiden Kinder, Myla und Jeff, begleiteten uns. Myla war dreizehn, Jeff elf Jahre alt. Als wir müde und hungrig den Gipfel erreichten, fanden wir eine angebrochene Zigarettenschachtel. Alle vier von uns waren Nichtraucher, doch wir setzten uns, pafften schweigend vor uns hin und taten so, als wären wir Figuren aus *Der Schatz der Sierra Madre*.

Die Gespräche während unseres Bergaufstiegs waren sehr erhellend. Staughton hatte einen völlig anderen Hintergrund als ich. Seine Eltern waren berühmte Professoren an der Columbia University. Sarah Lawrence, Robert und Helen Lynd hatten den Soziologieklassiker *Middletown* geschrieben. Staughton war in behüteten Verhältnissen aufgewachsen und hatte in Harvard und an der Columbia University studiert. Als wir aber über alle nur erdenklichen politischen Themen sprachen – Rasse, Klasse, Krieg, Gewalt, Nationalismus, Gerechtigkeit, Faschismus, Kapitalismus, Sozialismus und vieles mehr –, wurde deutlich, dass unsere gesellschaftlichen Vorstellungen, unsere Werte sich außergewöhnlich ähnlich waren.

Angesichts solcher Erfahrungen können wir es nicht bei der traditionellen, dogmatischen »Klassenanalyse« belassen. Mit dem Abrücken vom Dogma kommt Hoffnung auf, denn Menschen, was immer auch ihr Hintergrund sein mag, sind scheinbar offener als wir annehmen, aus ihrer Vergangenheit lassen sich keine sicheren Prognosen ableiten und wir alle sind für neue Gedanken und neue Haltungen anfällige Wesen.

Und da solche Anfälligkeiten allerlei Möglichkeiten bereithalten, gute wie schlechte, sind sie aufregend. Kein menschliches Wesen sollte also abgeschrieben, keine Änderung des Denkens als unmöglich erachtet werden.

14. Ein gelbes Gummihühnchen: Kämpfe an der Boston University

Meine Lehrtätigkeit war von Anfang an geprägt von meiner eigenen Geschichte. Ich versuchte, fair gegenüber anderen Ansichten zu sein, wollte jedoch mehr als »Objektivität«. Meine Studenten sollten nicht nur besser informiert, sondern auch besser darauf vorbereitet sein, die Sicherheit des Schweigens aufzugeben, ihre Stimme zu erheben und gegen jede Ungerechtigkeit vorzugehen. Ärger war dadurch natürlich programmiert.

Die politikwissenschaftliche Fakultät der Boston University bot mir für den Herbst 1964 eine Stelle an, da bekannt war, dass ich nicht mehr am Spelman College unterrichtete. Ich hielt mich zu diesem Zeitpunkt gerade in Boston auf und schrieb zwei Bücher über den Süden und die Bewegung. Die Umstände, unter denen ich das Spelman College verlassen hatte, schienen nicht von Belang zu sein. Man hatte einen Vortrag von mir gehört, den ich ein paar Jahre zuvor an der Boston University gehalten hatte, und wusste von meinem Buch *La Guardia in Congress*, das mit dem Preis der American Historical Association ausgezeichnet worden war, sowie von meinen Artikeln für das *Harper's Magazine*, *The Nation* und für die *New Republic*. Ich schien für die Fakultät also ein geeigneter Kandidat zu sein.

Der Beginn meiner Lehrtätigkeit in Boston fiel allerdings ziemlich genau mit der massiven Eskalation des US-Krieges in Vietnam nach dem vermeintlichen Zwischenfall im Golf von Tonkin zusammen. Ich beteiligte mich sofort an den Protesten gegen den Krieg: Kundgebungen, Teach-ins, Demonstrationen. Ich schrieb Artikel und plädierte in *The Nation* für den Rückzug aus Vietnam.

Als ich berufen wurde, versprach man mir, dass ich nach einem Jahr fest angestellt würde, was eine ziemlich sichere Garantie für eine Anstellung auf Lebzeiten ist. Doch nach dem ersten Jahr ließ die Festanstellung auf sich warten. Dem Sekretariat sei ein Fehler unterlaufen, hieß es. Ein weiteres Jahr, in dem meine Antikriegsaktivitäten zunahmen, verging und ich musste mir eine andere Ausrede anhören.

Anfang 1967 fand an der politikwissenschaftlichen Fakultät schließlich ein Treffen statt, bei dem über meine Festanstellung abgestimmt werden sollte. Einige Professoren sprachen sich dagegen aus, da meine Aktionen gegen den Krieg ein Ärgernis für die Universität seien. Die Studenten äußerten sich jedoch enthusiastisch über meinen Unterricht, und mein fünftes Buch sollte im Frühjahr veröffentlicht werden. Die Fakultät stimmte für meine Festanstellung. Der Dekan und der Präsident – John Silber, auf den ich gleich noch zu sprechen komme, sollte allerdings erst vier Jahr später Universitätspräsident werden – sprachen sich ebenfalls dafür aus. Es stand nur noch das Votum des Kuratoriums aus.

In jenem Frühjahr 1967 kamen einige Studenten zu mir ins Büro und teilten mir mit, dass die jährliche Kuratoriumssitzung mit dem Dinner anlässlich des Gründertages zusammenfiele und der Gastredner bei diesem prächtigen Ereignis im Sheraton Hotel Außenminister Dean Rusk sein würde. Rusk war einer der Strategen des Vietnamkrieges, und die Studenten organisierten eine Demonstration, die vor dem Hotel stattfinden sollte. Sie wollten mich neben anderen als Redner gewinnen.

Ich zögerte, da ich an die Entscheidung über meine Festanstellung dachte, die in den Händen des Kuratoriums lag. Ich konnte aber schwerlich Nein sagen – hatte ich nicht stets behauptet, dass das Risiko, den Job zu verlieren, der Preis ist, den man zahlen muss, wenn man eine freie Person sein möchte? Ich machte mir Mut. Ich dachte, ich würde ohnehin nur einer unter vielen Rednern sein, fiele eventuell gar nicht auf.

Am Abend des großen Ereignisses machte ich mich auf den Weg zum Sheraton Hotel und schloss mich mehreren hundert Demonstranten an, die vor dem Hotel im Kreis liefen. Bald begleitete mich einer der Organisatoren zum Mikrofon, das in der Nähe des Hoteleingangs stand. Ich sah mich um.

»Wo sind die anderen Redner?«, fragte ich. Mein Begleiter war verdutzt.

»Weitere Redner gibt es nicht.«

Und so sprach ich also zu der vor dem Hotel versammelten Menge darüber, warum die USA in Vietnam nichts zu suchen hatten. Während ich meine Rede hielt, fuhr eine Limousine nach der anderen vor, und Gäste im Frack, darunter Dean Rusk, blieben kurz stehen, schauten, was vor sich ging, und betraten dann das Hotel.

Ein paar Tage später erhielt ich einen Brief vom Büro des Präsidenten. Während ich ihn öffnete, musste ich an den Brief eines anderen Präsidenten des Jahres 1963 denken. In diesem aber stand: »Lieber Professor Zinn, ich bin glücklich, Sie informieren zu dürfen, dass das Kuratorium am Nachmittag des ... Ihrer Festanstellung zugestimmt hat.«

Die Kuratoren hatten also am Nachmittag abgestimmt, waren am Abend zum Gründertagsdiner gekommen und hatten zusehen müssen, wie das gerade erst festangestellte Fakultätsmitglied ihren Ehrengast brandmarkte.

Ohne die zum Glück erfolgte Festanstellung wäre mit John

Silber, dem neuen Präsidenten der Boston University, meine dortige Tätigkeit beendet gewesen. Silber war Philosophieprofessor und Dekan an der University of Texas gewesen. Er redete und dachte schnell, und zwei Philosophen des Komitees zur Präsidentensuche hatten ihn aufgrund dessen empfohlen, was ich für einen unter Intellektuellen weit verbreiteten Trugschluss halte, dass nämlich einer, der als »klug« oder gar als »brillant« gilt, wie es von Silber hieß, auch tatsächlich *gut* ist.

Zwischen Silber und mir kam es recht bald zu Auseinandersetzungen. Ihn versetzte es in Wut, dass ich es wagte, ihn öffentlich und schonungslos zu kritisieren. Schon der Präsident vom Spelman College hatte ja gesagt, ich sei aufmüpfig.

Eine der ersten Amtshandlungen Silbers bestand in der Einladung an die U.S. Marines, an der Universität Studenten für die Marine-Infanterie zu rekrutieren. Dies geschah im Frühjahr 1972, als der Vietnamkrieg noch in vollem Gange war. Antikriegsstudenten organisierten eine Demonstration und setzten sich auf die Stufen des Gebäudes, in dem sich die Rekrutierer breitgemacht hatten. Der Protest verlief gewaltlos, führte jedoch ohne Zweifel zu Behinderungen, so dass es für Studenten zwar nicht unmöglich, aber schwierig war, sich mit den Rekrutierern zu treffen.

Ich habe an dieser Demonstration nicht teilgenommen, weil ich mit einer schlimmen Virusinfektion zu Hause im Bett lag. Jemand rief mich an, um mir die Neuigkeiten mitzuteilen: Silber hatte die Polizei gerufen, war mit einem Megafon vor Ort und führte sich auf wie ein General bei einer Militäroperation, als die Polizei einschritt und Polizeihunde und Knüppel einsetzte, um die Demonstranten festzunehmen.

Am nächsten Tag erschien die offizielle Zeitung der Universitätsverwaltung mit der Schlagzeile: »Störern unter den

Studenten muss Respekt vor dem Gesetz beigebracht werden, sagte Dr. Silber.«

Noch immer im Bett, schrieb ich für eine in Boston erscheinende Zeitung einen Artikel über den Vorfall. Ich wollte Silber zu einer Diskussion über die Geschichte der U.S. Marines, die Philosophie des zivilen Ungehorsams sowie über das Konzept einer »offenen Universität« bewegen. Ein Konzept, das er mit der Rekrutierungseinladung an die Marines aufrechterhalten sah.

»Es ist wahr«, schrieb ich, »eine entscheidende Funktion der Schulen besteht darin, den Lernenden beizubringen, die von der Gesellschaft gebotenen Arbeiten anzunehmen. ... Wichtiger ist jedoch die Funktion der organisierten Erziehung, einer neuen Generation jene Regel zu vermitteln, ohne die vermutlich keine Kriege geführt, der Reichtum des Landes nicht geplündert, die Rebellen und Dissidenten nicht niedergehalten werden könnten – die Regel des Gehorsams gegenüber der rechtlichen Autorität. Und niemand ist dazu besser und überzeugender in der Lage als die professionellen Intellektuellen. Ein zum Universitätspräsidenten gewordener Philosoph kann dies am besten. Wenn seine Argumente die Studenten nicht überzeugen können, die es manchmal vorziehen, sich die Welt um sich herum anzuschauen, statt Kant zu lesen, kann er die Polizei rufen und nach dieser kurzen Unterbrechung, in der ein Polizeiknüppel als Ausrufungszeichen für das rationale Argument dient, die Diskussion in einer unterwürfigeren Atmosphäre fortsetzen.«

Mit einer merkwürdigen Interpretation verwies Silber auf das Beispiel von Martin Luther King Jr., und sagte, die Studenten sollten sich für das, was sie getan hätten, freiwillig festnehmen lassen. Darauf antwortete ich: »Seltsam, dass ein Mann, dessen eigenes Verhalten an jenem Tag sehr viel eher dem von Birminghams Bull Connor glich – ausgerüstet mit Polizeihunden, versteckten Fotografen und knüppelschwingenden Polizisten –, sich auf Martin Luther King beruft, der mit den Studenten auf der Treppe gewesen wäre.«

Silber erklärte seine Erziehungsphilosophie 1976 in einer Kolumne der *New York Times*. Er schrieb: »Wie Jefferson erkannte, gibt es unter Menschen eine natürliche Aristokratie. Die Gründe dafür sind Tugend und Talent. … Eine von einem falschen und letztendlich destruktiven Egalitarismus befreite Demokratie garantiert eine Gesellschaft, in der die Klügsten, Besten und Engagiertesten Führungspositionen einnehmen. … Solange Intelligenz besser ist als Dummheit, Wissen besser als Ignoranz und Tugend besser als Laster, kann eine Universität nur auf einer elitären Basis geführt werden.« Bei anderer Gelegenheit sagte Silber: »Je demokratischer eine Universität ist, desto schlechter ist sie.«

Er war fest von seiner eigenen Intelligenz, seinem Wissen und seiner Tugendhaftigkeit überzeugt, gab sich arrogant gegenüber der Fakultät und herablassend gegenüber den Studenten und leitete die Universität mehr und mehr wie ein kleiner Diktator.

Als sein Fünfjahresvertrag 1976 auslief, gab es eine campusweite Bewegung der Studenten, Fakultätsmitglieder und Dekane, ihn nicht weiter im Amt zu behalten. Die Professoren votierten mit überwältigender Mehrheit dafür, seinen Vertrag nicht zu verlängern, und 15 der 16 Dekane schlossen sich diesem Votum an.

Die Entscheidung lag jedoch in den Händen des Kuratoriums. Als dieses empfahl, seinen Vertrag nicht zu erneuern, bestand der Kämpfer Silber darauf, vor dem Kuratorium zu erscheinen, und überzeugte es, ihn auf seinem Posten zu belassen. Dann ging er daran, seine Position zu festigen. Die Dekane, die für seinen Abgang plädiert hatten, blieben nicht mehr lange. Einer nach dem anderen verschwand. Das Kuratorium bekam einen neuen Vorsitzenden – Arthur Metcalf, ein Industrieller und Militarist. Er war Kolumnenschreiber für ein rechtes Militärstrategiejournal und ein enger Freund von Silber. Kurz nach seiner Ernennung erwarb Silber Aktien von Metcalfs Unternehmen, die er später für über eine Million Dollar verkaufte.

Nach seiner zwanzigjährigen Präsidentschaft verwies Silber darauf, dass er für eine erhöhte Finanzausstattung der Universität gesorgt hatte, obwohl unter ihm die Schulden der Universität ebenfalls gestiegen waren. Er war stolz darauf, dass er ein paar ausgezeichnete Professoren an die Universität geholt hatte. Was ich bestätigen kann, doch viele gute Lehrer hatten die Boston University auch verlassen, weil sie die von Silbers Verwaltung geschaffene Atmosphäre nicht ertragen konnten.

Er behauptete, er habe eine mittelmäßige Institution in eine »Universität der Weltklasse« verwandelt. Vielen von uns schien dies ein wenig wie bei Mussolini zu sein, der auf den Bürgerrechten herumgetrampelt war und sich gebrüstet hatte, Italien sei durch ihn zu einer wichtigen Macht geworden, er habe für Ordnung und dafür gesorgt, dass die Züge pünktlich fuhren.

Kurz nachdem das Kuratorium 1976 Silbers Vertrag erneuert hatte, führte er die Zensur für studentische Publikationen ein und verlangte, dass Professoren als Berater fungieren und absegnen sollten, was gedruckt wurde. Ich diente als Berater der Studentenzeitung *The Exposure*, deren mutige Kritik an der Universitätsverwaltung zweifellos zu dieser Zensurpolitik geführt hatte. Als ich mich weigerte, als Zensor zu handeln, wurden der Zeitung die Gelder gestrichen, und als die Studentenorganisationen sich für die Zuteilung von Finanzmitteln an die Zeitung aussprachen, blockierte die Verwaltung die Finanzierung.

1978 wurde der radikale Rechtsanwalt William Kunstler zu einem Vortrag an der Law School der Boston University eingeladen. Im Laufe seines Vortrags machte er eine lustige und wenig schmeichelhafte Bemerkung über Präsident Silber. Dem Generaldirektor des Radiosenders der Universität, der den Vortrag hatte senden wollen, wurde befohlen, diese Bemerkung zu löschen. Er weigerte sich. Wie er mir später erzählte, bat ihn ein Verwaltungsbeamter nach draußen und stellte ihn vor die Wahl: Rücktritt oder Entlassung. Er trat zurück.

Im Bericht der Civil Liberties Union von Massachusetts aus dem Jahre 1979 heißt es, sie habe »noch nie in ihrer Geschichte wiederholt so viele Beschwerden über eine einzige Institution erhalten« wie über die Boston University, und ihre Untersuchung lasse den Schluss zu, »dass die Boston University fundamentale Prinzipien bürgerlicher Rechte sowie der akademischen Freiheit verletzt habe«.

Mitglieder der Fakultät, die nicht fest angestellt waren, fürchteten sich, Kritik am Präsidenten zu äußern. Diejenigen, die es taten, mussten gehen, selbst wenn Fakultätskomitees auf vier verschiedenen Ebenen für sie stimmten. Silber verfügte über die absolute Macht, sich über alle eine Festanstellung betreffenden Fakultätsbeschlüsse hinwegzusetzen, und nutzte sie.

Unter Silber wurde die Boston University in der akademischen Welt zunehmend berüchtigt. Manchmal offen, manchmal heimlich fotografierte die Universitätspolizei Studenten und Professoren, die an Demonstrationen teilnahmen. Ich erinnere mich an eine Mahnwache, bei der Studenten und Fakultätsmitglieder friedlich mit Transparenten gegen die Apartheid in Südafrika vor dem Gebäude auf und ab gingen, in dem das Kuratorium tagte. Ein Sicherheitsbeauftragter der Universität, in dessen Nähe ein Dekan stand, hielt uns seine Kamera direkt vor die Nase und fotografierte einen nach dem anderen.

Ein Student, der während eines anderen Kuratoriumstreffens im Vorraum Flugblätter verteilte, wurde für ein Semester suspendiert. Ein anderer Student, der vor dem

Stadion Flugblätter verteilte, in dem die Feier zur Verleihung der akademischen Grade stattfand, wurde unter Androhung seiner Festnahme zum Verschwinden aufgefordert.

Maureen Judge, eine Studentin, die ihren Abschluss mit Auszeichnung machte und für eine Universitätsbroschüre interviewt wurde, sollte »die zwei Professoren nennen, die sie am meisten inspiriert, deren Unterricht sie am meisten genossen hatte«. Sie nannte meinen Namen. Danach wurde ihr mitgeteilt, das Interview würde nicht gedruckt werden, wenn sie meinen Namen nicht streiche. Sie weigerte sich.

Eines Tages kam ein Student namens Yosef Abramowitz zu mir ins Büro. Er war in zionistischen Angelegenheiten sowie in der Kampagne aktiv, die Boston University dazu zu bewegen, ihre südafrikanischen Aktien zu veräußern. Er erzählte mir eine beunruhigende Geschichte. Er hatte ein Schild aus dem Fenster seines Zimmers gehängt, auf dem nur ein Wort stand: »Veräußern.« Universitätsbedienstete wurden aufgefordert, das Schild zu entfernen. Er hängte es noch zweimal auf, und es wurde noch zweimal entfernt. Dann erhielt er einen Brief der Verwaltung: Er würde aus seinem Zimmer geworfen werden, wenn er das Schild erneut aufhänge.

Aus meinem Büro riefen wir bei der Civil Liberties Union an. Diese fragte einen jungen Anwalt, ob er den Fall übernehmen wolle – es sei eine Gelegenheit, ein neues Bürgerrechtsgesetz in Massachusetts einem Test zu unterziehen. Der Anwalt antwortete: »Ich übernehme den Fall gerne. Ich habe gerade mein Studium an der Law School der Boston University abgeschlossen.«

Ich ging zum Gericht, um der Sitzung beizuwohnen. Der Anwalt der Universität führte aus, das Wort »Veräußern« stelle kein Problem dar. Das Problem sei ein ästhetisches, da das Schild die Schönheit der Umgebung beeinträchtige. Für jeden, der die Umgebung oder die Architektur der Boston University kannte, war dies ein urkomisches Argument.

Der Anwalt von Abramowitz ließ einen Studenten nach dem anderen in den Zeugenstand berufen, um darzulegen, welche Dinge sie aus ihren Fenstern gehängt hatten, ohne dass die Verwaltung sich beschwert hatte. Bei einem war es ein gelbes Gummihühnchen.

Das Urteil des Richters lautete: Die Universität darf nicht länger die freie Meinungsäußerung von Abramowitz einschränken.

Als die seltsamen Ereignisse an der Boston University bekannt wurden, versuchten Journalisten, ihnen auf den Grund zu gehen, und berichteten immer wieder, dass Fakultätsmitglieder Angst hätten, sich öffentlich kritisch über die Universitätsverwaltung zu äußern. Ein Reporter des *New York Times Magazine* schrieb: »Die meisten Leute – Studenten und Professoren der Boston University, ehemalige Fakultäts- oder Kuratoriumsmitglieder –, die ich für diesen Artikel interviewte, selbst diejenigen, die sich nicht kritisch äußerten, wollten aus Furcht vor Vergeltungsmaßnahmen anonym bleiben.«

Unterdessen erhöhte sich Silber in großen Sprüngen sein eigenes Gehalt, so dass er mit 275 000 Dollar Jahresgehalt bald mehr verdiente als die Präsidenten von Harvard, Yale, Princeton oder des M.I.T. Darüber hinaus gewährte ihm das Kuratorium besondere Vorteile: Eine Immobilie wurde ihm unter Marktwert verkauft und von ihm dann bezogen; er erhielt Darlehen und musste dafür wenig oder gar keine Zinsen zahlen – ein großzügiges Bonuspaket zusätzlich zu seinem Gehalt. Silber wurde als Universitätspräsident zum Millionär, was in der akademischen Welt nicht üblich ist.

Als er nach dem Geld gefragt wurde, mit dem er sein mietfreies Haus üppig eingerichtet hatte, antwortete Silber: »Möchten Sie, dass Ihr Präsident in einem Zweimannzelt am Charles River wohnt?«

Seine Angestellten hatten hingegen Schwierigkeiten, eine Erhöhung ihrer Bezüge zu erreichen. Zur Selbstverteidigung organisierten sie sich in Gewerkschaften: die Fakultätsmitglieder, das Sekretariat, die Bibliothekare. Als 1979 diverse Forderungen nicht erfüllt wurden, streikten all diese Gruppen jeweils zu einer anderen Zeit. Für die Fakultätsmitglieder stellte es eine Provokation dar, dass die Universität sich nicht an einen Vertrag gebunden fühlte, dem ihr Verhandlungskomitee zunächst zugestimmt hatte.

Ich war einer der Co-Vorsitzenden des Streikkomitees der Fakultätsgewerkschaft, die in der vorsichtigen Sprache von Universitätsprofessoren offiziell Postponement Committee hieß. Meine Aufgabe bestand darin, Streikposten vor den Eingängen aller Universitätsgebäude zu organisieren und ein Rotationssystem unter den vielen hundert Teilnehmern zu entwickeln. Die Fakultätsmitglieder waren bewundernswert hartnäckig und erschienen Tag für Tag, um von morgens bis abends vor den Gebäuden auf und ab zu laufen.

Einige Studenten beschwerten sich wegen der ausfallenden Lehrveranstaltungen, doch viele unterstützten uns. Der normale Universitätsalltag war gestört. Das geisteswissenschaftliche College und eine Reihe weiterer Fachbereiche waren praktisch geschlossen.

Nach neuntägigem Protest, endlosen Versammlungen und Strategiesitzungen gab die Universität nach. Silber hasste es jedoch, sich seine Niederlage eingestehen zu müssen. In einem kurz vor der Übereinkunft an das Kuratorium gerichteten Telegramm drängte er darauf, es dürfe auf keinen Fall eingestanden werden, dass die Universität durch einen Streik dazu gebracht worden war, den Vertrag mit der Gewerkschaft zu akzeptieren.

In der Zwischenzeit waren die Sekretärinnen und Sekretäre ebenfalls in den Streik getreten, und wir demonstrierten gemeinsam, ein seltenes Ereignis in der akademischen Welt.

Einige aus der Fakultätsgewerkschaft versuchten, unsere Kolleginnen und Kollegen dazu zu bewegen, die Arbeit erst wieder aufzunehmen, wenn die Verwaltung ihren Vertrag akzeptiert hatte, doch wir konnten sie nicht überzeugen. Unser Vertrag wurde unterzeichnet, und die Lehrenden kehrten in ihre Seminare zurück. Die Sekretärinnen und Sekretäre setzten ihre Streikposten fort.

Einige von uns weigerten sich, diese Streikposten zu durchbrechen, und unterrichteten im Freien. Mein Seminar mit etwa 200 Studenten ließ ich vor dem Hörsaalgebäude in der Commonwealth Avenue, eine der Hauptverkehrsstraßen Bostons, stattfinden. Ich mietete eine Lautsprecheranlage und erklärte den Studenten, warum wir nicht nach drinnen gehen. Wir führten eine lebhafte Diskussion über die Gründe für den Streik und über den Zusammenhang mit unserem Seminarthema: »Recht und Gerechtigkeit in den USA«.

Während des auf dem Bürgersteig stattfindenden Seminars kam der Dekan der Geisteswissenschaftler und reichte mir ein Rundschreiben der Verwaltung: Die Professoren sollten ihre Seminare an den dafür vorgesehenen Orten abhalten, andernfalls liege ein Vertragsbruch vor.

Ein paar Tage später wurden fünf Fakultätsmitglieder, die sich geweigert hatten, sich über die Streikposten hinwegzusetzen, des Vertragsbruchs beschuldigt. Laut Vertrag waren »Sympathiestreiks« verboten. Der Artikel, aufgrund dessen wir beschuldigt wurden, enthielt eine Klausel, nach der wir gefeuert werden konnten, obwohl wir alle fest angestellt waren. Außer mir waren davon betroffen: mein Freund und Kollege an der Fakultät der Politischen Wissenschaft, Murray Levin, einer der beliebtesten Professoren an der Universität; Fritz Ringer, ein hervorragender Historiker; Andrew Dibner, ein sehr geschätzter Psychologe; und Caryl Rivers, eine national bekannte Kolumnistin und Romanschriftstellerin, die Journalistik unterrichtete.

Unser Fall wurde bald als »der Fall der Boston University Five« bekannt. Wir genossen die Hilfe des Anwalts der Fakultätsgewerkschaft sowie einiger anderer Rechtsanwälte. Ein Nobelpreisträger am M.I.T., Dr. Salvadore Luria, rief ein Verteidigungskomitee ins Leben und schickte Unterstützungspetitionen an die Fakultäten im ganzen Land. Eine Gruppe von Akademikern aus Frankreich richtete ein Protestschreiben an die Silber-Verwaltung. Der *Boston Globe* und andere Zeitungen beschuldigten die Universität, sie beschneide die akademische Freiheit. Eine Gruppe bekannter Schriftstellerinnen – Grace Paley, Marilyn French, Marge Piercy, Denise Levertov – lasen in der überfüllten Kirche in der Arlington Street, um Geld für unsere Verteidigung aufzubringen.

Das Aufsehen, das der Fall erregte, war wohl für John Silber zu viel gewesen. Er machte einen Rückzieher, und die gegen uns erhobenen Vorwürfe wurden fallen gelassen.

Es ist nicht leicht, fest angestellte Professoren zu feuern, sie können jedoch wegen ihrer dissidenten Haltung auf andere Weise bestraft werden. Als unsere Fakultät eine Gehaltserhöhung für Murray Levin und mich empfahl, wurde diese von Silber Jahr für Jahr abgelehnt. Eine unserer Gewerkschaftsführerinnen, Freda Rebelsky, eine preisgekrönte Lehrerin und landesweit bekannte Psychologin, wurde auf die gleiche Weise behandelt. Arnold Offer, einem Historiker, der eine Auszeichnung für seine Lehrverdienste bekommen hatte, wurde eine Gehaltserhöhung verweigert, weil ein rechtes Fakultätsmitglied, ein Freund von Silber, sich gegen eine Äußerung wandte, die Offer in seinem Unterricht über die amerikanische Außenpolitik gemacht hatte.

Silber legte immer wieder sein Veto gegen meine Gehaltserhöhung ein. Laut unserem Vertrag konnte jedoch ein Schiedskomitee eingeschaltet werden. Als Silber sich Anfang 1980 – in jenem Jahr war mein Buch *Eine Geschichte des amerikanischen Volkes* für einen amerikanischen Buchpreis nominiert worden – erneut über die Empfehlung meiner Fakultät hinwegsetzte, sichtete das Schiedskomitee die Unterlagen und bewilligte die Erhöhung.

Am meisten schien Silber zu ärgern, dass sich in jedem Semester 400 oder mehr Studenten für meine Vorlesungen einschrieben: im Herbst »Recht und Gerechtigkeit in Amerika«, im Frühjahr »Einführung in die politische Theorie«. Er weigerte sich, Geld für einen Assistenten zu bewilligen, obwohl bei hundert Studenten normalerweise ein oder zwei Assistenten verpflichtet wurden. Silber ließ mich wissen, dass ich einen Assistenten bekommen würde, wenn ich die Teilnahme an meinem Unterricht auf 60 Studenten begrenzen würde.

Er wusste, dass bei mir die kontroversesten gesellschaftlichen Fragen diskutiert wurden: freie Meinungsäußerung, die Rassenfrage, Militärinterventionen im Ausland, ökonomische Gerechtigkeit, Sozialismus, Kapitalismus, Anarchismus. Bei diesen Fragen waren Silber und ich sehr unterschiedlicher Auffassung. Er war ein Bewunderer des Militärs und hielt offenbar die Unterstützung einer jeden Regierung für angebracht, egal wie sie es mit den Menschenrechten hielt, Hauptsache sie war antikommunistisch. (Zum Beispiel die Regierung El Salvadors, selbst dann, als diese Regierung mit den Todesschwadronen und dem Terrorismus kollaborierte.) Er war Homosexualität gegenüber extrem intolerant und auch wenig enthusiastisch, wenn es um Heterosexualität ging. Für die Schlafräume erließ er ein Übernachtungsverbot für Gäste des anderen Geschlechts.

Vor einer Versammlung von Universitätspräsidenten an der Westküste redete Silber verächtlich über jene Professoren, »die den akademischen Brunnen vergiften«. Seine Hauptbeispiele: Noam Chomsky und Howard Zinn.

Im Herbst 1979 zirkulierte nach all den Streiks eine Petition der Lehrenden an das Kuratorium, Silber abzusetzen. Es wurde eine Sonderversammlung aller Fakultätsmitglieder einberufen, bei der darüber abgestimmt werden sollte. Am Tag vor dieser Versammlung saß ich mit einer Studentin in meinem Büro, als ein Kollege, der an der School of Education unterrichtete, hereinkam. Er sagte, er käme gerade von einem Fakultätstreffen an seiner Schule, bei dem Silber appelliert habe, gegen die Petition und seine Absetzung zu stimmen. Diejenigen, die diese Petition unterstützten, seien langjährige Unruhestifter. Howard Zinn habe bereits vor seiner Präsidentschaft versucht, das Büro des Präsidenten in Brand zu setzen.

»Das ist doch nicht Ihr Ernst«, sagte ich.

»Oh doch. Er hat Sie der Brandstiftung bezichtigt. Wir saßen alle bestürzt da. Haben Sie irgendeine Ahnung, wovon er gesprochen hat?«

»Nein.«

Die Studentin, die in meinem Büro saß, interessierte sich dafür. Sie studierte Journalistik und versprach, sich der Sache anzunehmen.

Am nächsten Morgen erschien der *Boston Globe* mit einem bestens platzierten Artikel, mit Fotos von Silber und mir und der Überschrift: »Silber bezichtigt Zinn der Brandstiftung.« Der Text stammte von der Studentin, die in meinem Büro gewesen war. Sie bestätigte, dass Silber an der School of Education eine solche Aussage gemacht hatte, schrieb aber auch, sie hätte bei der Feuerwehr nachgefragt. Es sei vor Silbers Zeit tatsächlich einmal ein Feuer im Büro des Präsidenten gemeldet worden, es habe sich jedoch nicht klären lassen, ob das Feuer zufällig ausgebrochen war oder ob es sich um Brandstiftung gehandelt habe; niemand sei deswegen jemals beschuldigt worden.

Anwälte, mit denen ich befreundet war, riefen mich an. Das wäre der Paradefall einer Diffamierung, einer Verleumdung, sagten sie. Eine großartige Gelegenheit, Silber bei allem, was er wert ist (damals längst ein Vermögen), zu verklagen. Ich wollte davon nichts wissen. Ich wollte um keinen Preis einen Prozess anstrengen, der womöglich jahrelang mein Leben bestimmen würde.

An jenem Nachmittag kamen die Fakultätsmitglieder zu ihrer Sondersitzung zusammen, die von Silber geleitet wurde. Da der wichtigste Tagesordnungspunkt die Petition für seine Absetzung war, dachten einige, er würde die Sitzungsleitung einem anderen überlassen. Doch das tat Silber nicht. Von Theodore Roosevelt hieß es, sein Ego sei so ausgeprägt gewesen, dass er gerne bei seiner eigenen Beerdigung präsidiert hätte. Silber ließ sich die Leitung dieser Sitzung nicht nehmen.

Der Saal füllte sich immer mehr – die größte Beteiligung an einer Fakultätsversammlung, die es je gegeben hatte. Silber übernahm das Mikrofon: »Bevor die Sitzung beginnt, möchte ich mich bei Professor Zinn entschuldigen.« Es herrschte Erstaunen im Saal – niemand konnte sich vorstellen, dass Silber sich bei irgendjemandem für irgendetwas entschuldigen würde. Ich vermutete, dass seine Anwaltsfreunde ihm zu dieser Entschuldigung geraten hatten, um einen teuren Prozess wegen Verleumdung, den er verlieren würde, abzuwenden.

Es wurde still im Saal, als Silber seine Erklärung abgab. Als er Präsident wurde, waren ihm Dias über die Aktivitäten an der Boston University gezeigt worden. Eines zeigte, wie das Präsidentenbüro aus Protest gegen Polizeibrutalität besetzt wurde. Ich hatte an dem Sit-in teilgenommen und war auf diesem Dia ebenfalls zu erkennen. Auf einem anderen Dia war ein Feuer im Präsidentenbüro zu sehen. Es handelte sich um zwei getrennte Ereignisse, doch Silber erklärte, er habe »die beiden Zwischenfälle verschmolzen«.

Die Sitzung begann. Silbers Unterstützer, vor allem Verwaltungsbeamte und Fachbereichsleiter, sprachen sich gegen die Resolution aus. Zur Verteidigung Silbers erhob sich ein Fachbereichsleiter und zitierte einen amerikanischen Präsidenten, der sich über einen karibischen Diktator geäußert hatte: »Er mag ein Hurensohn sein. Aber er ist *unser* Hurensohn.«

Silbers Gegner berichteten von finanziellem Missmanagement, zeigten auf, wie Silber wichtige Entscheidungen umgangen, die Meinung von Lehrenden ignoriert, die freie Meinungsäußerung eingeschränkt, die Rechte von Angestellten verletzt und Bedingungen geschaffen hatte, die dem Lehren und Lernen schadeten.

Es wurde abgestimmt. 457 Anwesende sprachen sich für, 215 gegen die Bitte an das Kuratorium aus, Silber abzusetzen. Silber und Metcalf hatten das Kuratorium aber längst unter ihrer Kontrolle. Die Kuratoren verwarfen die Resolution.

Kurze Zeit später stand am Fachbereich Englisch die Entscheidung über die Festanstellung einer Frau namens Julia Prewitt Brown an. Sie hegte Hoffnung. Sie hatte ein viel gelobtes Buch über die Schriftstellerin Jane Austen geschrieben, jedoch während des Streiks auch Silbers Büro blockiert. Ihr Fachbereich sprach sich einstimmig für sie aus. Zwei weitere Fakultätskomitees sprachen sich ebenfalls geschlossen für sie aus. Als Silber ihre Festanstellung ablehnte, wurden drei Professoren von außerhalb hinzugezogen. Auch diese drei sprachen sich für sie aus. Damit waren es 42 Kollegen, die darauf drängten, dass sie fest angestellt wurde. Doch John Silber sagte Nein.

Julia Brown war eine Kämpferin. Sie erzählte mir einmal, ihr Vater sei in St. Louis einst Amateurboxer und sie seit Kindertagen ein Fan von Boxkämpfen gewesen. Sie bewunderte Boxer, wie zum Beispiel Sugar Ray Leonard, die, wenn auch alles gegen sie sprach, bis zum Ende durchhielten und nicht aufgaben. Sie würde sich nicht einschüchtern lassen. Sie war Mutter von drei kleinen Kindern, setzte aber ihr ganzes Vermögen ein und verkaufte ihre Eigentumswohnung in Boston, um eine Anwältin zu engagieren und Silber sowie die Boston University zu verklagen.

Ihre Anwältin war Dahlia Rudavsky, ebenfalls eine junge Mutter, die während und nach dem Streik die Fakultätsgewerkschaft vertrat. Dahlia Rudavsky erhob einen doppelten Vorwurf: politische und geschlechtliche Diskriminierung.

Die Benachteiligung von Frauen der Fakultät durch Silber war nichts Neues. Die Wahrscheinlichkeit, dass Frauen fest angestellt wurden, war geringer als die bei Männern, und Frauen, deren politische Ansichten Silber nicht passten, waren besonders gefährdet. Zwei Frauen der philosophischen Fakultät, jede auf ihre Weise außergewöhnlich, sollten laut Votum ihres Fachbereiches fest angestellt werden. Dies lehnte Silber aber ebenso ab wie die Festanstellung einer Soziologin, die den Streik nach Kräften unterstützt hatte. Die Festanstellung einer Wirtschaftswissenschaftlerin, eine weiße Südafrikanerin, die keinen Hehl daraus machte, dass sie eine andere Meinung über Südafrika hatte als Silber, wurde von ihrem Fachbereich befürwortet, vom Büro des Präsidenten aber abgelehnt.

Die Beweisführung im Prozess konzentrierte sich vor allem auf die Bedeutung von Julia Browns Buch über Jane Austen. Silber brachte Geringschätzung für Jane Austen zum Ausdruck, indem er sie ein schriftstellerisches »Leichtgewicht« nannte, während des Prozesses musste er aber zugeben, Julia Browns Buch nicht gelesen zu haben. Er leugnete nicht, dass er den Fachbereich Englisch als »ein verdammtes Matriarchat« bezeichnet hatte.

Die Geschworenen kamen schnell zu ihrem Urteilsspruch. Die Boston University und Silber hatten sich der geschlechtlichen Diskriminierung schuldig gemacht. Julia Brown wurden 200 000 Dollar zugesprochen. Der Richter ordnete mit einer außergewöhnlichen Entscheidung – gewöhnlich greifen Gerichte nicht in solcherart Streitigkeiten um Festanstellungen ein – an, dass die Boston University sie fest anstellen müsse. Julia Brown hatte sechs Jahre lang beharrlich sein müssen, am Ende jedoch gewann sie, ganz wie ihr Held Sugar Ray Leonard den Kampf um die Weltmeisterschaft im Mittelgewicht gegen Marvin Hagler.

Für viele von uns, die an der Boston University arbeiteten, war es oft entmutigend, ansehen zu müssen, dass ein tyrannischer Präsident so lange an der Macht bleiben konnte. Obwohl die Verwaltung ihre Bewunderer hatte, gewann sie nie die Zuneigung der Campus-Community. Und es gelang ihr nie, jene Studenten und Professoren in die Knie zu zwingen, die entschlossen waren, offen ihre Meinung zu äußern, und die an der Vorstellung festhielten, dass eine Universität eine freie und menschliche Atmosphäre für ein ungehindertes Lernen bieten sollte.

15. Möglichkeit Hoffnung

Ich habe mich sehr bemüht, meinen Freunden in ihrem Pessimismus angesichts der Weltlage in nichts nachzustehen (sind es nur *meine* Freunde?), doch ich begegne auch immer wieder Leuten, die trotz der überall geschehenden schrecklichen Dinge Hoffnung verbreiten. Besonders junge Leute, auf denen die Zukunft ruht.

Ich denke an meine Studenten.

Nicht nur an die Frauen am Spelman College, die hundert Jahre nationaler Schande übersprangen, um Teil der Bürgerrechtsbewegung zu werden.

Nicht nur an den jungen Mann in Alice Walkers Gedicht ›Einmal‹, der den Geist einer jungen Generation repräsentiert:

Es ist wahr –
Ich habe immer
die Wagemutigen
    geliebt,
wie jenen jungen schwarzen
Mann,
der versuchte,
alle Barrieren
auf einmal
zu durchbrechen,
    der an einem weißen Strand
(in Alabama) schwimmen wollte,
Nackt.

Ich denke auch an meine Studenten an der Boston University und an junge Leute im ganzen Land, die, wütend wegen des Krieges in Vietnam, auf irgendeine Art Widerstand leisteten, Polizeiknüppeln und Festnahmen ausgesetzt waren. Und an die mutigen Schülerinnen, wie etwa Mary Beth Tinker und ihre Mitschülerinnen an der High School in Des Moines (Iowa), die schwarze Armbinden trugen, um gegen den Krieg zu protestieren, und die, als sie von der Schule flogen, ihren Fall vor den Obersten Gerichtshof brachten und gewannen.

Natürlich werden einige sagen, dass sich dies in den sechziger Jahren zutrug.

Doch auch in den siebziger und achtziger Jahren, als das Kopfschütteln über die »Apathie« der Studentengeneration weit verbreitet war, handelte eine beeindruckende Zahl von Studenten.

Ich denke an die entschlossene kleine Gruppe an der Boston University (die meisten Studenten hatten zuvor nichts Vergleichbares getan, doch sie ahmten ähnliche Gruppen nach, die es an hunderten von Schulen im Land gab). Diese Gruppe errichtete auf dem Campus eine »Shantytown«, um auf die Apartheid in Südafrika aufmerksam zu machen. Die Polizei zerstörte diese Shantytown, doch die Studenten wichen nicht von der Stelle und wurden festgenommen.

Im Sommer 1982 hatte ich Crossroads in Südafrika besucht, eine wirkliche Shantytown außerhalb von Kapstadt, wo tausende von Schwarzen Orte besetzt hatten, die wie Hühnerfarmen aussahen, oder dicht gedrängt in großen Zelten lebten, in Schichten schliefen und 600 Menschen Zugang zu nur einem einzigen Wasserhahn hatten. Es beeindruckte mich, dass junge Amerikaner, die dies nicht mit eigenen Augen gesehen, sondern nur darüber gelesen hatten oder Fotos davon kannten, so bewegt waren, dass sie aus ihrem komfortablen Leben traten und handelten.

Das Ganze ging über die gemeinhin als politisch erachteten Themen hinaus. Junge Frauen forderten sexuelle Gleichheit, das Recht auf Abtreibung, die Kontrolle über ihren eigenen Körper. Schwule und Lesben erhoben ihre Stimmen und kämpften gegen die von der Öffentlichkeit lange gehegten Vorurteile an.

Neben diesen Aktivisten gab es jedoch sehr viel mehr Studenten, die keinen Kontakt zu irgendeiner Bewegung, dennoch aber ein genaues Gespür für Ungerechtigkeit hatten.

Die Studenten führten eine Art Tagebuch und kommentierten die von uns in den Seminaren diskutierten Themen und die von ihnen gelesenen Bücher. Sie wurden gebeten, sich auf persönlicher Ebene zu äußern, Verbindungen herzustellen zwischen dem Gelesenen und ihrer eigenen Lebenssituation, ihren eigenen Gedanken. Dies geschah Mitte der achtziger Jahre, eine vermutlich schlechte Zeit für kritisches Bewusstsein unter Studenten.

Eine junge Frau schrieb: »Nachdem ich Richard Wrights *Black Boy* gelesen hatte, weinte ich für Mr. Wright, wegen der Gräuel, die er hatte ertragen müssen. … Ich weinte für alle Schwarzen, wegen der unfairen Behandlung, der sie auch weiterhin ausgesetzt sind, weil sie schwarz sind. Und ich weinte für mich, weil ich feststellte, dass die Gesellschaft mir Vorurteile eingeimpft hat, derer ich mich nicht entledigen kann.«

Ein junger Mann: »Vorletzten Sommer arbeitete ich in der Fabrik von General Motors in Framingham. … Ich lernte in diesem Sommer sehr viel über das Leben anderer Leute. Das übliche Szenario gestaltet sich etwa folgendermaßen: Ein junger Mann, der gerade die Highschool abgeschlossen hat, kann sich ›glücklich‹ schätzen, bei G.M. einen Job zu bekommen. … Dort stellt er bald fest, dass die Arbeit bei G.M. ätzend ist. Die Arbeit ist ätzend, das Management ist ätzend, und die Gewerkschaft ist nicht mal die Hälfte der Zeit vor Ort. … Der junge Kerl denkt also über seine Zukunft nach: ›Ich hasse diesen Ort und würde gerne weggehen, doch ich habe bereits fünf Jahre auf meinem Konto. In nur 25 Jahren kann ich in den Ruhestand treten und Rente beziehen.‹ Also beschließt er zu bleiben. Schwuppdiwupp!!! Schon ist sein Leben vorbei.«

Eine junge Frau, die an der School of Communications studierte: »Ich fotokopiere Logos auf der Arbeit. Logos für Fernsehapparate. ›Sony. Unübertroffen.‹ – ›Toshiba, in Kontakt mit der Zukunft.‹ – ›Panasonic, unserer Zeit ein wenig voraus.‹ … Warum bin ich von einem solchen Nichts umgeben, das vorgibt, etwas zu sein? Mein Chef wirbt. Wie kann ich Woche für Woche ein solches Nichts kreieren? … Heute verbrachte ich drei Stunden in der Bibliothek und blätterte Bücher über Vietnam durch. Ich muss mehr wissen. … Ich frage mich immer häufiger, ob ich Lehrerin werden kann. Ich werde Schülern vermitteln, was ich gelernt habe. Ihnen zeigen, wo und wie sie Sachen herausfinden können. Dies wird mein Krieg sein.«

Ein junger Mann aus Dorchester – ein Arbeiterviertel in Boston mit dem landesweit höchsten Prozentsatz an Soldaten, die in Vietnam starben –, der in der Bibliothek arbeitete, um seine Studiengebühren zahlen zu können: »Amerika ist für mich eine Gesellschaft, eine Kultur. Amerika ist meine Heimat; sollte jemand mich dieser Kultur berauben wollen, wäre dies vermutlich ein Grund, Widerstand zu leisten. Ich werde jedoch nicht für die Verteidigung der *Regierungsehre* sterben.«

Eine junge Frau, die am Programm des Reserve Officer Training Corps (R.O.T.C.) teilnahm, schrieb, nachdem sie den Film *Hearts and Minds* gesehen hatte: »Ich dachte, ich könnte ›ziemlich cool‹ bleiben, bis ich sah, wie der amerikanische Soldat den Vietnamesen erschoss. Da war es vorbei. Und dann zerrte ein Soldat an einer verstümmelten Leiche, und ein anderer trat auf einen Vietnamesen ein. Ich sah, wie sich der neben mir sitzende Student die Augen zuhielt, und war froh, dass außer mir noch jemand entsetzt war. ... General Westmoreland sagte: ›Die Orientalen schätzen Menschenleben nicht.‹ Ich konnte es nicht fassen. Und dann zeigten sie diesen kleinen Jungen, der ein Bild seines Vaters in der Hand hielt und weinte und weinte und weinte. ... Ich muss zugeben, dass ich auch anfing zu weinen. Schlimmer war noch, dass ich an jenem Tag meine Armeeuniform trug. ... Nach dem Film versuchte ich darüber nachzudenken, was der schlimmste aller Kriege ist. ... Ich glaube nicht, dass es einen ›schlimmeren Krieg‹ gibt. Alle Kriege sind Wahnsinn.«

Ein junger Mann, dessen Vater Marineflieger und dessen Bruder Marinekommandeur war, und der ebenfalls am R.O.T.C.-Programm teilnahm: »Mein gesamtes Semester war paradox. Ich gehe in Ihren Unterricht und höre einen Vietnamveteran namens Joe Bangert von seinen Erlebnissen in diesem Krieg berichten. Sein Bericht fesselte mich. … Nach den eineinhalb Stunden hasste ich den Vietnamkrieg so sehr wie er. Das einzige Problem besteht darin, dass ich drei Stunden danach in meiner Uniform umherspaziere … und es großartig finde. … Stimmt etwas nicht mit mir? Bin ich heuchlerisch? Manchmal weiß ich es nicht …«

Eine junge Frau: »Ich habe mich als Angehörige der Mittelschicht nie diskriminiert gefühlt. Doch ich muss sagen: Würde jemals jemand mich dazu zwingen wollen, mich in ein anderes Klassenzimmer zu setzen, eine andere Toilette zu benutzen oder dergleichen, würde ich ihm auf der Stelle in den Hintern treten. … Ich habe erst begriffen, wie Schwarze sich fühlen, als ich den schwarzen Studenten im Unterricht reden hörte.«

Eine junge Frau, Studentin der Geisteswissenschaften im dritten Jahr: »Im Unterricht ist eine Menge darüber gesagt worden, dass meine Großeltern hart gearbeitet haben, und bla, bla, bla. … Glaubt mir, andere Leute haben genauso hart gearbeitet wie die Großeltern anderer und haben nichts vorzuweisen. … Mir wurde einmal gesagt, 70 Prozent der Leute, die auf Sozialhilfe angewiesen sind, seien unter 16 Jahre. … Wenn 70 Prozent der Sozialhilfeempfänger Kinder sind, wie lassen sich da von unserer großen Nation, die zu sein wir vorgeben, Haushaltskürzungen rechtfertigen?«

Eine andere junge Frau: »Die Leute sind die letzten, denen man ihre Rechte auf Papier nahe bringen muss, denn wenn ihnen durch die Regierung oder eine Behörde Unrecht widerfährt, können sie dagegen unmittelbar angehen, in direkter Aktion. … Es sind in der Tat die Regierung, die Behörden, Institutionen und Unternehmen, die Gesetze und Rechte brauchen, um sie von der Körperlichkeit, der Direktheit der Leute zu isolieren.«

Meine Studenten in den angeblich ruhigen achtziger

Jahren waren fasziniert von den Bewegungen der sechziger Jahre. Es war deutlich, dass sie sich danach sehnten, sich wirklich von etwas inspirieren zu lassen, statt die für sie vorgesehenen Plätze in der amerikanischen Wirtschaftswelt einzunehmen.

Die Begeisterung für die von mir vorgeschlagene Lektüre sagte mir etwas über diese jungen Leute. Die Lebensgeschichte von Malcolm X bewegte sie ebenso wie die leidenschaftliche Kriegsgegnerschaft in *Johnny zieht in den Krieg* oder der anarchistisch-feministische Geist von Emma Goldman in ihrer Autobiografie *Gelebtes Leben*. Sie stellten für sie das Beste der revolutionären Idee dar, ging es ihnen doch nicht nur um die Änderung der Welt, sondern um die Änderung der Lebensweise, hier und jetzt.

Einmal erfuhr ich zu Anfang eines Semesters, dass sich für mein Seminar einige klassische Musiker eingeschrieben hatten. Am letzten Semestertag räumte ich meinen Platz für sie, und sie saßen vorne auf Stühlen und spielten ein Mozart-Quartett. Ein nicht eben übliches Finale eines Seminars in politischer Theorie, doch ich wollte den Studenten nahe bringen, dass Politik sinnlos ist, wenn sie nicht zur Verschönerung unseres Lebens beiträgt. Politische Diskussionen können einen verbittern. Wir brauchten ein paar Takte Musik.

Im Frühjahr 1988 fasste ich den schnellen Entschluss, nach ungefähr dreißig Jahren in Atlanta und Boston sowie drei Gastprofessuren in Paris das Lehren aufzugeben. Ich war selbst überrascht, weil ich gerne unterrichte, doch ich wollte mehr Freiheit haben, um schreiben und mit Leuten im Land reden zu können sowie um mehr Zeit für meine Familie und Freunde zu haben.

Ich würde öfter etwas mit Roz unternehmen können, die ihre Sozialarbeit beendet hatte und nun musizierte und malte. Unsere Tochter und ihr Mann, Myla und Jon Kabat-Zinn, lebten in der Nähe von Boston, und wir hätten mehr Zeit für ihre Kinder, unsere Enkel – Will, Naushon und Serena. Unser Sohn Jeff und seine Frau, Crystal Lewis, hatten sich in Wellfleet am Cape Cod niedergelassen. Dort führte Jeff am Wellfleet Harbor Actors Theatre Regie und trat als Schauspieler auf. Wir würden seiner Arbeit mehr Aufmerksamkeit schenken und zudem den wunderschönen Strand und die Meeresluft am Kap genießen können, wo wir uns mit unseren alten Spelman-Freunden Pat und Henry West ein Haus am Strand teilten.

Ich freute mich auch darauf, mich mehr dem Schreiben von Theaterstücken widmen zu können. Alle meine Familienmitglieder hatten etwas mit dem Theater zu tun. Myla und Roz hatten in Atlanta und Boston auf der Bühne gestanden. Jeff hatte das Theater zu seinem Leben gemacht. Als der Vietnamkrieg beendet war und ich etwas mehr Luft hatte, schrieb ich ein Theaterstück über Emma Goldman, die Anarcha-Feministin, die mit ihren kühnen Vorstellungen in den USA um die Jahrhundertwende für Furore gesorgt hatte.

Emma wurde erstmals in New York am Theatre for the New City produziert, Jeff führte Regie. Mir gefiel es, dass mein Sohn und ich gleichberechtigt zusammenarbeiten würden. Doch nein, als Regisseur hatte er das Sagen! Es war dennoch eine herzliche und wunderbare Kooperation. Das Stück kam dann in Boston auf die Bühne, brillant inszeniert von Maxine Klein. Theaterkritiker und Publikum waren begeistert. Danach wurde es acht Monate lang aufgeführt; kein anderes Stück lief 1977 in Boston länger. Es folgten weitere Produktionen in New York, London und Edinburgh. Nachdem das Stück ins Japanische übersetzt worden war, tourte es auch in Japan. Das Theaterfieber hatte mich gepackt, und ich wurde nie wieder davon geheilt.

Die Nachricht meines Weggangs von der Boston University schien sich herumgesprochen zu haben; meine letzte Vorlesung war besonders überfüllt, die Besucher, darunter viele, die nicht meine Studenten waren, lehnten an den Wänden und saßen in den Gängen. Ich beantwortete Fragen über meine Entscheidung, und wir führten eine letzte Diskussion über Gerechtigkeit, die Rolle der Universität und die Zukunft der Welt.

Dann erklärte ich, warum ich die Vorlesung eine halbe Stunde früher beenden würde. Zwischen den Lehrenden der Krankenpflegeschule und der Verwaltung der Boston University war es zum Streit gekommen, weil letztere beschlossen hatte, die Schule mit der Begründung zu schließen, sie erwirtschafte nicht genügend Einnahmen. Die Krankenschwestern protestierten an jenem Tag. Roz hatte mich am Abend zuvor auf die Idee gebracht, mich ihnen anzuschließen und meine Studenten einzuladen, mitzukommen. Etwa hundert Studenten begleiteten mich. Die Krankenschwestern benötigten dringend Unterstützung und begrüßten uns freudig. Wir demonstrierten gemeinsam.

Dies schien ein passender Abschied von meiner Lehrtätigkeit zu sein. Ich hatte immer betont, dass eine gute Ausbildung eine Synthese aus dem Studium von Büchern und sozialer Aktion sei, dass das eine das andere bereichert. Meine Studenten sollten erfahren, dass die Wissensanhäufung, wie faszinierend sie auch sein mag, nicht genügt, solange viele Menschen in der Welt nicht die Chance haben, diese Faszination zu teilen.

Die folgenden Jahre bin ich immer wieder Einladungen gefolgt, hier und dort Vorträge zu halten. Was ich erlebte, war ermutigend. Egal, in welcher Stadt, ob groß oder klein, egal, in welchem Bundesstaat ich mich aufhielt, es gab immer eine Gruppe von Männern und Frauen, die sich der Kranken, der Hungrigen, der Opfer des Rassismus oder des Krieges annahmen und in der Hoffnung, dass die Welt sich ändern werde, etwas *taten*, wie wenig es auch sein mochte.

Wo immer ich war, ob in Dallas (Texas) oder Ada (Oklahoma), ob in Shreveport (Louisiana) oder New Orleans, San Diego, Philadelphia, ob in Presque Isle (Maine), Bloomington (Indiana) oder Olympia (Washington), fand ich solche Leute. Und über diese Handvoll Aktivisten hinaus schien es hunderte oder tausende mehr zu geben, die offen für unorthodoxe Ideen waren.

Sie wussten oft nicht von der Existenz der anderen, setzten aber ihre Aktivitäten mit der verzweifelten Beharrlichkeit eines Sisyphus fort, den Felsbrocken den Berg hinaufzurollen. Ich versuchte jeder Gruppe klarzumachen, dass sie nicht allein ist und eben jene Leute, die das Fehlen einer landesweiten Bewegung beklagen, selbst der Beweis des Potenzials für eine solche Bewegung sind. Ich glaube, ich versuchte mich ebenso zu überzeugen wie sie.

Der Krieg im Persischen Golf gegen den Irak Anfang 1991 war besonders entmutigend für diejenigen, die gehofft hatten, dass mit Vietnam die Ära der umfassenden Militäraktionen der USA zu Ende gegangen sei. Die Zeitungen berichteten, 90 Prozent aller Befragten unterstützten Präsident Bushs Entscheidung, Krieg zu führen. Das ganze Land schien mit gelben Bändern zur Unterstützung der im Golf operierenden Truppen geschmückt zu sein. Es war nicht leicht, gegen den Krieg anzugehen und deutlich zu machen, dass wir die Truppen auf unsere Weise wirklich unterstützten, da unser Bemühen auf ihre Heimkehr gerichtet war. In der aufgeheizten Atmosphäre schien dies unmöglich zu sein.

Doch wohin ich auch kam, ich erlebte Überraschungen. Ich sprach nicht nur vor einer kleinen Schar von Kriegsgegnern, sondern vor großen Studentenversammlungen an Universitäten, Community Colleges und Highschools – und meine Kritik an diesem Krieg, am Krieg im Allgemeinen, wurde begeistert aufgenommen.

Ich erklärte, dass die Umfragen, wonach 90 Prozent der

Befragten für den Krieg seien, nicht falsch seien, die Unterstützung aber oberflächlich wäre, dünn wie ein Luftballon, künstlich aufgeblasen durch die Propaganda der Regierung und die Kollaboration der Medien, und durch ein paar Stunden kritischer Betrachtung zum Platzen gebracht werden könnte.

Als ich während des Krieges am Community College in Texas City eintraf – eine Stadt des Öls und der Chemie nahe der Golfküste –, war der Hörsaal mit vielleicht 500 Leuten besetzt, fast alle jenseits des College-Alters – Vietnamveteranen, Arbeiter in Rente, Frauen, die wieder eine Schule besuchten, nachdem sie ihre Kinder großgezogen hatten. Sie lauschten schweigend meiner Rede über die Sinnlosigkeit des Krieges und die Notwendigkeit, menschliche Erfindungskraft einzusetzen, um andere Möglichkeiten aufzuspüren, die Probleme der Aggression und Ungerechtigkeit zu lösen, und spendeten mir dann viel Applaus.

Während meiner Rede bemerkte ich einen Mann, der hinten im Hörsaal saß, etwa Mitte vierzig war, Mantel und Krawatte trug, dunkle Haare und einen Schnurbart hatte. Ich vermutete, dass er aus dem Nahen Osten kam. Während Fragen gestellt und Antworten gegeben wurden, schwieg er. Als jedoch der Moderator verkündete, es sei noch Zeit für eine letzte Frage, hob er die Hand und stand auf.

»Ich bin aus dem Irak«, begann er. Im Hörsaal wurde es still. Er erklärte, er sei zwei Jahre zuvor amerikanischer Staatsbürger geworden, und während der Einbürgerungszeremonie hätten die »Daughters of the Confederacy« an die Neubürger kleine amerikanische Flaggen verteilt. »Ich war sehr stolz. Ich habe diese Miniaturflagge an meinem Arbeitsplatz auf den Schreibtisch gestellt. In der vergangenen Woche hörte ich in den Nachrichten, dass mein Dorf im Nordirak, ein Ort ohne jede militärische Bedeutung, von amerikanischen Flugzeugen bombardiert wurde. Ich habe die Flagge von meinem Schreibtisch genommen und verbrannt.«

Im Saal war es nun völlig still. Er schwieg kurz und fuhr dann fort: »Ich schämte mich, Amerikaner zu sein.« Er schwieg wieder. »Bis heute Abend, als ich hierher kam und hörte, wie ihr euch alle gegen den Krieg aussprecht.« Er setzte sich. Einen Augenblick lang rührte sich niemand, dann erhob sich im Saal donnernder Applaus.

Larry Smith, mein Gastgeber in Texas, war Mitglied der Fakultät am College, ein dünner, bärtiger Texaner, der aussah wie Tom Joad in *Die Früchte des Zorns*. Er wurde zum Gegenstand einer Kontroverse, als einer seiner Kollegen ihn beschuldigte, er sei radikal und antiamerikanisch, und das Kuratorium bat, ihn zu feuern. Während einer eigens einberufenen Versammlung nannte ein Student nach dem anderen Larry Smith einen wunderbaren Lehrer, der ihr Denken in vielerlei Weise erweitert habe.

Eine Studentin von ihm sagte: »Alle Dozenten sind wie die Seiten eines Buches, und ohne eine ungekürzte Ausgabe werden wir nie die ganze Geschichte erfahren.« Der Präsident des Colleges erklärte: »Wenn die Kritik an unserer Regierung bedeutet, antiamerikanisch und prokommunistisch zu sein, machen wir uns vermutlich alle schuldig.« Das Kuratorium votierte einstimmig für Smith.

Im Frühjahr 1992 wurde ich nach Wilkes-Barre (Pennsylvania) eingeladen. Im dortigen Wyoming Valley fließen die Flüsse Lackawanna und Susquehanna zusammen. Dort waren unmittelbar vor der Revolution auf Befehl einer Landgesellschaft alle Indianersiedlungen in Schutt und Asche gelegt worden. Nun hatten sich einige hundert ihrem Gewissen verpflichtete Menschen zu einem interkonfessionellen Rat zusammengetan. In diesem Rat arbeiteten feministische Gruppen und Abrüstungsgruppen zusammen, und ein Großteil ihrer Aktivitäten bestand in der Hilfe für Menschen in

Zentralamerika, die gegen die von den USA unterstützten Militärregierungen kämpften.

Meine dortigen Gastgeber waren eine Nonne und ein Priester. Der Priester, Father Jim Doyle, lehrte Ethik am Kings College von Wilkes-Barre. Er hatte im Zweiten Weltkrieg in Kriegsgefangenenlagern als Italienisch-Dolmetscher gedient und war während des Vietnamkrieges politisch aktiv geworden.

Ich verließ Wilkes-Barre mit dem Gedanken, dass es Aktivisten wie ihn in tausenden von Gemeinden des ganzen Landes geben müsse, die nichts voneinander wissen. Wenn ja, liegen hier nicht enorme Möglichkeiten zur Veränderung?

In Boulder (Colorado) traf ich den bemerkenswerten Sender Garlin. Er war 88 Jahre alt und seit Langem Journalist für radikale Zeitungen, ein kleines, dünnes Bündel mit enormer Energie. Er hatte meinen Besuch vorbereitet und sagte im Brustton der Überzeugung zu mir: »Ich habe die Trommel für die Veranstaltung gerührt. Ich denke, es werden mindestens 500 Leute kommen.« Es kamen 1000 Leute.

Wie sich herausstellte, war Boulder ein Schauplatz aller möglichen Aktivitäten. Der örtliche Radiosender war ein alternatives Mekka und strahlte kritische Ansichten in den gesamten Südwesten aus. Ich lernte das Interviewer-Ass David Barsamian kennen, ein kluger Impresario des radikalen Rundfunks, der seine Kassetten hundert örtlichen Radiosendern im ganzen Land zukommen ließ.

Bei meinen Reisen durchs Land war ich immer wieder beeindruckt, wie positiv Leute auf die zweifellos radikalen Ansichten reagierten – gegen den Krieg, antimilitaristisch, kritisch gegenüber dem Rechtssystem, für eine drastische Neuverteilung des Reichtums, für Proteste, selbst bis zum zivilen Ungehorsam.

Das war sogar der Fall, wenn ich vor Kadetten der Akademie der Küstenwache in Newport, Rhode Island, oder vor einer Versammlung von 900 Studenten des als konservativ geltenden Polytechnikums im kalifornischen San Luis Obispo sprach.

Besonders ermutigend war, dass ich überall, wo ich hinkam, auf Lehrer von Grundschulen, Highschools oder Colleges traf, die irgendwann in ihrem Leben von einem Phänomen beeinflusst worden waren – von der Bürgerrechtsbewegung oder dem Vietnamkrieg, von der feministischen Bewegung, den Gefahren für die Umwelt oder dem Leid der Bauern in Zentralamerika. Sie waren darauf bedacht, ihren Schülern und Studenten praktische Grundlagen zu vermitteln, aber auch entschlossen, deren soziales Bewusstsein zu stärken.

1992 begannen Lehrer im ganzen Land, zu tausenden die Geschichte von Kolumbus auf neue Weise zu lehren, zu erkennen, dass er und seine Mannen für die Ureinwohner Amerikas keine Helden, sondern Plünderer waren. Dabei ging es darum, nicht nur unser Geschichtsbild zu revidieren, sondern sich auch provozieren zu lassen, über die Gegenwart nachzudenken.

Es war bemerkenswert, dass indianische Lehrer, indianische Aktivisten diese Kampagne anführten. Wie lang der Weg doch war, den wir von der Unsichtbarkeit der Indianer zurückgelegt hatten, die ewig als tot oder in ihre Reservate verbannt gegolten hatten! 500 Jahre nach ihrer beinahe erfolgten Auslöschung durch die europäischen Invasoren sind sie zurückgekehrt und fordern, dass Amerika seine Anfänge und Werte überdenkt.

Es ist der Wandel des *Bewusstseins*, der mich ermutigt. Unter der Voraussetzung, dass Rassenhass und sexuelle Diskriminierung noch immer existieren, Krieg und Gewalt weiterhin unsere Kultur vergiften, wir eine große Unterklasse der Armen haben, viele Verzweifelte und es einen harten Kern der Bevölkerung gibt, der mit den bestehenden Verhältnissen zufrieden ist und Angst vor Veränderung hat.

Wenn wir jedoch nur das sehen, haben wir eine historische Perspektive verloren, und es ist, als seien wir erst gestern zur Welt gekommen und kennten nur die deprimierenden Geschichten aus der heutigen Morgenzeitung, die Fernsehberichte des heutigen Abends.

Wir müssen auch den bemerkenswerten Wandel sehen, der sich in wenigen Jahrzehnten im Bewusstsein der Menschen gegenüber dem Rassismus oder gegenüber den Homosexuellen vollzogen hat, die als sinnliche menschliche Wesen und immer weniger als Kuriosität wahrgenommen werden. Wir müssen auch die langfristig wachsende Skepsis gegenüber militärischen Interventionen sehen, trotz der kurzzeitigen Ausbreitung des militärischen Wahnsinns während des Golfkrieges.

Wir müssen die *langfristige* Veränderung ins Auge fassen, wenn wir die Hoffnung nicht verlieren wollen. Pessimismus wird zur sich selbst erfüllenden Prophezeiung; er reproduziert sich, indem er unseren Willen zu handeln lähmt.

Es existiert der Hang zu einem Denken, dass wir das, was wir derzeit erleben, auch in Zukunft erleben werden. Wir vergessen, wie oft wir in diesem Jahrhundert durch den plötzlichen Niedergang von Institutionen, durch außerordentliche Veränderungen im Denken der Menschen, durch unerwartete Ausbrüche von Rebellionen gegen Tyrannen, durch den raschen Kollaps von Machtsystemen überrascht wurden, die unüberwindlich zu sein schienen.

Die schlechten Dinge, die passieren, sind Wiederholungen schlechter Dinge, die sich immer wieder zugetragen haben – Krieg, Rassismus, Misshandlung von Frauen, religiöser und nationalistischer Fanatismus, Hungersnöte. Die guten Dinge geschehen unerwartet.

Unerwartet, doch durch bestimmte Wahrheiten erklärbar, denen wir uns von Zeit zu Zeit bewusst werden, die wir aber immer wieder leicht vergessen:

Politische Macht, wie schrecklich sie auch sein mag, ist fragiler, als wir denken. Wir müssen uns nur ansehen, wie nervös diejenigen sind, die über die Macht verfügen.

Man kann einfache Leute eine Zeit lang einschüchtern und zum Narren halten, doch sie verfügen über einen tief verwurzelten gesunden Menschenverstand und finden früher oder später einen Weg, der Macht, die sie unterdrückt, die Stirn zu bieten.

Die Menschen sind nicht *von Natur aus* gewalttätig, grausam oder gierig, können jedoch dazu gemacht werden. Auf der ganzen Welt wollen Menschen dasselbe: der Anblick verwaister Kinder, obdachloser Familien und von Kriegsopfern berührt sie; sie streben nach Frieden, nach Freundschaft und Zuneigung über die Trennungslinien von Rasse und Nationalität hinweg.

Revolutionäre Veränderung stellt sich nicht in einem Moment der Katastrophe ein (Vorsicht vor solchen Momenten!), sondern als endlose Folge von Überraschungen, sie verläuft im Zickzack in Richtung einer menschlicheren Gesellschaft.

Wir müssen keine großartigen, heroischen Aktionen starten, um am Veränderungsprozess teilzunehmen. Kleine Aktionen können die Welt transformieren, wenn sich Millionen von Menschen ihrer bedienen.

In schlechten Zeiten Hoffnung zu haben, ist nicht einfach nur töricht romantisch, sondern basiert auf der Tatsache, dass die Geschichte der Menschheit nicht nur eine Geschichte der Grausamkeit, sondern auch eine des Mitleids, des Opfers, des Mutes und der Freundlichkeit ist.

Unser Leben wird das bestimmen, was wir in dieser komplizierten Geschichte hervorheben. Sehen wir nur das

Schlimmste, wird unsere Fähigkeit, etwas zu tun, zerstört. Wenn wir uns an die Zeiten und Orte erinnern – und derer gab es viele –, wo Menschen sich prächtig verhalten haben, verleiht uns dies Energie zu handeln, und bietet uns zumindest die Möglichkeit, der sich drehenden Spitze einer Welt eine andere Richtung zu verleihen.

Und wenn wir handeln, in welch bescheidenem Maße auch immer, müssen wir auch nicht auf irgendeine großartige utopische Zukunft warten. Die Zukunft ist eine unendliche Folge von Gegenwarten, und *jetzt* so zu leben, wie wir glauben, dass Menschen leben sollten, allen Übeln um uns herum zum Trotz, ist bereits ein wunderbarer Sieg.

Nachwort

Es freut mich, dass meine Autobiografie mit der vorliegenden Übersetzung nun auch den deutschsprachigen Leserinnen und Lesern zugänglich gemacht wird. Ich könnte mir vorstellen, dass viele von ihnen sich fragen, was ich von dem neuen US-Präsidenten Barack Obama halte. Wie ich weiß, gilt er in Deutschland und im übrigen Europa als großer Hoffnungsträger, und viele Leute scheinen zu denken, Kritik an Obama sei fehl am Platze oder doch zumindest verfrüht. Ich betrachte es dennoch als meine Pflicht, ganz offen zu sagen, was mir an diesem Präsidenten gefällt und was nicht.

Dass in Washington ein neuer Wind weht, spürt in diesen Tagen jeder, der dorthin kommt. Als bekannt gegeben wurde, dass Obama die Wahl gewonnen hatte, atmeten die meisten Leute auf: »*Die* wären wir los!«, sagten sie – auch wenn die Geschmähten noch nicht dort sind, wo sie hingehören, nämlich hinter Gittern.

Ein denkwürdiges Ereignis war die Wahl des ersten schwarzen US-Präsidenten allemal. Wer wollte behaupten, dass ihn das, was sich bei der Bekanntgabe des Wahlergebnisses auf den Gesichtern der versammelten Menschen abspielte, nicht berührt hätte? Für mich persönlich war es ein besonders ergreifender Moment, als das Fernsehen Studenten des Spelman College einblendete. An diesem College hatte ich ja zur Zeit der Bürgerrechtsbewegung sieben Jahre lang gelehrt. Wie glücklich die Studenten aussahen und wie sie jubelten! Für mich war das ein überwältigender Anblick. So viel zu meinen persönlichen Empfindungen, die an dieser Stelle nicht unerwähnt bleiben durften. Im Folgenden wird es aber darum gehen, die Obama-Präsidentschaft einer nüchternen Betrachtung zu unterziehen.

Obama ist wortgewandt, intelligent und charismatisch. In vielerlei Hinsicht ist er das Gegenteil seines Amtsvorgängers. Man ist natürlich froh, wenn im Weißen Haus jemand sitzt, dem man die Fähigkeit, einen Wandel einzuleiten, zumindest nicht von vornherein absprechen würde. Aber machen wir uns nichts vor: Obama ist ein Politiker, jemand, auf den schon qua Amt Druck ausgeübt und Einfluss genommen wird, damit er nicht mit gewissen Traditionen bricht. Kurz, der Politiker Obama wird dazu neigen, sich auf sicherem Terrain zu bewegen. Es ist nicht anzunehmen, dass er allzu stark von jenen Prinzipien abweichen wird, von denen sich frühere US-Präsidenten haben leiten lassen.

Und was sind das für Prinzipien? Zwei Worte reichen aus, um sie auf den Punkt zu bringen: Nationalismus und Kapitalismus. Jeder US-Präsident, ob liberal oder konservativ, ob Republikaner oder Demokrat, fühlte sich diesen beiden Prinzipien verpflichtet: Nationalismus, das heißt, Expansionsstreben, Imperialismus; und Kapitalismus, das heißt, Vertrauen auf das Big Business und die sogenannte Marktwirtschaft bei gleichzeitigem Verzicht auf jegliche Maßnahmen, die einem als »sozialistisch« ausgelegt werden könnten. Zwar ist Obama jetzt, wo ich diese Zeilen schreibe, erst seit Kurzem im Amt, aber Anhaltspunkte dafür, dass er diese Tradition fortzuführen gedenkt, gibt es bereits mehr als genug. Obwohl er gesagt hat, er wolle den Irakkrieg beenden, zieht Obama die Truppen nur sehr langsam ab; gleichzeitig entsendet er Soldaten nach Afghanistan, wo unsere Militäraktionen bereits tausende zivile Opfer gefordert haben und unter seiner Ägide auch weiterhin fordern.

Als Obama sich noch im Präsidentschaftswahlkampf befand, hatte er gesagt, aus dem Irak abzuziehen, sei nicht genug; wir müssten auch die Geisteshaltung ablegen, aufgrund deren wir überhaupt erst im Irak gelandet seien. Was für eine Geisteshaltung ist das? Es ist die Überzeugung, dass sich Probleme mit militärischen Mitteln lösen lassen. Dass die USA eine mächtige Militärmaschinerie haben müssen. Dass sie einen Gutteil ihres Reichtums in die Unterhaltung einer großen Armee, einer großen Marine und einer großen Luftwaffe stecken müssen. Dass sie Militärstützpunkte in aller Welt haben müssen.

Es sieht aber ganz und gar nicht so aus, als habe Obama vor, eine andere Denkart einzuführen. Eine seiner ersten Amtshandlungen bestand darin, grünes Licht für von »Predator«-Drohnen auszuführende Luftangriffe auf Pakistan zu geben. Hunderte Unschuldige sind bei diesen Angriffen bereits ums Leben gekommen. Zur Rechtfertigung heißt es, die Angriffe richteten sich ausschließlich gegen Terroristen, doch sagt uns schon der gesunde Menschenverstand, dass Bomben und Raketen nicht zwischen einem Terroristen und einem Zivilisten zu unterscheiden vermögen.

Die Demokraten geben sich bei innenpolitischen Belangen traditionell liberaler als in der Außenpolitik. Allerdings nur gerade so liberal, wie ihre Wählerschaft es verlangt, nicht liberal genug, um das Wirtschaftssystem von Grund auf zu erneuern. Obama hat zum Beispiel gesagt, dass er im Gesundheitswesen bedeutende Veränderungen durchsetzen will. Er weigert sich aber, eine Zäsur vorzunehmen, die von der Mehrheit der US-Amerikaner begrüßt würde, nämlich jedem Bürger im Rahmen eines staatlichen Gesundheitssystems zu einer kostenfreien Gesundheitsversorgung zu verhelfen. Aufgrund seiner engen Verbindungen zum Big Business scheut Obama davor zurück, an der Rolle der riesigen Versicherungsgesellschaften zu rütteln, und so werden auch weiterhin 30 Prozent der US-amerikanischen Gesundheitskosten für Verwaltung draufgehen anstatt in die medizinische Versorgung zu fließen.

Wenn mich jemand fragt, »Naja, was erwarten Sie denn?«, dann sage ich: »Eine ganze Menge.« Und wenn mich jemand fragt, »Was sind Sie denn – ein Träumer?«, dann sage ich: »Genau das. Ich bin ein Träumer. Ich will alles. Eine friedliche Welt. Eine egalitäre Welt. Keinen Krieg. Keinen Kapitalismus. Ich will eine anständige Gesellschaft.« Ich bin froh, dass ich das Träumen nicht verlernt habe. Denn würde ich damit aufhören, müsste ich mich immer mehr auf eine Realität einlassen, die für mich nicht hinnehmbar ist.

Obama wird das Kapitalismusmodell zwar nicht grundsätzlich in Frage stellen. Seine Präsidentschaft fällt aber nicht in eine x-beliebige Epoche der Geschichte, sondern just in die Zeit, da das kapitalistische System der USA in die Brüche geht. Und ich bin froh, dass es in die Brüche geht, denn sonst wäre die Dringlichkeit einer Generalüberholung weniger augenfällig. Was wir in den USA brauchen, ist eine Abkehr von den alten Praktiken, eine Umgestaltung des Wirtschaftssystems. Obama war bisher nur allzu bereit, dem Druck der Konzerne und des Marktes nachzugeben.

Wenn wieder einmal die Vorzüge des marktwirtschaftlichen Systems gepriesen werden, ist Skepsis angebracht. Die Marktwirtschaft ist das, was wir bis jetzt hatten. »Lasst den Markt entscheiden«, sagten die Befürworter dieses Systems. »Freie Gesundheitsversorgung – das darf nicht sein.« Der Markt sollte die Dinge regeln, und das tat er dann auch. Mit dem Ergebnis, dass in den USA 45 Millionen Menschen ohne Gesundheitsversorgung dastehen, zwei Millionen Menschen kein Dach über dem Kopf haben und Abermillionen Menschen ihre Miete nicht bezahlen können. Fazit: Der Markt darf eben *nicht* das Sagen haben. Einer Wirtschaftskrise, wie wir sie gegenwärtig erleben, ist mit den alten Rezepten nicht beizukommen. Man kann nicht einfach Geld in die obersten Gesellschaftsschichten und in die Konzerne pumpen und darauf vertrauen, dass dieses Geld dann schon irgendwie nach unten durchsickert. Was da durchsickert, ist allenfalls der berühmte Tropfen auf den heißen Stein.

In diesem Zusammenhang sei an die Geschichte des »New Deal« der 1930er Jahre erinnert, mit der viele Leute nicht vertraut sind. Wenngleich dieses Reformpaket nicht weit genug ging, beinhaltete es doch ein paar sehr gute Ideen, was sich allein dem Umstand verdankte, dass in den USA damals heftig agitiert wurde. Der Aufruhr hatte Präsident Franklin D. Roosevelt unter Zugzwang gebracht. Was also tat seine Regierung? Sie nahm Milliarden von Dollar in die Hand und gab bekannt, dass sie Leute einstellte. »Sie sind arbeitslos? Ihre Regierung hat einen Job für Sie. Was Sie auch immer beruflich machen – melden Sie sich bei Ihrer Regierung, und Sie stehen in Lohn und Brot.« Das Ergebnis war, dass im ganzen Land großartige Arbeit geleistet wurde. Junge Leute wurden millionenfach in das »Civilian Conservation Corps« aufgenommen. Anstatt sie als Kampfsoldaten nach Übersee zu entsenden, gab die Regierung ihnen Geld – genug, um den eigenen Lebensunterhalt bestreiten und einen Betrag an die Eltern schicken zu können –, und dann machten sich diese jungen Leute auf, im ganzen Land Brücken und Straßen zu bauen, Kinderspielplätze anzulegen und allerlei andere bemerkenswerte Dinge zu tun.

Die Regierung legte auch ein bundesweites Kunstförderungsprogramm auf. Sie wartete nicht ab, ob der Markt vielleicht von selbst auf die Idee käme. Nein, die Regierung brachte das Programm eigenhändig auf den Weg und stellte tausende arbeitslose Künstler ein: Dramatiker, Schauspieler, Musiker, Maler, Bildhauer, Schriftsteller. Was dabei herauskam? Tausende Kunstwerke. Noch heute kann man im ganzen Land tausende Wandgemälde bestaunen, die damals im Rahmen dieses Programms entstanden sind. Im ganzen Land wurden Theaterstücke aufgeführt, und zwar zu so niedrigen Eintrittspreisen, dass auch Leute hingingen, die sich in ihrem Leben noch keinen einzigen Theaterbesuch hatten leisten können.

Damit ist nur angerissen, was sich alles auf die Beine stellen ließe. Die Regierung hat die Interessen ihrer Bürgerinnen und Bürger zu vertreten. Sie darf diesen Auftrag nicht von den Konzernen und dem Markt erledigen lassen, denn denen geht es nicht um die Interessen der Bürger, sondern um Profit.

Vergessen wir also nicht: Obama ist ein Politiker und wir US-Amerikaner sind aufgerufen, unserer Bürgerpflicht nachzukommen und die Politiker, einschließlich Obama, in eine fortschrittliche Richtung zu drängen. Streik, Boykott, ziviler Ungehorsam – jene Mittel also, mit denen Roosevelt damals zu den Reformen des »New Deal« gedrängt wurde – lassen sich auch heute noch wirksam einsetzen. Das ist es doch, was es heißt, in einer Demokratie zu leben. In einer Demokratie müssen die Bürgerinnen und Bürger ihrer Regierung einschärfen, dass sie dazu da ist, *ihre* Interessen zu vertreten, nicht die der Politiker, Konzerne und Generäle. Wir müssen Stellung beziehen und dürfen nicht tatenlos dabei zusehen, wie die Politik weiter auf Irrfahrt geht. Wir müssen dafür sorgen, dass die Weichen neu gestellt werden. Das ist eine Grundvoraussetzung für den Aufbau einer friedlichen und gerechten Welt.

Howard Zinn, 2009

Danksagung

Ich möchte Andy Hrycyna, meinem Lektor bei der Beacon Press, für seine außergewöhnlich scharfsinnige Arbeit und für seine verständnisvolle Unterstützung während des ganzen Prozesses danken sowie Wendy Strothman, Leiterin der Beacon Press, für ihren klugen Rat. Und Chris Kochansky, die sehr viel mehr war als nur eine Korrektorin; ihre dezenten Vorschläge sind Ausdruck einer wunderbaren literarischen Sensibilität. Ich danke auch Rick Balkin, meinem standhaften literarischen Agenten, der mich jahrelang drängte, dieses Buch zu schreiben und daher für alle Kalamitäten verantwortlich ist, die daraus folgen. Und Roslyn Zinn, meiner ersten und letzten Leserin.

Personenregister

Inhalt